安藤邦廣＋筑波大学安藤研究室
ANDO Kunihiro + Ando Laboratory, University of Tsukuba

小屋と倉

干す・仕舞う・守る 木組みのかたち

Barns and storehouses in Japan

建築資料研究社

目次

序論 小屋と倉の民家論……004

1章「干す」

01 常陸のたばこ乾燥小屋 Drying barn for tabacco in Hitachi 無双窓の自在な換気……012

02 白川郷のハサ小屋 Drying barn for grain in Shirakawa 消えゆく農村の風物詩……022

03 山形のモミド Granary in Yamagata 稲の高度循環利用の象徴……028

04 奄美の高倉 Granary in Amami 湿気から守るかたち……036

05 八丈島のオクラ Granary in Hachijojima 黒潮文化の象徴……042

各論1 「干して仕舞う」小屋のかたち……048

2章「仕舞う」

06 常陸のマデヤ Barn in Hitachi 倉を内包した納屋……052

07 日向の馬屋 Stable in Hyuga 馬が支えた暮らしの象徴……060

08 気仙のナガヤ Stable in Kesen 拡大する小屋裏……066

各論2 「離れる・群れる」倉の立置……072

本書では、その地域での呼称はカタカナ表記しています。
例えば、「小屋」は一般名称であり、「コヤ」は対馬での板倉の呼称です。
また、図面の縮尺は、特記以外はすべて1/100となります。

3章 「守る―立地―」

09 富士山麓の板倉 Storehouse in Fuji mountain area
森に守られた離れ倉 …… 076

10 飛騨の板倉 Storehouse in Hida
斜面に立つ高倉 …… 082

11 仙北の水板倉 Storehouse on the pond in Senboku
水に守られた倉 …… 090

12 対馬のコヤ Storehouse in Tsushima
平柱と石屋根の力 …… 096

各論3 「守る」木の組み方 …… 106

4章 「守る―素材の力―」

13 北上の板倉 Storehouse in Kitakami
繁柱に表した守りと備え …… 110

14 八溝山地のせいろう倉 Storehouse in Yamizo mountain area
スギを活かした堅牢な木組み …… 120

15 栗山の角寄せ倉 Storehouse in Kuriyama
山の匠の技 …… 128

16 八ヶ岳山麓のドゾウ Storehouse in Yatsugatake mountain area
土にくるまれた板倉 …… 136

17 新島の石倉 Stone storehouse in Niijima
浮石で囲われた小屋と屋敷 …… 144

各論4 「守る」石の覆い方 …… 152

参考文献・資料 …… 156

あとがき …… 158

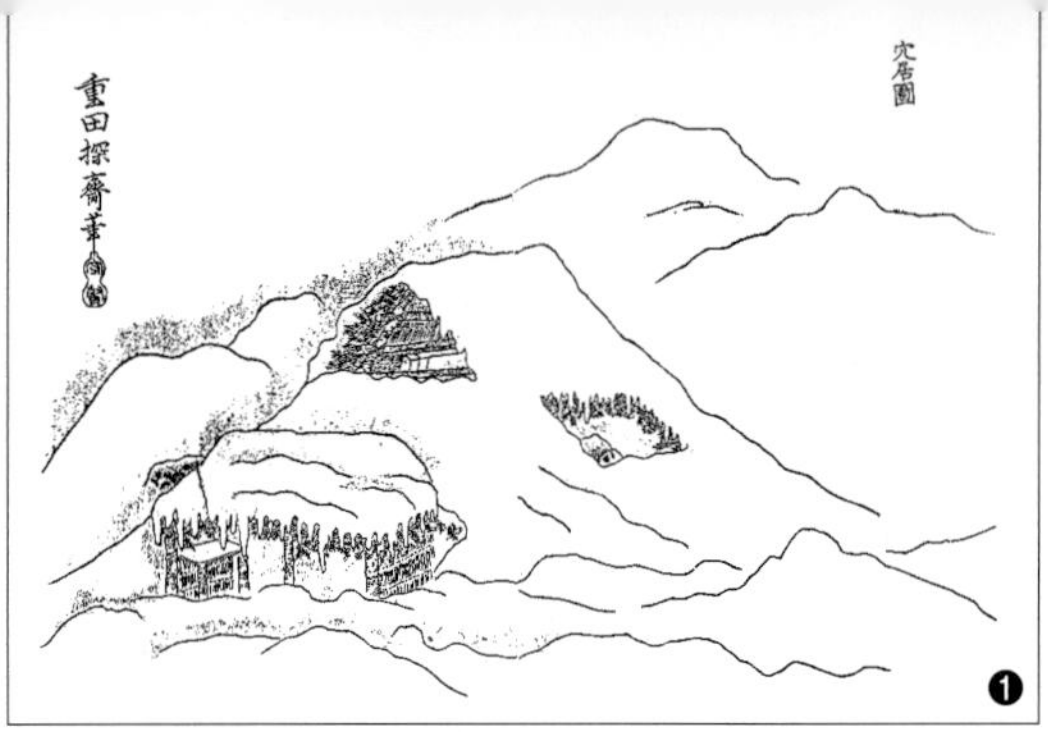

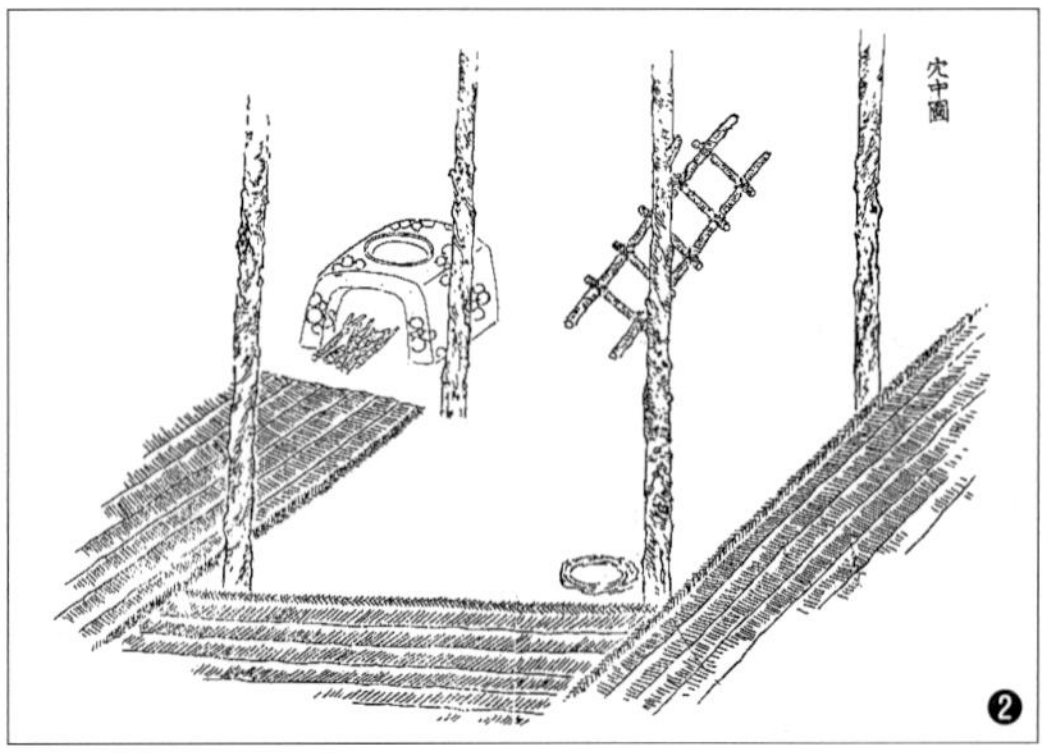

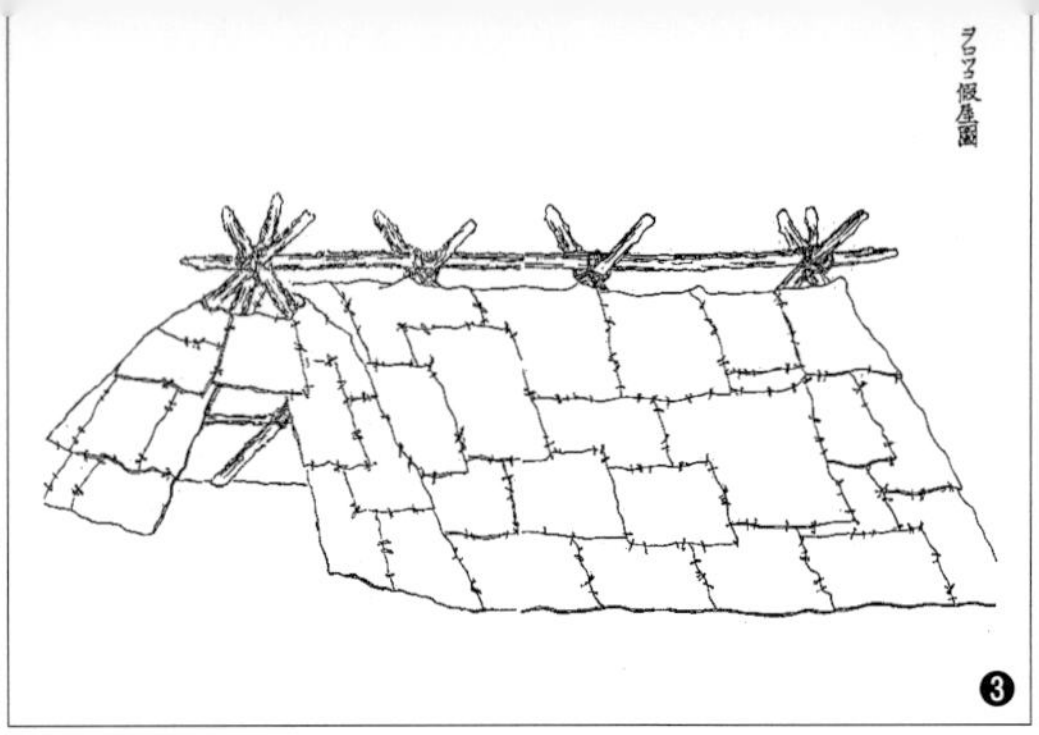

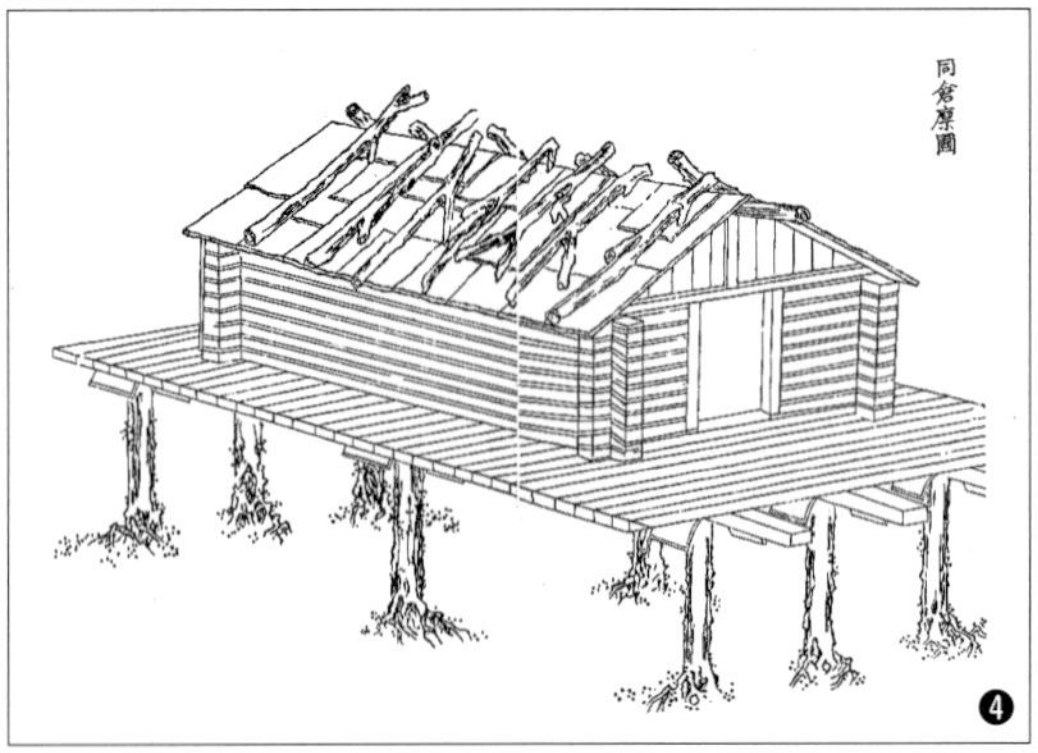

❶❷ 樺太オロッコ族の穴居
雪に埋もれた穴居。手前に前室がつき、雪が積もる前の出入り口であり、食料等を仕舞う倉庫としても使われる。屋根の破風（はふ）に小さな窓があり、積雪時には内部に梯子をかけて出入りする。部屋の周囲にスノコを置き、その上に莚（むしろ）を敷いて寝床とする。部屋の中央は土間で外から人が入ってきても、靴を脱がずに莚に腰掛けて談笑できるようになっている。片隅に竃があって、その煙は煙突で前室を通してそこの小窓から排出される。竃の余熱で充分に暖かい。

❸ 樺太オロッコ族の夏の家
木材を三角形に組んで骨組みをつくり、その上に木の皮をはぎ合わせて屋根を覆う。簡単に組み立てられ、折り畳んで運搬もできる。夏の狩猟採集に移動住居として使われた。

❹ 樺太オロッコ族の倉
せいろう組の本体を束で支え、高床としている。高床として、夏の湿気や鼠害、獣害から食料を守る。

小屋と倉の民家論

安藤邦廣

百の生業に百の小屋

今日「百姓」といえば農民を意味するが、これは江戸時代の士農工商という身分制度の中で定まった概念で、歴史学者の網野善彦によれば、それ以前は「さまざまな多くの姓をもつふつうの人（平民）」という意味であり、百姓とは農民はもとより山人、漁人、商人、職人等のきわめて多様な生業に従事する人々の総称であった。江戸時代を通じて、稲作農耕を基本とする社会体制が築かれる中で、百姓は農民という理解が社会に広がったのである。その意味で民家は、百姓の家であり、様々な生業を営み暮らす場として、本来生業に対応して多様な形態をもっていたと考えられる。またその生業を営む上で、百姓は必ずしも定住していたわけではなく、狩猟採集に関わる生業はいうまでもなく、焼畑にも見られるように、移動居住あるいは複数の居住地をもっていた可能性が高い。

江戸時代になって、水田を基にして課税制度が確立され、百姓はその労働力として田畑に縛られ、自由な移動は制限される。こうして定住が一般的なものとなり、百姓が農民を意味するようになると、それまでの簡便な小屋から定住のための耐久性のある本格的な住まい、すなわち民家が誕生するのである。しかし、もともと百姓としての、様々な生業がその中で失われたわけではなく、地域の暮らしを支えたことに変わりはなかった。むしろ稲作農耕がその百の生業の上に重なったと考えるほうが自然に思われる。

民家の主屋は江戸時代にその間取りと構造において大きな発達をみせる。その原動力は信仰に関わる接客空間の拡大で、生業の場としての民家は、江戸後期から近代にかけての養蚕農家や畜産農家の発達をみるまで、主屋からその色彩が薄れる。生業は主屋とは別の建物で営まれてきたのである。それが小屋である。

従って生業の場、仕事場としての小屋は、主屋の発達とはさほど関係なく、その機能と形が維持されてきた可能性がある。南北に細長く、山地と海辺の多彩な日本列島には、百の生業に百の小屋がつくられた多様な暮らしがあった。それが民家の隠れた歴史であり、もうひとつの地域的多様性である。

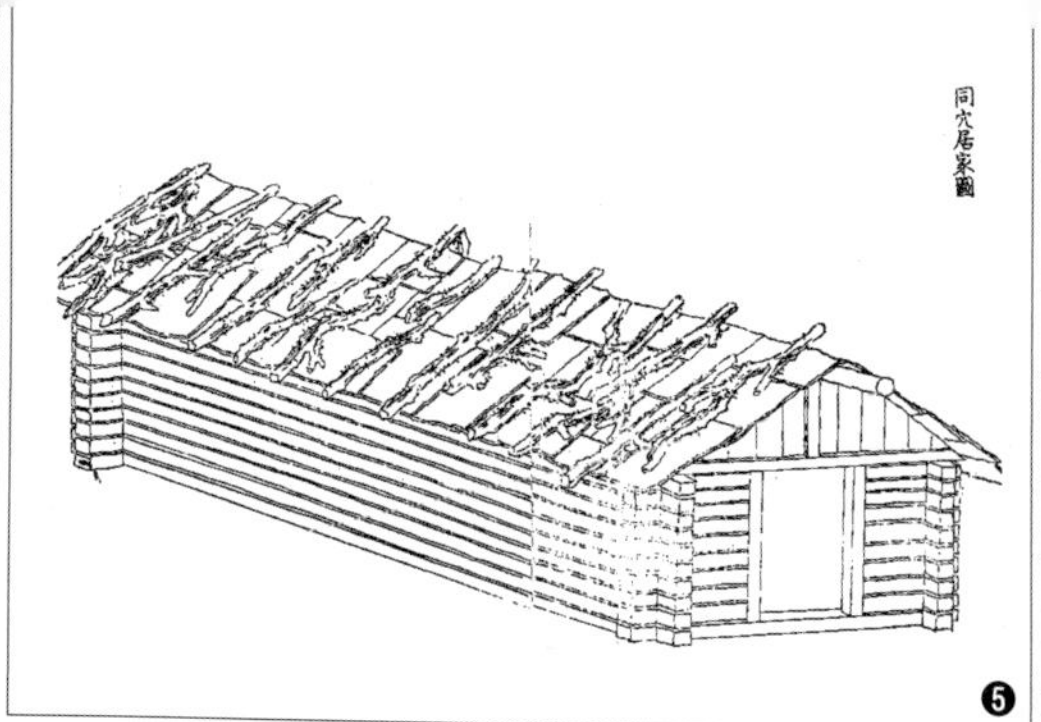

❺❻ シベリア　スメレンクル族の夏の家
シベリアのタイガの豊かな針葉樹林の資源を利用したせいろう組（ログハウス）でできている。屋根は木の皮で葺かれ、丸太で押さえている。内部は中央に大きな囲炉裏を据え、壁際には板で床が回っている。せいろう組の壁は隙間だらけで、屋根も木の皮で葺き、全体として通気性が大きく、囲炉裏の煙と熱がこもらないつくりとなっている。日本の民家と熱環境としては共通性が高い。

❼❽ シベリア　スメレンクル族の夏冬両用の家
せいろう組の構造を基本として、冬になる前に粘土を塗って隙間を埋め、気密性と断熱性を高める。その粘土が夏ははげ落ちて通気性のよいつくりに変わる。穴居に替わって、夏冬で衣替えをするという仕掛けが実に巧みである。内部は壁際に石積みの床と竈が築かれ、床の中に竈の煙突が通してあり、いわば床暖房の仕組みとなり竈の余熱で充分に暖かい。

図版出典
『北蝦夷図説』間宮林蔵、安政4年初版／1979年復刻（名著刊行会発行）

北方の民族の冬の家と夏の家

江戸時代後期（19世紀初め）に樺太（現在のサハリン）と極東シベリアを探検した間宮林蔵は、その探検記「北蝦夷《きたえぞ》図説」に北方の民族の居住習俗を克明に記録している。日本の基層文化である縄文文化は北方文化の強い影響の下に成立した。日本の民家の特質や成立過程を考える上で、この北方の民族の居住文化は重要な手がかりを与える。その点で、林蔵の北蝦夷図説でもっとも興味深いのは「穴居」つまり縄文時代の竪穴住宅に関するものであり、林蔵もこれに強い関心を抱き、樺太とシベリアの両地域の穴居について詳しく紹介している。

それによるとまず樺太のオロッコ族の居住様式と家のつくりについて、次のように記されている。

「この島では冬になると穴居するものがあるが、それが一般的ではなく、その地の寒暖の差によって異なる。穴居する場合も寒さがとくに厳しい時期に限られており、9、10月の雪が降り始めるころにこれをつくって入り、春2、3月の雪の融ける前に出て、本来の家に戻る。そうしないで、穴居を続けると疾病を招く。」

また穴居のつくり方としては「山裾の斜面を選んで、地面を3〜4尺掘り下げ、そこに柱を建てて屋根を支え、木の皮で屋根を葺きその上に枝葉や草を重ねる。屋根に穴をあけそこに庇を設けて内から梯子を掛けて出入りする。部屋の片隅に竈《かまど》を設けてその煙突は前室に抜いて排煙し、部屋に煙がこもらないようになっている。特別に寒いときには土間中央にイロリを設けて火を燃やすことがあるが、これはまれである。」このように穴居は、冬の期間に限って利用する半地下住居で、屋根に枝葉や草を重ねて断熱し、雪が積もるとその効果もあって、竈の余熱で暖房された暖かい住まいということである。

次に林蔵は樺太からシベリアに渡り、そこに居住するスメレンクル族の居住について、「ここでは穴居するものとしないものの両方があり、穴居しないものの家は角材を積み上げた造りで、屋根は木の皮で葺きその上に草を葺き重ねて、風で飛ばないように丸太を縦に組んでそれを押さえる。内部は周りの壁際に石を積んで床をつくり、その石床を中空として、端部に竈を設けて煙をそこに巡らせてから煙突で屋外に排煙する。角材を積み上げた外壁は冬になる前に、粘土を塗り込めて隙間を防ぐ。窓は障子のような桟に魚皮を張って明かりを採り、開閉できる。このような家は厳冬積雪のときでも暖かく穴居の必要がない。」また穴居するものの家として、「穴居の造りは樺

同左内部
せいろう組を土塗りとし、屋根にも厚く土を載せたつくりは、断熱性と気密性が高くオンドルの床暖房と合わせて、冬は大変暖かい。朝鮮半島ではこのオンドルを備えた部屋の他に、開放的な板の間を併せ持ち、それぞれ冬夏で使い分けている。北方の冬の家と夏の家の様式が、ひとつの家に冬の部屋と夏の部屋として受け継がれている。

朝鮮半島のせいろう組の家（韓国鬱陵島）
丸太をせいろう組として構造をつくり、隙間に土を塗り込めて壁をつくる。屋根は茅葺きで下地に土が載せてある。せいろう組に土塗りの壁は林蔵の紹介した北方の民族の家と同じつくりで、朝鮮半島の民家は北方の民家の系譜にある。朝鮮半島の民家は土壁が一般的であり、離島や山岳地帯にこのようなせいろう組を基本とした家が残されている。

太と変るところはないが、夏の家はその角材を積み上げた造りで、穴居しないものの造りと変りはないが、内部の寝床は板壁際に廻らせ、土間中央に大きないろりを設けて竈はない。」

このようにスメレンクル族の家はシベリアのタイガ地帯の豊富な針葉樹を利用したせいろう組の構造を基本として、それを夏の家として用い、冬は穴居する。それとは別に穴居しない場合として林蔵が詳しく紹介している家のつくりが大変興味深い。それはせいろう組に土を塗り込め、また竈の煙を壁の周囲の床に廻らせて暖房することで冬の間も暖かい家をつくり上げたものである。図を見ると塗り込めた土は春になると凍結してはげおちて、夏は通気性をもった家に変わることが想像でき、冬の寒さと夏の湿気に対応する、その知恵の深さに驚かされる。

このように北方の民族は、冬は暖かい穴にこもり、夏は通気性のある家に住むという、夏と冬で別の家に住むことで寒暖の差に対処してきたのである。また、ひとつの家に住む場合にも、冬の間だけ土を塗り込めることで同じような効果を持つつくりが発達していたことがわかる。

北方の民族の生業は狩猟採集で、夏は移動しながら猟を行い、冬は食糧を蓄えて穴にこもる生活が基本で、夏の家としてはテントが一般的であるが、森林地帯ではせいろう組の小屋や草葺き、樹皮葺きの小屋も使われた。その例として北極圏のイヌイット族のテントと氷の室がよく知られている。

土の室と草の小屋

日本の縄文時代の竪穴住居は、この北方の穴居にあたると思われるが、そうだとすると、北方よりも夏に高温多湿になる日本列島でも、夏の家があったと考える方が自然であろう。竪穴住居は穴の痕跡が残るので、多くの縄文住居が竪穴式として復元されているが、夏の家は簡便な小屋とすると、それは痕跡が残らないので確認しにくい。群馬県の黒井峯遺跡は、6世紀に榛名山の噴火によって埋没した村で、火山灰で炭化した住居跡がそっくり残り、日本のポンペイといわれる遺跡である。この遺跡の発掘調査によるとこの集落には、竪穴式建物が5棟の他に平地式建物が36棟、高床式建物が8棟確認され、竪穴式は茅葺きの上に土葺きで、竈を備えて煙突で排煙される。平地式の建物は屋根と壁がともに茅葺き、高床式は茅葺き屋根に網代壁であることから、高床式は倉であり、竪穴式は冬の家、平地式は夏の家ではないかと推定されている。なお平地式

アイヌの熊檻（北海道平取町／萱野茂二風谷アイヌ資料館）
丸太をせいろう組とした檻。高床にしているのは排便の掃除のため。せいろう組を高床にした倉庫は、シベリアのスメレンクル族の倉と同じつくり。背後に見えるのはアイヌの主屋のチセ。

については数が多いことから、納屋や作業小屋としても使われていたと考えられている。これは6世紀の北関東において、北方の民族と同じように夏冬別の家に暮らす様式が存在したことを示し、古代の多様な居住様式をそこに探ることができる。

以上のように冬は暖かい土中の穴にこもり、夏は通気性の高い茅の小屋に住む、北方の居住様式は、日本の民家にどのように受け継がれているのであろうか。そのような視点でみると、民家の主屋は茅葺きで通気性を重んじた夏の家の系譜に連なる。それに対して倉の閉じたつくり、とくに土を塗り込めた土蔵は断熱性と気密性が高く、冬の家の性格に重なる。東北地方の秋田や山形や会津等では、蔵座敷と呼ぶ土蔵に居住する習慣が根強く、これは冬の家としての土の室が土蔵に受け継がれていると考えることができる。

せいろう組の家と倉

せいろう組は森林資源に恵まれた日本列島で、古代より伊勢神宮等の社殿や正倉院の校倉《あぜくら》など、寺院の倉庫建築として使われてきた。また中世には長者の米倉としても絵巻物に描かれている。そして江戸時代以降になると民家の倉として、主に中部以北の山間部の集落で、せいろう倉は多様な展開を見せている。しかしながらせいろう組の家は現存せず記録にも表れていない。校倉という用語自体もせいろう組が倉の構造として認識されていることを示している。中国大陸や朝鮮半島において、せいろう組は家をつくる構法であるのに対して、日本列島では、なぜかそこに人は住んでいないのである。

古代中世の日本において、衣服や調度品を仕舞う場所として塗籠《ぬりごめ》または納戸という小部屋があった。奈良平安時代の貴族住宅である寝殿造りで、塗籠は囲われた小部屋で、寝所であると同時に衣服や調度品の格納場所であったが、平安中期以降は就寝の機能は失われ、寝所が主屋に移り、塗籠は物置専用になる。また近世の民家においても、納戸は家長夫婦の寝室と貴重品や衣類の収納場所であり、はじめは壁で囲われた小部屋で、出入り口は板戸で施錠されるようになっていたが、時代が下ると次第に開放され、就寝を主とするひと間に変わる。

このように住まいの中に囲われた小部屋をつくり、そこを寝室と貴重品を仕舞う場所とすることが古くは行われていた。その囲いが落とし板壁として描かれたものがある。この塗籠や納戸がせいろう組でつくられた記録はないが、その可能性は否定できない。

民家において納戸が囲われた部屋

❶伊勢神宮、御饌殿
厚板をせいろう組みとした板倉。伊勢神宮の社殿の中で正殿についで重要な社殿で、正殿が大型化し柱をもつ構造に発達したのに対して、これは神宮の古い構造を伝えるとされている。

❷校倉、東大寺経蔵
三角形の断面をせいろう組としたいわゆる校倉。このような校倉は古くは甲倉（こうくら）と呼ばれ、その外観の意匠が鎧甲のように堅牢であることにその名が由来するが、三角形の部材断面には古代の製材法によるもの、面外の座屈に強い等の諸説がある。

でなくなった背景には倉の存在が考えられる。江戸時代を通じて民家が開放的になるに従って、納戸の機能のうち就寝の機能を主屋に残して、別に貴重品を保管する倉がつくられた。このように日本列島の住まいの歴史の中で、納戸は倉として主屋から離れて、せいろう組は倉の構法として発達したと考えられる。

北蝦夷図説にみられるような北方の民族のせいろう組を基本とした家が、日本列島にも及んでいた可能性があり、信州のせいろう組に土塗りとした倉は、スメレンクルの穴居しないものの家とよく似ている。このように考えると、倉はもともと冬の家であり、守りの家であったのではないか。北方に比べると温暖で、加えて島国の日本は安全であり、せいろう組に住む理由は薄れて、夏の家に年中住むようになり、その構法は倉に受け継がれたのである。

小屋の建築

小屋とは主屋に付属する別棟の建物の総称である。民家の生活や生業を営む上で必要な機能を専用の建物としてつくったもので、主屋に比べると規模において小さく、つくりも簡略なものが一般的である。穀物や家財を長期保存する倉庫や、農作業と農具や作物の収納が複合された機能を持つ納屋等は、主屋に負けない建築に発達している場合があるが、それは小屋全体から見れば例外的なものといえる。

小屋をその機能から見ると、作業と収納に大別される。たとえば炭焼き小屋、木地小屋、水車小屋等は生業の中核となる作業場であり、薪小屋、牛馬小屋、漬物小屋等は生活に必要なものを収納する場所である。小屋の配置に着目すると、屋敷内に設けるものと、屋敷の外に立つものとに分けられ、日常の生活に必用な小屋は屋敷内に、生業に関わる小屋はその仕事場に建てられる。屋敷から離れた小屋として、焼畑を営む出造り小屋や狩猟小屋は山中に、舟小屋や製塩小屋は浜辺に立地する。このような小屋は稲作農耕が普及する以前の、日本の民家の生業と生活を伝えるものとして貴重であり、民俗文化財として保存されているものも多い。

このように多様な小屋を建築的に特色づけるのは、特定の機能に対応した簡潔な形態と意匠である。それは地域環境に適応して発達した生業と生活を鮮明に映している。歴史を積み重ねた複合的な機能を持つ主屋に比べると、その端的な性格が浮かび上がる。ある時代の地域産業の発展やその繁栄がもたらした豊かな暮らし、あるいはその地域にとって避けることのできない自然災害に対処

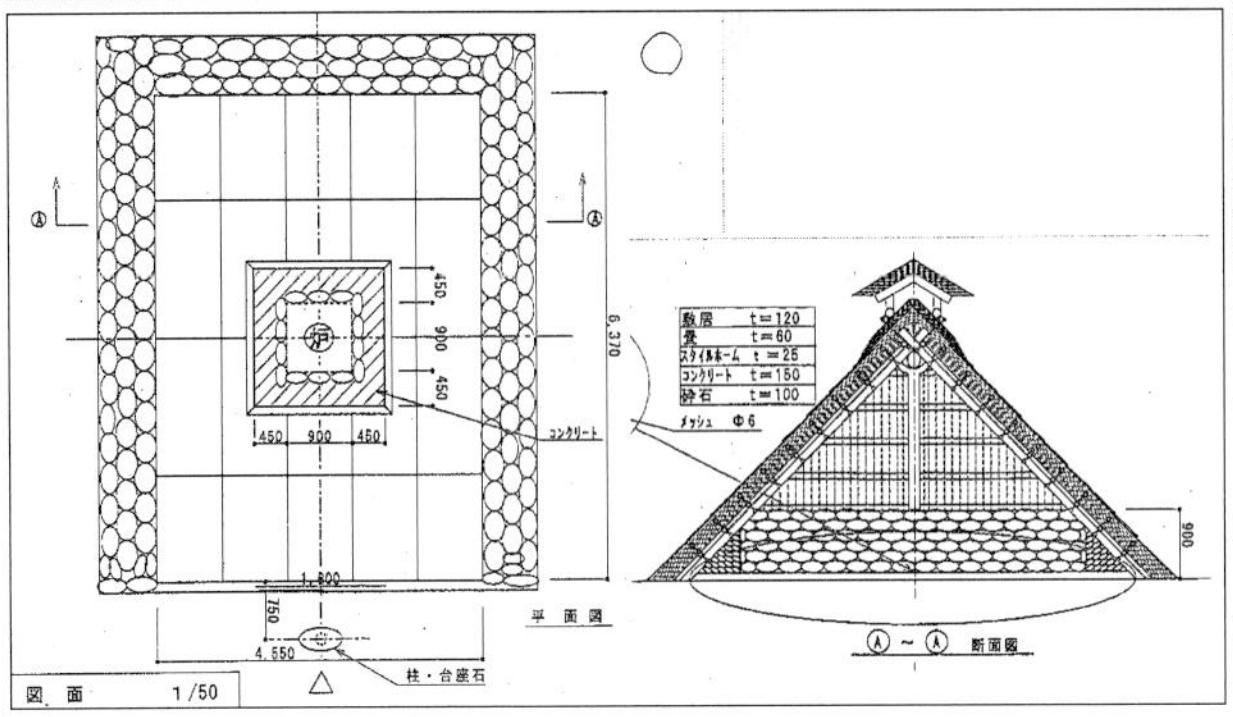

❸南方の高倉、トババタック族の高床の穀倉（インドネシア・スマトラ島）
日本の南方、中国の江南地方やインドシナ半島や台湾、フィリピン、インドネシアの島々には高床建築文化が連なっている。稲作農耕とともに伝播したと考えられており、南西日本の高倉もその文化が及んだものとみることができる。

❹穴倉は斜面を切り欠いて築き、奥に三尺ほどの石積みで壁をつくる。その上に茅葺きの屋根をかぶせる。ちょうど竪穴住宅と同じようなつくりとなっている。土間中央を掘り下げて囲炉裏が設けられている。諏訪地方は日本でも有数の寒冷な地域であり、この穴倉は冬期間の作業場や漬物などの食料の保存庫として使われる。

する知恵がそこに映し出されているのである。

さらに民家における小屋の重要性のひとつは、その構法の地域的な多様性である。木材を基本としつつ、茅や竹、土や石等の地域資源を用いた、独自の建築構法に発達している場合が多い。近世から近代における民家の変遷過程で、民家の間取りや構造の定型化が進む。その中で主屋では失われてしまった、古い土着的な構法が小屋に残されている可能性がある。また主屋では発達することなく留まったものが、小屋において独自の展開を見せているものがある。これは規模や構造的な面で、建築的な制約の大きな主屋に比べると、小屋は地域資源を自由に使うことができる規模であり、機能も複雑なものでなかったからである。また小屋は専門職人に頼ることなく、村人自らあるいはその相互扶助によってつくられる場合が多く、その場合は地域の古い技術を伝えている可能性が高い。例えば、地震の多発する日本列島において、主屋の構造に石を用いることは稀なことであったが、石材を産する地域の小屋においては積極的に活用されている。また主屋で見ることが珍しくなった茅の逆葺きは、小屋ではむしろ一般的である。

その一方で小屋は、地域産業を担う先端的な建築として、最新の技術を駆使している場合もある。葉たばこを乾燥させる小屋は、その品質を高めるための乾燥法の変化に応じて小屋が発達し、火力と通風を組み合わせた合理的で美しい乾燥装置が開発された。また畜舎の小屋裏に大量の飼料を蓄えるための大空間を、木材を合理的に使った洋風トラス構造を導入して構成した納屋が生み出された。

以上のように、小屋は生業と暮らしの地域的多様性を鮮明に映し、主屋には失われた古代の記憶を伝え、主屋には隠れた時代の先端を垣間みることができるのである。小屋の研究は日本人の暮らしの知恵を探り、その変遷と未来の行く末を見極める上で、新たな視点を提供する。それが小屋の民家論である。

干す、仕舞う、守る

干す

小屋の機能は作業と収納に大別される。その作業と収納の目的は食糧に関わるものが大半であり、食糧の生産と加工、保存は民家の暮らしの中核を占める。それに関わる施設が小屋といっても過言ではない。農業を例にとれば、肥料の生産と農耕のため牛馬小屋、その肥料を保管するための肥料小屋と灰小屋、農具を収納し穀物を脱穀する納屋、加工した食品を仕舞う味噌小屋や漬物小屋、

❶三田のウド小屋（兵庫県三田市）
冬にウドを育てるための稲藁葺きの小屋。毎年12月に組み立て、3月にウドの収穫を終えると取り壊す。中に秋に刈った草を厚く積んで、その発酵熱で保温し、ウドを促成栽培する伝統的な小屋。家族でつくり、藁を編んだトマで屋根を葺く。

❷能登の炭焼き小屋（石川県能都町）
能登半島は炭焼きが盛んで、海路を利用して富山や金沢等の都市部に大量の木炭を生産供給した。そのための小屋で、中に炭焼き窯と作業場を設けて茅葺きで小屋を掛ける。屋根はススキの逆葺きで、骨組みも屋根葺きも自力でつくる。

❸七ヶ宿のカバタ（川端）（宮城県七ヶ宿町横川）
漬物小屋を水路の上につくり、大量の山菜や野菜を洗いさらして、塩漬けにして保存する。夏は小屋内部が冷たい山水で冷却されて、漬物を長くおいしく保存できる。

穀物の長期保存のための穀倉、そして調理するための燃料を仕舞う薪小屋等、食生活に関わる作業や収納のための小屋が多くを占めることが分かる。

農家は食糧の生産を生業とするので、それに関わる作業のための小屋が数多く必要であることはいうまでもないことであるが、それに加えて、民家の食生活は自給自足が原則であり、日本列島における食文化の多様性に応じて、様々な小屋がつくられてきた。

自給自足を原則とする民家生活において、食糧の安定的な確保は最も重要な課題であった。狩猟採集物においても農作物においても、その加工と保存は必要不可欠なことであった。高温多湿な時期の長い日本列島において、食糧の保存は容易なことではなく、穀物、野菜、魚肉を問わず、干すことが保存の基本作業となる。とくに長期保存を図る場合は、入念な乾燥方法と装置が工夫され、日本列島のそれぞれの地域環境に応じて多様な干し方と干物が生まれ、そのための小屋が多様に発達したのである。乾燥方法としては、天日乾燥、通風乾燥、火力乾燥の3つの方法があり、地域環境や季節に応じて使い分け、その最も効果的な装置が工夫された。

囲炉裏《いろり》は民家生活において、調理と暖房を兼ねる中核的な場所であるが、食糧保存のための乾燥装置としても重要な役割を果たした。その上に吊るされた火棚はとくに冬の長い東北日本においては、食糧の乾燥保存をする上で必要不可欠の装置であり、また夏でも囲炉裏の火を絶やさないのは、食糧を乾燥させるためでもあった。このような主屋の囲炉裏の他に、小屋にも囲炉裏を設けて、作物の乾燥を図り、多様な保存食がつくられた。そのために、雨を除け通風を図る工夫が際立つ構法が発達し、干す小屋の特徴となっている。

仕舞う

仕舞うとは、なし終えること、入れ収めることである。つまり仕事の決まりをつけることであり、ものを片付けること、始末することを意味する。民家の生活において、農作業をきちんとやり終えることは道具や家畜や作物を仕舞うことである。そのための施設として代表的なものが納屋であり、納屋は仕舞う場所といえる。仕舞うためには作物を収納しやすいように整える作業が必要で、穀物であれば脱穀するという重要な手順が含まれる。

民家の小屋にはこうした仕舞うことを含んだものが多い。干すことも広い意味では仕舞うことの前段階であり、保存することの前段階として仕舞うことが伴う場合も多い。南西諸島の高倉は、その小屋裏に稲の穂束を貯蔵するための小屋であるが、

奈良盆地の肥料小屋（奈良県大和郡山市）
奈良盆地には版築による土塀等の土壁の古い技術が残されている。肥料小屋は木材を傷めるので、土を塊にして積み上げる版築の構法で壁がつくられている。

津久見のミカン小屋（大分県津久見市）
津久見はミカンの産地。そのミカンを熟成保存するための小屋。石と粘土に石灰を混ぜて練り固めた壁は練塀と呼ばれ、大分県や福岡県で小屋や倉や塀をつくる構法として古くから用いられてきた。

その足下の軒下空間は、稲を仕舞うための作業場として重要な役割を果たす。また野菜などの作物の乾燥場であり、一時的な収納にも使われる。長崎県対馬のコヤは、穀物や家財を貯蔵する倉であるが、その下屋や軒下の空間は、穀物の乾燥と脱穀に使われ、仕舞う機能と収蔵する役割を併せ持つ。一方で茨城県のマデヤはいわゆる納屋であるが、その一隅に穀物の収蔵庫を備え、作物を仕舞って収蔵する一連の作業を行う小屋である。このように仕舞う小屋は農家の生業の中核施設であり、作物の乾燥、加工、収納を含んでいる場合が多い多機能の小屋といえる。

守る

自給自足的な色彩の強い民家生活では、食糧の保存のなかで穀物の貯蔵は命に関わる最も大切なことであった。また穀物を作付ける種籾はそれ以上に大事なもので、その貯蔵は共同で管理し、郷倉という村の共同倉庫を設けて、その役割を果たした。これは度重なる飢饉に対処するために生まれた制度であり、小屋である。個人所有の倉にもそのような性格があり、余剰の穀物は飢饉に備えて長期間にわたって貯蔵された。このように倉は守る小屋の代表といえる。

倉は穀物を収蔵する部屋と家財を収納する部屋の2室から構成されるのが一般的であり、上下に分けて1階に穀物、2階に家財道具を貯蔵するかたちが多い。それに対して対馬のコヤは平屋で、2~3室に仕切って穀物、家財、書物等に分けて貯蔵する。火災や自然災害で主屋が失われても、倉が残れば命を守り生き延びることができる。飢饉だけでなくそのような災害に対する備えとして倉はつくられてきたのである。対馬のコヤは戦時中に、それを解体して山中に移築し、米軍の襲撃から家族の命を守るために備えたという逸話がある。また群馬県の片品村では、台風で主屋が壊されそうな時は、倉に逃げ込んで、身を守ると言われている。

日本の民家の特質はその開放性にあるといわれる。それは温暖な気候と治安のよい社会の中で発達したかたちである。しかし自然災害や戦時に備えた守りの小屋の存在なしにそれは成り立たなかった。開かれた主屋と閉じた倉の組み合わせこそが日本民家の本質といえよう。大きな主屋は日常的な生活の利便性や快適性を重視して、開放的につくられ、必ずしも災害や防犯に対する備えは十分ではない。そこで倉に食糧や寝具や家財を貯蔵することで、それを大切に守ると同時に、非常時にはそこに逃げ込むことで命を守ることができたのである。それが守りの小屋としての倉の役割であった。

常陸のたばこ乾燥小屋

Drying barn for tabacco in Hitachi

無双窓の自在な換気

たばこは中米を原産地とし、日本へはポルトガルやオランダとの南蛮貿易によってもたらされ、喫煙の習慣は天正年間（16世紀末）に始まり、種子の伝来は慶長年間（17世紀初め）というのが定説になっている。そういえばｔａｂａｃｏはポルトガル語だった。

日本伝来後、喫煙の習慣とたばこの栽培は急速に広まった。当初、幕府は倹約や火災防止を名目に、禁令を相次いで出し、たばこの栽培にも制限が加えられたが、あまり効果を発揮しえなかった。それどころか喫煙の習慣は武士、町人ばかりでなく、広く農民の間にも普及し、葉たばこの耕作は全国各地に拡大した。幕府もこの喫煙やたばこの耕作の実情に妥協して、それまでの全国禁止令を緩和せざるをえなくなった。寛永19年（1642年）の布達では「来年より本田畑にたばこをつくるべからざること」と規定して、屋敷内や新開地でのたばこ耕作を許可するに至り、これを機に各藩ともたばこの栽培を奨励し始める。

元禄年間（17世紀末）には各地に産地が形成され、薩摩伝来の種子から国分葉、指宿《いぶすき》葉、水府葉等が、また長崎伝来の種子に由来するものとして阿波葉、達磨葉など銘柄として知られるようになった。これらの品種は各地に定着する過程でその土地の気候風土に馴染んで、1898年の葉たばこ専売移行時には全国で70種以上を数えるに至る。それらは総括して在来種と呼ばれ、キセルで味わう刻みたばことして日本のたばこ文化を担ってきたものである。

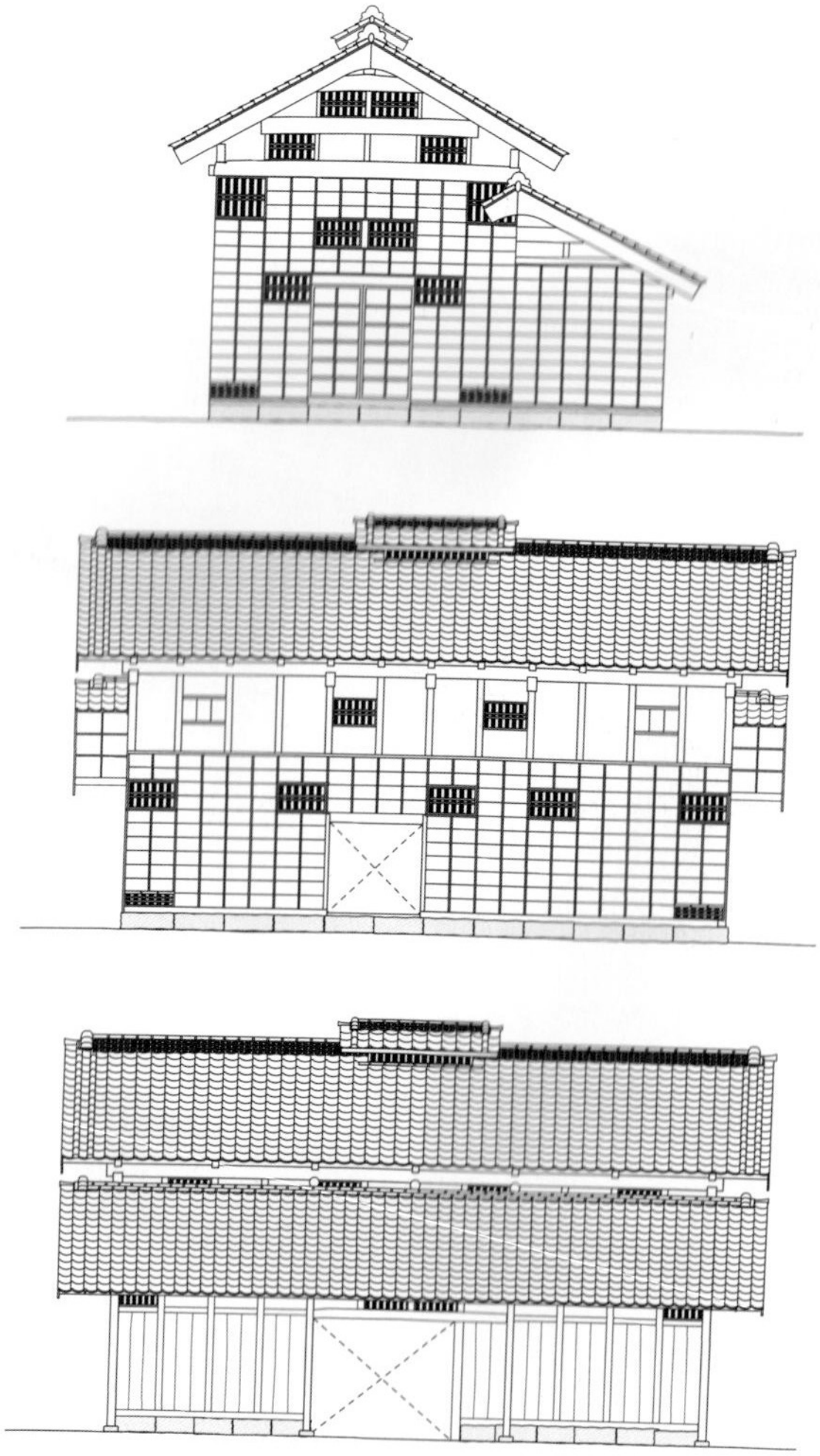

1/200

たばこ乾燥小屋の立面図
規則正しい無双窓の配置は、澱みのない換気を表す。

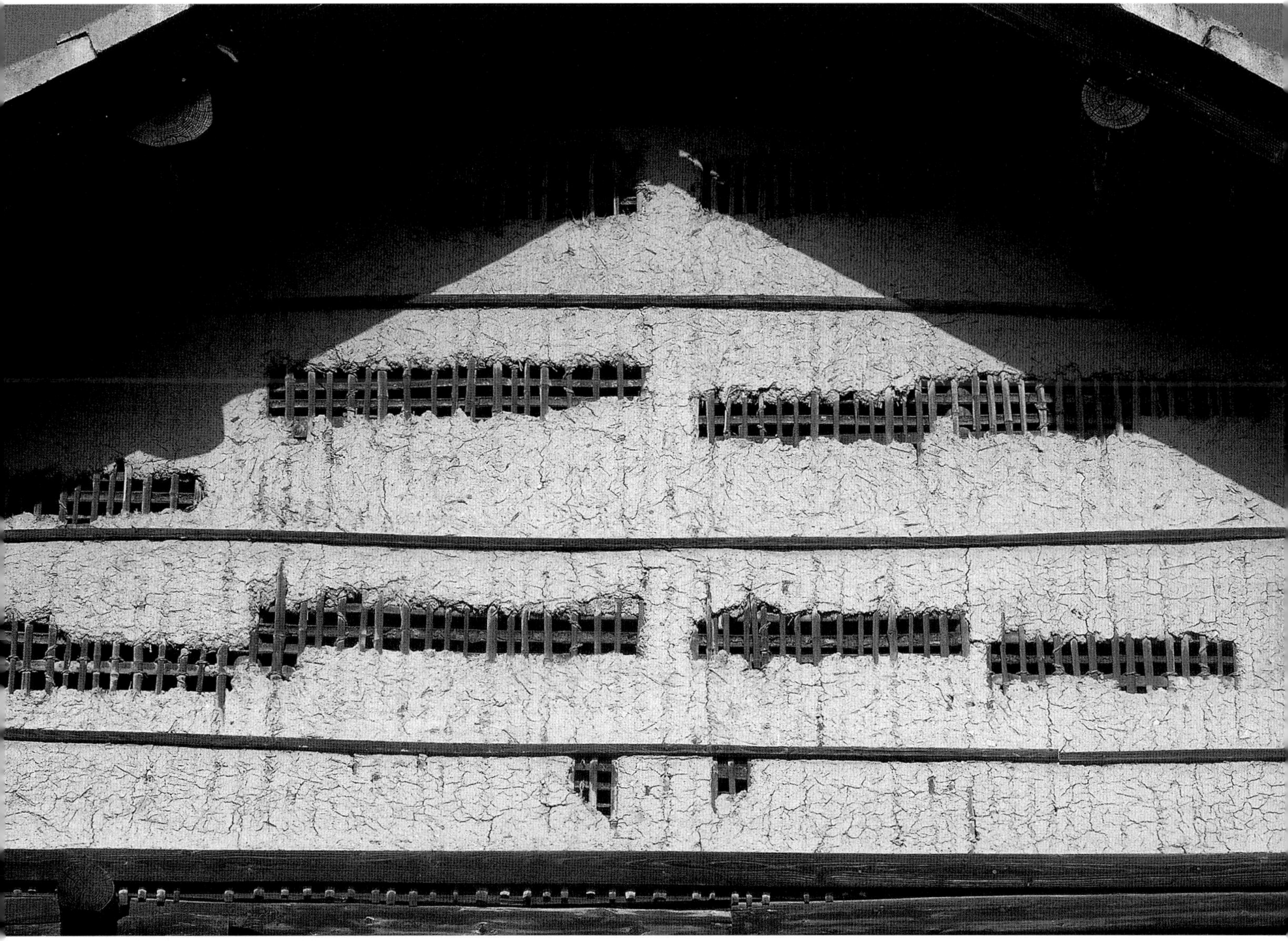

在来種のたばこの葉を乾燥させるのは自然の風。そのため多くの換気窓を持つ乾燥小屋が生まれた。この窓は土壁の下地の竹小舞を塗り残しただけの素朴なもの。

標準的な三間×六間の乾燥小屋。赤土村には今も数多く立ち並ぶ。（茨城県常陸太田市赤土町）

たばこの村 赤土

茨城県は鹿児島県や神奈川県と並んで日本有数の葉たばこ産地である。県北の山間部に位置する赤土村（現常陸太田市赤土町）は東日本で最も早くから葉たばこ耕作が始まったところのひとつで、一説によればそれは慶長年間に遡るというから、薩摩に伝来してからきわめて短期間で水戸藩で耕作が始まったことになり、当時の情報や流通網の発達に驚かされる。以来５００年間にわたり、山あいのこの村は、狭小な水田にかわって、葉たばこ耕作が村の生活を支えてきた、いわばたばこの村である。

たばこの栽培は土地を選ぶ。排水、通風、日照に恵まれる必要があり、多湿なところはとくに嫌う。赤土村の谷間の斜面を造成した畑はこのような条件を満たすたばこの適地であることに加えて、その土質が「礫質壌土ニシテ肥沃乾燥ノ地」であったので、赤土たばこは水戸藩の保護奨励を得て、江戸、京都にまでその名声を博した。

明治になっても赤土村を中心とする茨城県のたばこ耕作は拡大を続け、明治28年にはその栽培面積は日本第一位を占めるに至る。さらに同42年には皇室御料用として献納されるに及んで、水府葉と改名され、その銘柄としての評価はゆるぎないものとなった。

毎年6月になると谷間の村は赤紫のたばこの葉に埋め尽くされた。梅雨時の湿った空気のなかで、ねばりをおびた葉茎の上にこの花はニコチンの毒を含んであやしく咲く。開花するとまもなく、養分を葉に回すためにそれはばっさりと切り落とされる。根元に捨てられた美しい花と、花を切り取られた葉たばこが立ち並ぶ光景は打ち首を思わせる。どこか不気味で、禁断の作物の妖気が漂う。

無双窓の風景

赤土村を目指して谷間の狭く曲がりくねった道をのぼると、突然広い谷が開け、斜面の中腹に切り開かれた畑に、背の高い小屋が点在するのが目に付く。その無双《むそう》窓が規則的に配列された姿は、端正で印象的だ。これがたばこ乾燥小屋だ。背の高い構造には何段にもたばこを吊るすための工夫が施され、無双

昔はどの乾燥小屋でも茅葺きだった。瓦屋根は熱くなるので、茅葺きのほうがたばこの葉には良いのだという。

無双窓から飛び込む光が印象的。窓は、夜や雨の日には閉じ、晴の日だけ開けられる。屋根裏や梁に竹を渡して、たばこを幹ごと逆さに吊るして乾燥していた。

窓だらけの壁面は効率よく換気するために考案されたものである。たばこを干すという働きを追求した明快な設計といえる。

　このような乾燥小屋の構造がいつごろ成立したものかはっきりしないが、明治42年発行の「水戸煙草耕作法」に詳細図が掲載されており、少なくともこの時期には考案されていたことがわかる。このような乾燥小屋の成立の背景には煙草の乾燥法の変遷が関係している。ちょうどその頃、たばこの質を上げるために屋根裏に逆さ吊りして乾燥する幹干しが奨励され、その専用の装置としてこの乾燥小屋が考案されたのである。たばこを熟成させるために、乾燥の段階で温湿度を微妙に制御することが必要で、この乾燥小屋では、天候の変化に応じて、囲炉裏《いろり》を焚き無双窓を開け閉てして、良質のたばこに仕立てることができたのである。

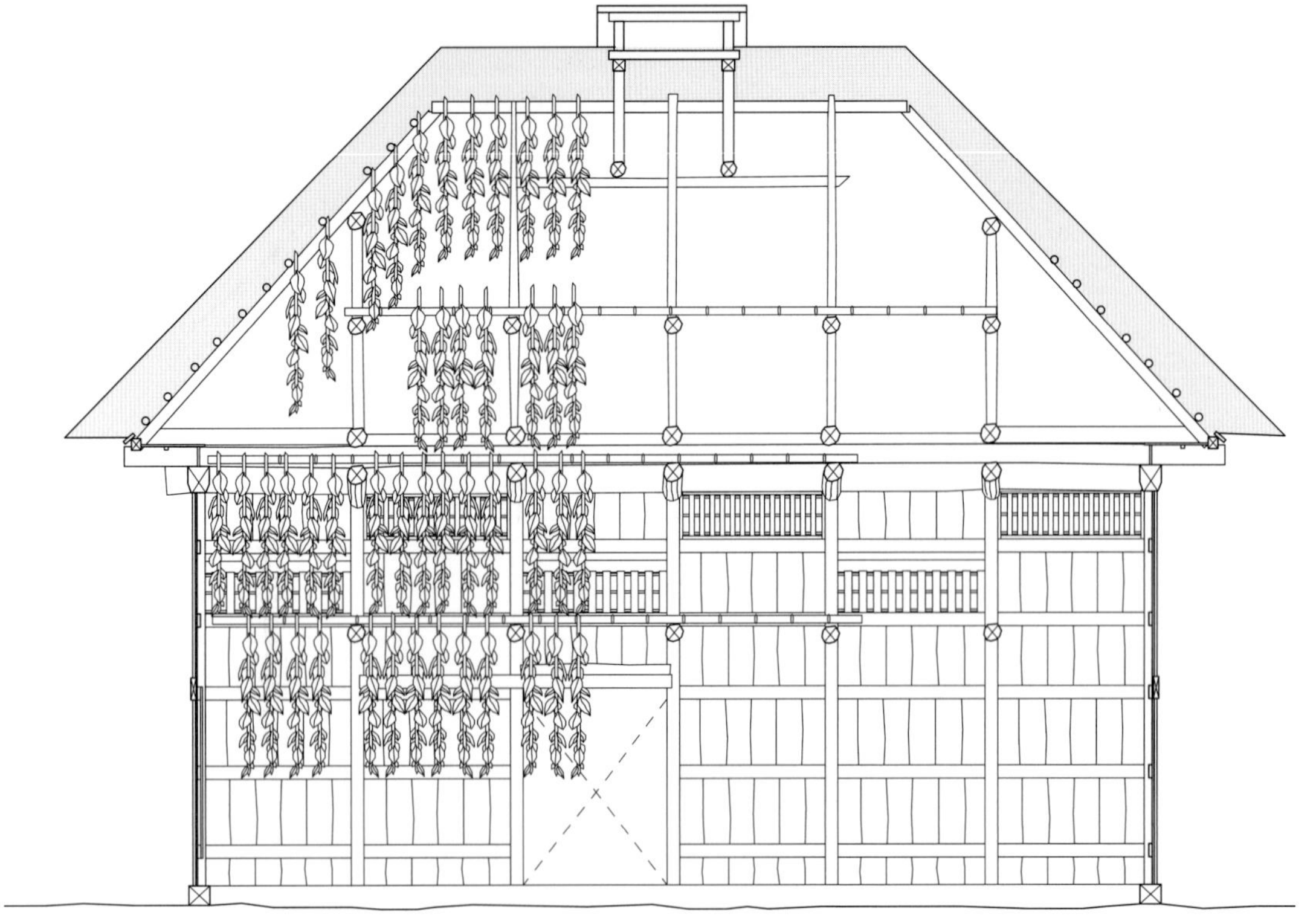

桁行断面図

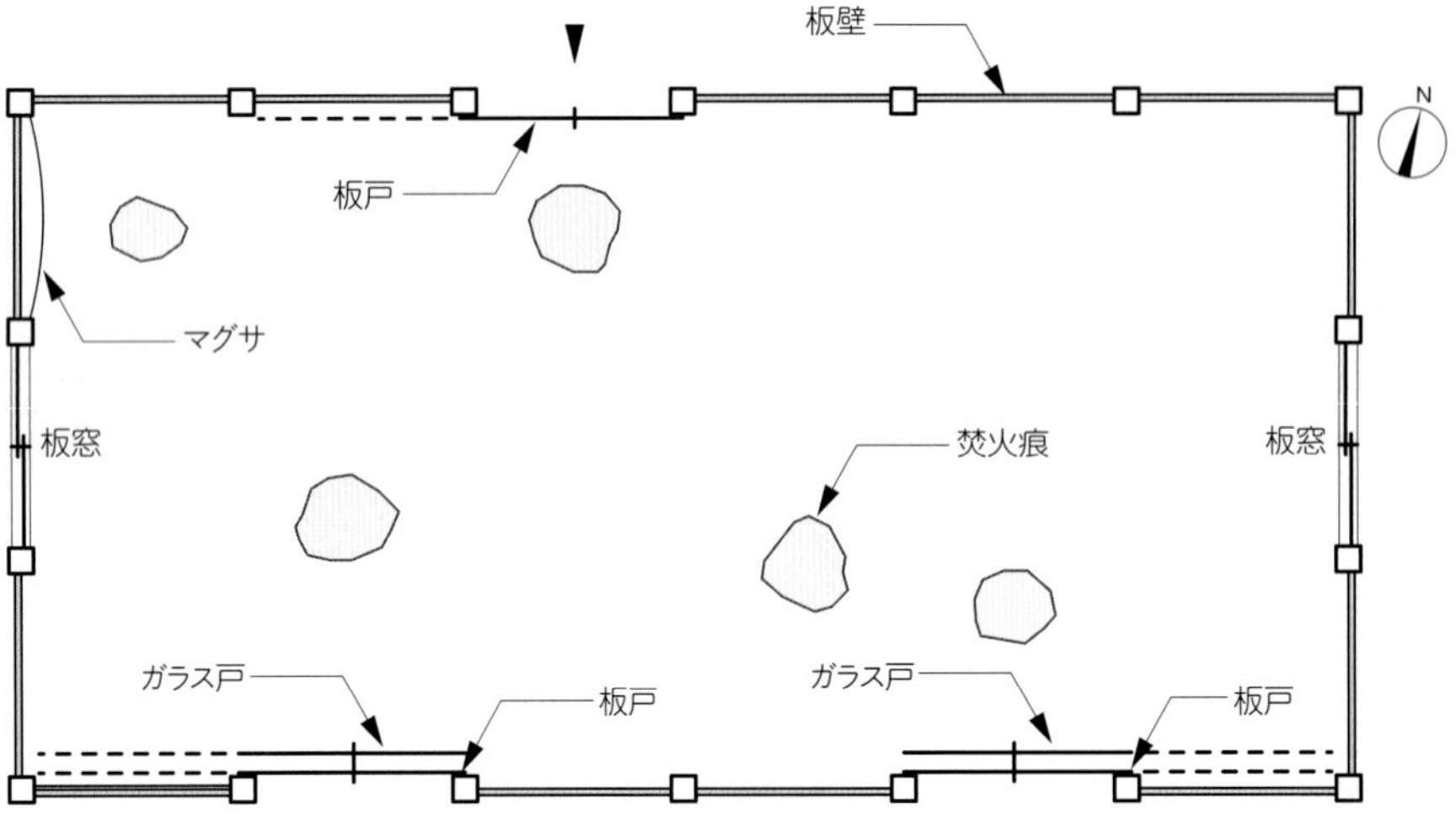

平面図

茅葺きの乾燥小屋
茅葺き屋根で、間口六間、奥行き三間の大きさのこの乾燥小屋（p.16〜17）は、間仕切りなど一切なく、たばこ乾燥専用の小屋であった。赤土村周辺でつくられた水府葉という品種は、幹の丈およそ四尺五寸〜五尺弱で刈り取って竹串を刺し、腰梁、内梁、二重梁には竹を渡し、屋根は小舞竹を利用して、それらに掛けて4段干しにして乾燥させる。壁面下部の地窓、上部の中窓、煙出しの天窓で通気を保ち、雨の日など湿気の高い日には焚き火をした。梁の間隔などはたばこの幹の長さ、窓の配置は乾燥具合で決められるようである。

葉たばこは幹ごと逆さ吊りにして乾燥される。土間には囲炉裏が切ってあり、雨の日には無双窓を閉め、火を焚いて室内を高温にして乾燥させ、その後に無双窓を全開して換気する。これを繰り返して葉たばこを乾燥させる。

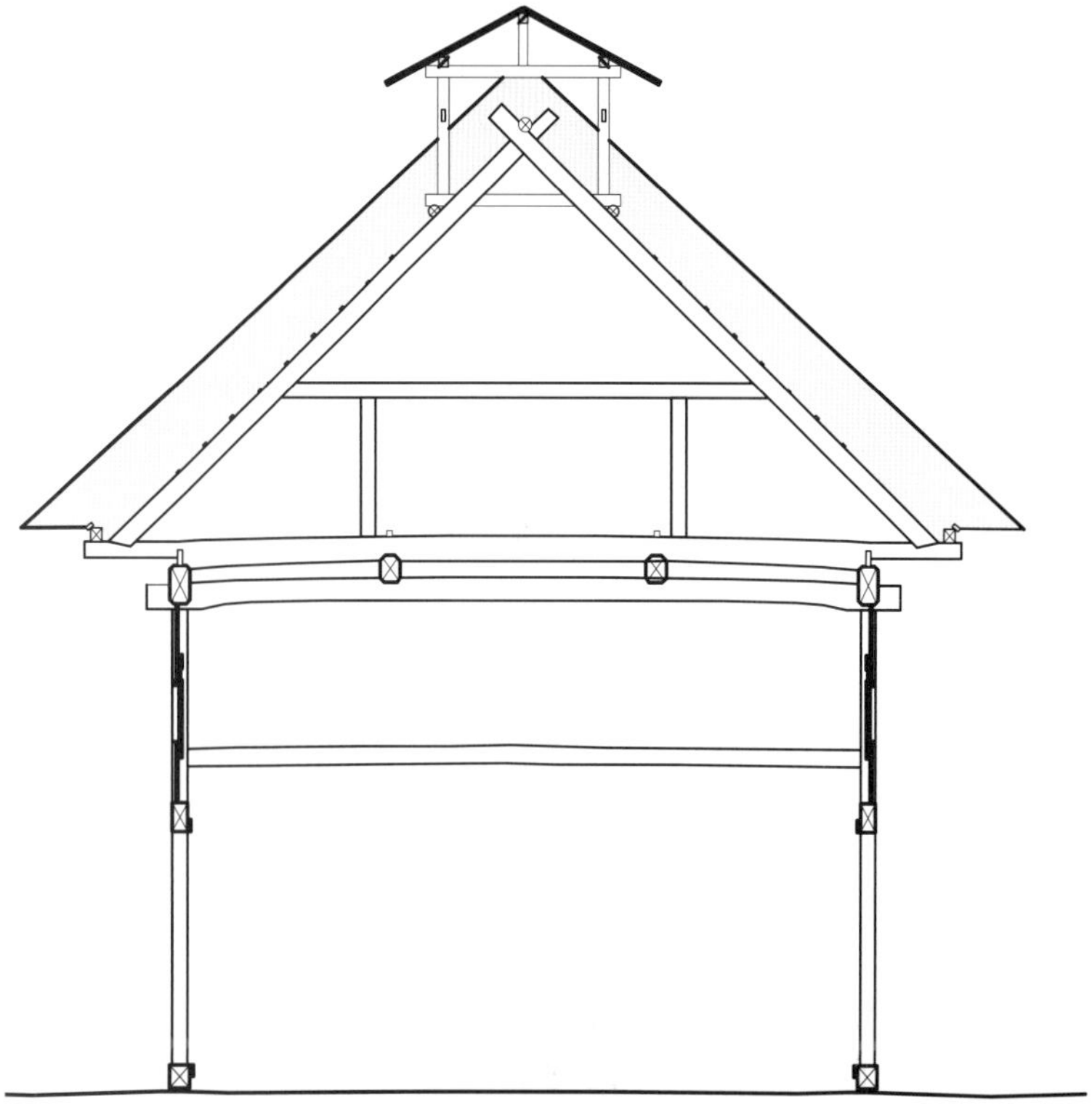

梁間断面図

現存している中でも数少ない茅葺き屋根のたばこ乾燥小屋。大正時代に建てられたようだ。無双窓が上下交互に配されている。(茨城県常陸太田市赤土町)

片引きの建具を開け閉てした小屋内部。茅葺きの屋根に土壁と木材でつくられているので、乾燥を行う夏でも過剰に暑くならず、ゆっくり乾燥させる在来種には良いのだという。大正時代に建てられたこの小屋では、6000本ものたばこの幹を乾燥することができた。しかしその役目も昭和10年には終えた。

断面図

片引き窓の乾燥小屋

多くの片引き窓により開放的なこの小屋（上／写真）は、大正7年頃に建築され、自然換気により在来種の水府葉を乾燥していた。サス尻（さすじり・サスとは棟木を支えるための合掌型の斜材）が軒桁よりも外側に出ている小屋組で、このあたりでは外合掌と呼んでいた。出ない場合には、内合掌と呼ぶ。梁間三間半は乾燥小屋としては最大級であり、それに加えて外合掌の小屋裏は巨大な乾燥空間を形づくる。すべての梁、桁は一木でつくられ継手は全くない。桁の長さは10mを超す。越屋根を支える梁、二重梁、水梁、腰梁に竹を渡し、4段でたばこを吊し、屋根の小舞竹に吊す場合もある。周辺地域にある瓦葺きの乾燥小屋には下屋（軒を長く伸ばして設けた軒下の土間空間）が設けられている場合が多いが、茅葺きの乾燥小屋には下屋がないことがほとんどのようで、この乾燥小屋も下屋はない。壁に筋交いが見られるが、最初からあるということだ。

上／2つ並んだ米葉たばこの大阪式乾燥小屋（p.19～21）。この形式を夫婦建ちと呼ぶこともある。
右／乾燥小屋としての役目を終えたこの建物は、もうじき取り壊されるとのこと。たばこの名産地の面影を留めるシンボルは次々と失われている。（茨城県つくば市）

縦長の小窓は、米葉たばこの葉の大きさとほぼ同じ。

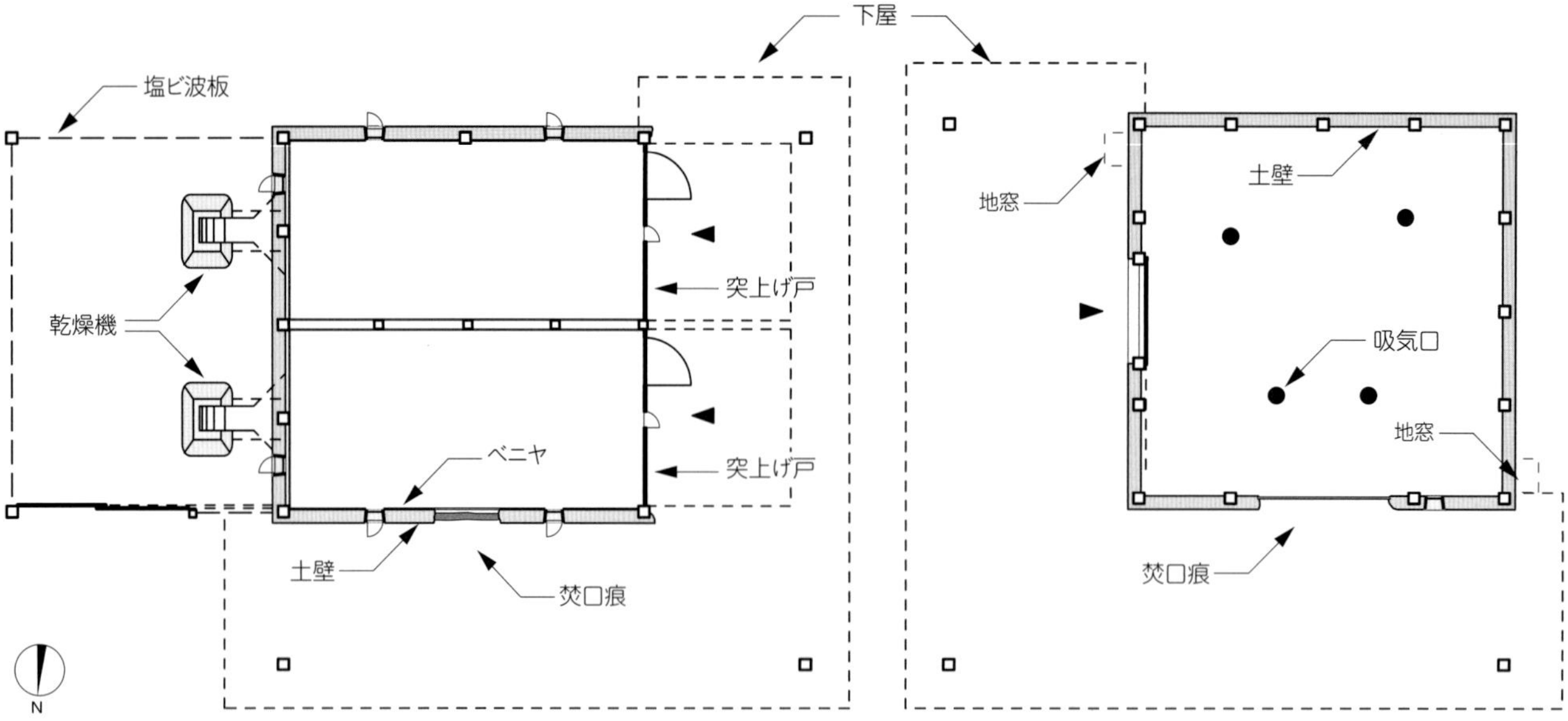

平面図

刻みたばこから紙巻きたばこへ

明治維新以降、文明開化の波にのって、舶来たばこが流行し始める。なかでもキセルのいらない紙巻きたばこに人気が集まった。国産の紙巻きたばこは、1872年に土田安五郎によって製造されたのを皮切りに、1884年には銀座の岩谷商店が口付きたばこ「天狗印」を発売するとその流行は国内一般に広まった。1890年に京都の村井兄弟商店が日本初の両切りたばこ「サンライズ」を発売し、さらに1894年にアメリカから輸入した葉たばこを使った新製品「ヒーロー」を売り出した。この「ヒーロー」は、その味が輸入たばこに似ており、またユニークな広告宣伝も功を奏して、大ヒット銘柄となった。

このような近代の新しいたばこ文化に押されながらも、在来の刻みたばこの嗜好にも根強いものがあり、むしろ明治時代は、庶民の間では在来の刻みたばこ文化の全盛期といってよく、大正時代に入っても刻みたばこは総需要の70%を占めていた。第1次世界大戦後、不況の蔓延化とともにたばこは低価格品の需要が増大し、大衆銘柄「ゴールデンバット」の登場を機に手軽で安価な両切りたばこの時代が到来し、1934年（昭和9年）には刻みたばこの販売数量を追い抜く。戦後の高度経済成長とともにそれは一気に加速され、1960年（昭和35年）のフィルター付きたばこ「ハイライト」の発売で両切りたばこのシェアは97%を占めるに至る。

キセルで刻みたばこを一服するシーンは、いまでは時代劇でしか見ることができないものとなったが、キセルや煙草入れ、根付け、煙草盆などは骨董品として今なお愛用され、在来のたばこ文化の香の高さを物語っている。

自然乾燥から火力乾燥へ

たばこの嗜好がキセルから紙巻きたばこに移るにつれて、葉たばこの生産も在来種からアメリカ産の黄色種（米葉）へとその主力を移していく。葉たばこの乾燥は単に水分を蒸発させるだけでなく、生葉の成分を熟成させて葉たばことして香喫味に仕立てるために重要な工程で、葉たばこの種類に応じて独自の乾燥法が考案されてきた。

在来種が自然乾燥を基本として、長時間かけて葉色を褐変させ、飢餓代謝により内部成分をほとんど分解させて葉に独自の香と淡泊な味をもたせるのに対し、黄色種では火力によって急速に高温乾燥して黄変させ、葉たばこの中のデンプンやタンパク質などの高分子化合物を分解し、たばこの香喫味に関与する糖やアミノ酸類を生成させ、独自の甘い香をもった葉たばこに仕立てる。

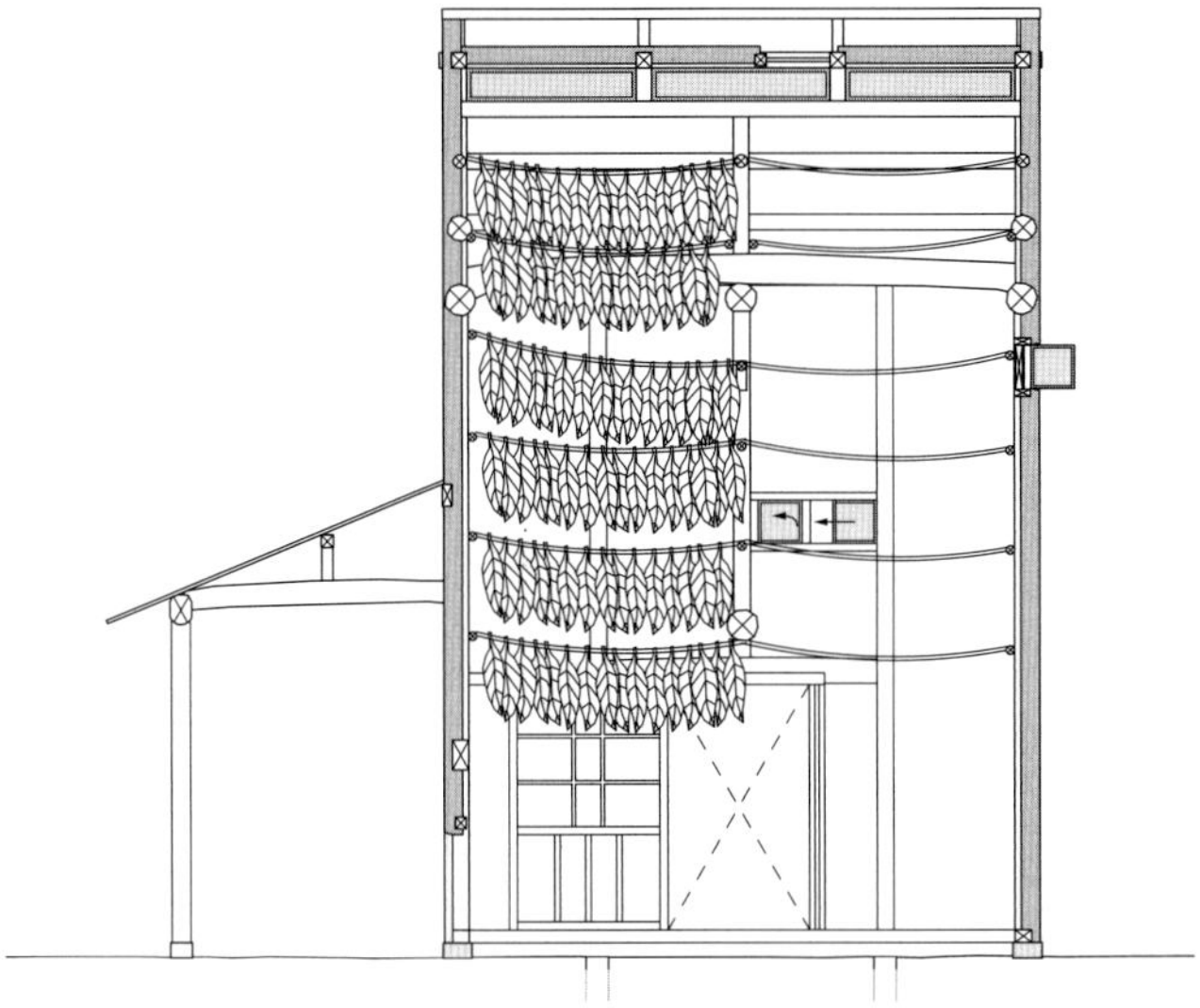

桁行断面図

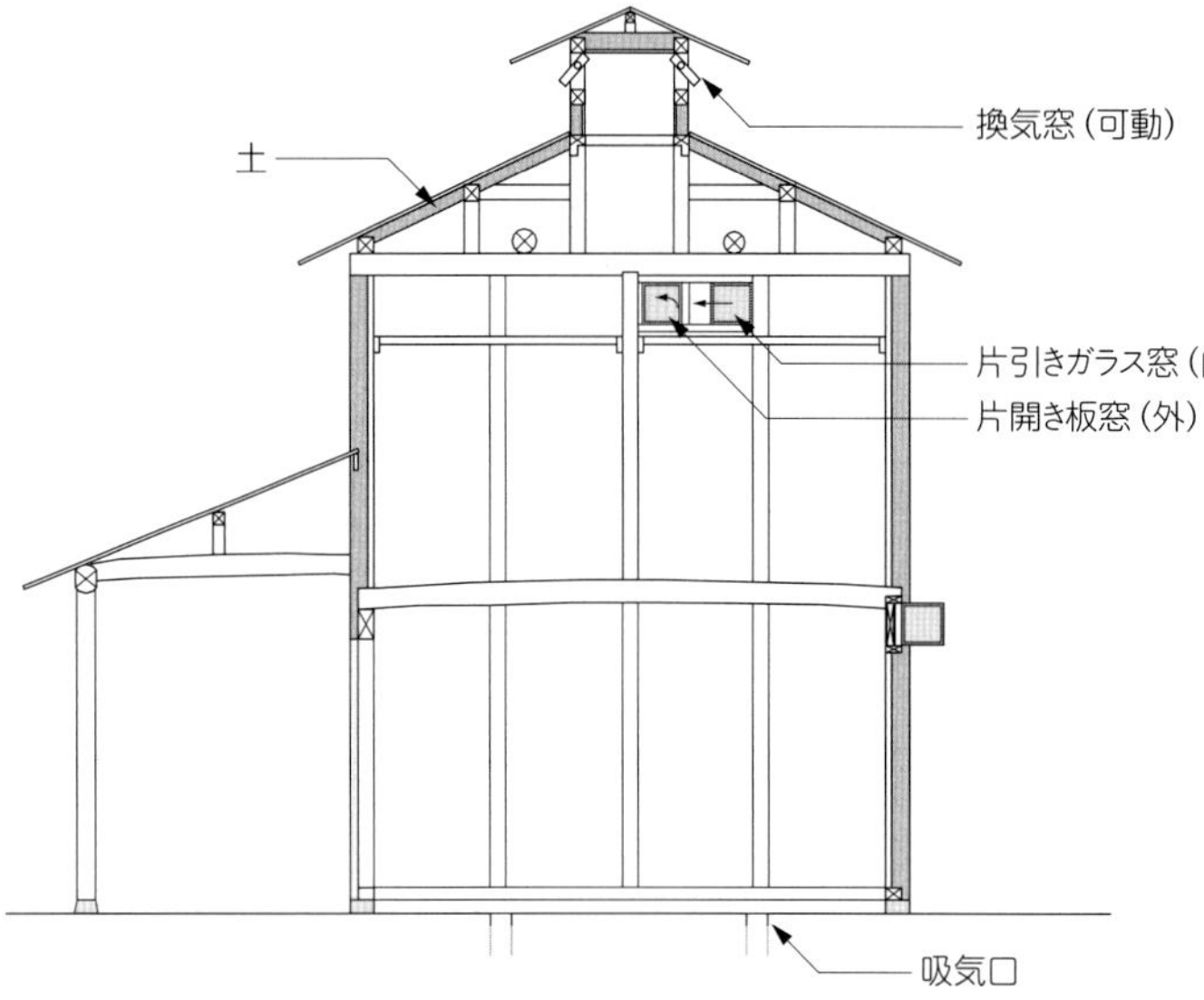

梁間断面図

大阪式の乾燥小屋

火力で米葉を乾燥する。内部も小屋裏まで土で塗り込めて気密性と断熱性を高めている。2つ並ぶ様子が印象的なこの小屋は、吸気のための穴がある方が、昭和27年頃の建築で、乾燥機の付いている方はその3年後に建てられたという。本来は同じ形式の乾燥小屋であったが、乾燥機を取り付けた際に改造が加えられたため、いくつかの異なる点が観察できる。吸気口を設けた乾燥小屋は、薪を燃やした熱を床に巡らした鉄管に通し、吸気口からの自然対流により熱を内部全体に伝える。熱効率を低下させないよう、窓は小さな地窓、観測窓の他は極力設けない。一方、送風機を利用した乾燥小屋では、吹き出し口からの強制送風なので、内部で温度差が生じる。そのため、たばこの葉を観察する窓が様々な位置に設けられている。米葉の乾燥工程は5期に区分され、それぞれの工程に定められた温度、湿度を維持するために覗く小さな窓が活用される。天窓は主に排気による湿度の調節、地窓は外気の導入による温度の調節という役割をもっていた。米葉は縄に編み込み、吊して乾燥させるのだが、自然対流の場合は6段に吊すのに対し、強制送風ではぎゅうぎゅうに詰めて2段で同じ量を乾燥させることが可能になる。これによりたばこ乾燥の問題点であった高所での作業から解放されたのである。

このような黄色種の乾燥小屋は、鉄管を床上に配置し、その内部に熱風を循環させて乾燥小屋の室内を高温乾燥状態とする装置で、大阪式と広島式の２つの形式があった。いずれの形式も広さ二間四方程度の背の高い小屋で、火力乾燥の効率を上げるために、土壁で塗り込めて気密性と断熱性の高いつくりとなっている。屋根の構造は異なり、大阪式では越屋根が付いて天窓から効率よく換気できるようになっているのに対して、広島式では屋根の下に土天井を設けて、断熱性を重視したつくりとなっている。その両方をあわせた新広島式も考案されている。

収穫された葉たばこは１枚ずつ縄に編み込み、ちょうどめざしのように吊り下げて、乾燥させる。燃料は戦後間もなくは薪を使用し、その後石炭から石油へと変遷する。乾燥期間は通常４日半と自然乾燥に比べると約10分の１に大幅短縮された。しかし薪や石炭の時代では、４昼夜火を絶やさないための燃料補給と、葉たばこの乾燥状態を観察しながら微妙な温度調整が必要なため、乾燥作業が重労働であることに変わりはなかった。

近年輸入葉たばこに押されて国内の葉たばこ栽培農家は激減している。それにともなって火力乾燥の小屋は、戦後につくられた比較的新しいものが多いにもかかわらず、つぎつぎ取り壊され急速にその姿を消しつつある。一方で自然乾燥の小屋は戦後まもなく、黄色種への転換でその建設当初の役割を終えているが、その多くはその後も納屋や倉庫として転用され、健全なものが多い。

ひとつの機能を効率よく追求した火力乾燥小屋はいわばひとつの装置あるいは機械であった。その役割を終えればつぶしはきかない。それに対して自然乾燥小屋は、人の住まいとしても通用するシェルターとしての普遍的な構成原理を備え、見る者に応用の想像力をかきたてずにはおかないのである。

02

干す

白川郷のハサ小屋

消えゆく農村の風物詩

Drying barn for grain in Shirakawa

ハサとは稲架と書き、秋に刈り取った稲束を干す棚のことである。近年ではコンバインの普及に伴い、生脱穀と火力乾燥による方法が一般的となり、その姿を見ることは難しくなったが、一昔前までは地方色溢れる様々なハサを日本各地で見ることができた。その黄金色の稲穂がつくる造形は日本の秋の風物詩でもあった。

ハサはそのシーズンだけに設置される仮設的なものと、恒久的な構造物の二通りに大別できる。

仮設のものは、一本の棒を立てただけの素朴なものから、三脚に組んだものや空高く十段以上も組んだ壮大なものまである。中でも特異なのは、田んぼの畔《あぜ》にそのために植えた樹木を利用したハサ木で、コシヒカリの里、越後平野の風景には欠かせないものだ。多くの仮設のハサには杉の間伐材が用いられ、田んぼや畔に組み立てられる。シーズンが終わると解体され、部材は軒下や簡便な屋根を掛けて保管される。

また、広大な田んぼに小さなハサが散在する風景は、移動用の脱穀機械が普及してからのことだ。古くは農家の土間で脱穀していたので、できるだけ家の近くにまとめてハサをつくるのが一般的であった。そして乾いたものから順次、足踏みの唐臼で脱穀する方法がとられていた。

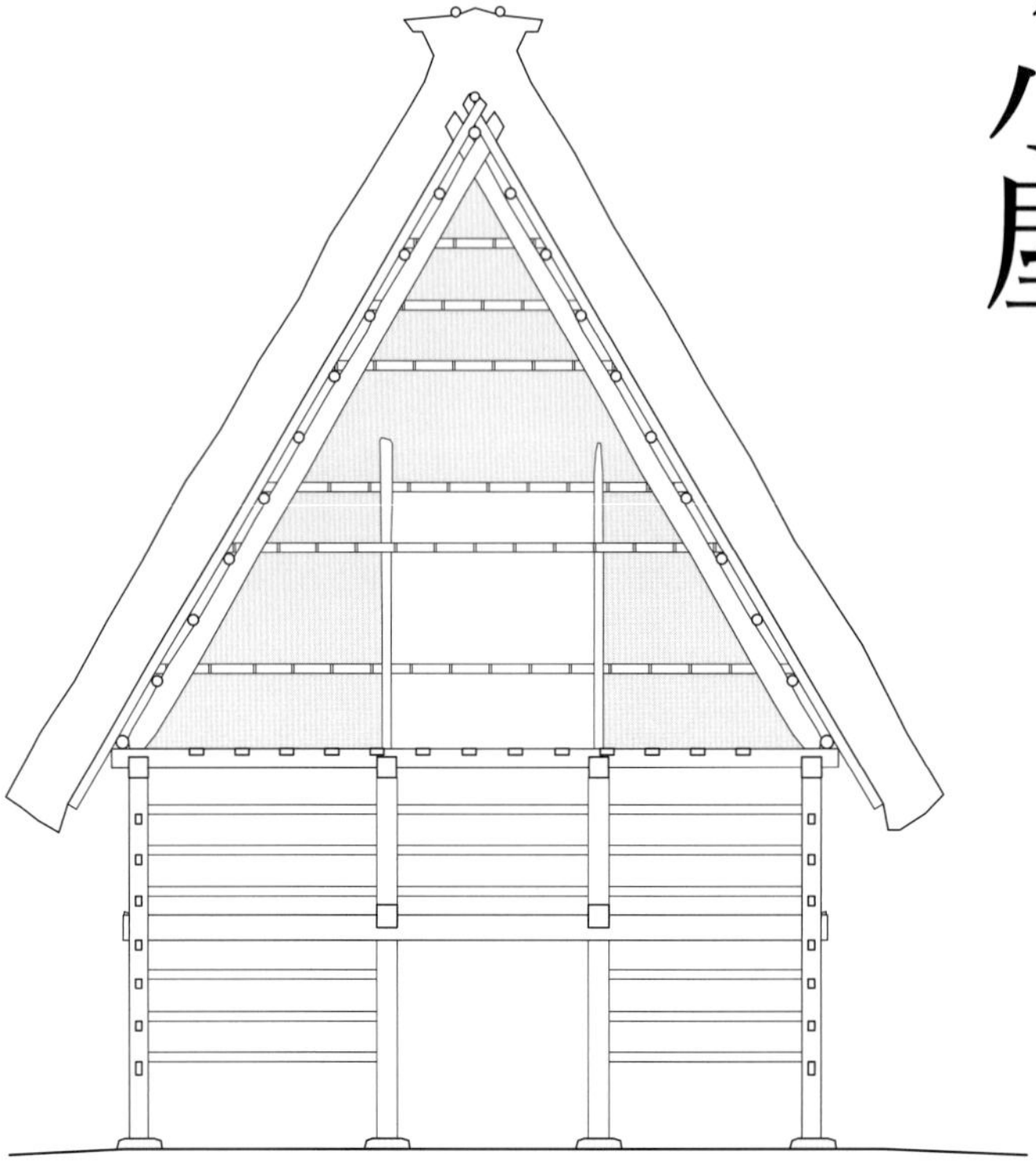

ハサ小屋の断面図
白川郷ではハサ小屋まで合掌造り。屋根勾配も60°の正三角形。

岐阜県白川村長瀬で建てられ、現在、高山市飛騨の里に移築されているハサ小屋は、間口三間一尺三寸、奥行き四間。7段のハサの棚をコヤの周囲に持つ。構造は合掌造りであり、軸部は壁のない吹き放ちとなっている。ハサの棚は構造的には貫である。およそ九寸間隔で貫かれ、楔を打って固められる。内側にはハサの棚は無く、柱の中程に梁が両方向に掛けられている。小屋裏を含めると3層構造となっていて、小屋裏は茅や藁を置くスペースになっていた。このハサ小屋は移築されたものだが、ハサ小屋の多くは水田のすぐそばに建てられていた。

岐阜県高山市にあるハサ小屋。刈り取った稲を乾燥させるための小屋は、豪雪地帯であるこの地域の稲作を支えた。

合掌造りのハサ小屋

合掌《がっしょう》造りで知られる岐阜県の白川郷では、ハサ小屋までもがおしなべて合掌の構造である。そこからは、この地域における合掌の起源の古さが感じられてくる。しかし、三角形の合掌屋根を背の高い柱で持ち上げたハサ小屋のかたちは、住まいとはまた違った味わいだ。

ハサの棚は構造的に見れば貫《ぬき》構造であり、楔《くさび》を打って固められる。壁のない吹き放ちが基本だが、その一隅に板倉を持つものも少なくない。その場合、小屋は乾燥と貯蔵という2つの機能を持ち、空間的に見れば開放と閉鎖が共存している。それらの対比は合理的でとても美しい。

合掌造りのハサ小屋は、外側に10段余り、そして内部にも2列のハサを持つ。その構造は、この地域の秋の天候の変わりやすさを物語る。また稲作の適地とはいえないこの山村では、藁は籾と同様に貴重で、その乾燥には労を惜しまなかった。茎の長いモチ米の品種を栽培したのは、丈の長い良質な藁

上右／小屋と軸部は対照的であるが、稲を架けるとその姿は変貌する。ハサ小屋は、1階には農機具を、2、3階には茅や藁を収納していた。
上左／ハサ棚は構造的に見れば貫構造で、楔を打って固められている。
右／内側から見たハサ棚。このハサ小屋は内部にハサの棚を持たず、縦横に梁が掛けられている。

を得るためでもあったというから、農家における藁の重要性がそこからも読み取れる。

この村有数の旧家の和田家は、梁間三間、桁行六間の大きなハサ小屋を持つ。秋の刈り取りが終わると稲束を田んぼのハサ小屋に干す。外側から乾くので、乾いた順に主屋の土間に運び、夜に脱穀。藁は牛馬の飼料や藁細工用に屋根裏に貯蔵した。巨大な合掌造りの屋根裏も藁でいっぱいになったという。

その作業が終わるや否や、雪の降る前に、屋根の茅刈りを行う必要があった。秋の収穫が遅れ、冬の襲来が早い年には、稲刈りを一時中断して、茅刈りを優先することもあったという。茅は空になったハサ小屋の外回りにかきつけて翌春まで乾かし、屋根に使われるまでハサ小屋に貯蔵された。

茅刈りは、養蚕を主産業とするこの村では稲刈り同様に重要な仕事であった。巨大な屋根を維持するために毎年茅を刈り、葺き替える。その結果生じる廃材である古茅を、蚕のエサとなる桑の貴重な肥料として施すことができたのである。一方、長い冬の間に藁は消費され、春になって空になった屋根裏では養蚕が始まる。茅と藁に生かされたこの山村では、ハサ小屋はその両方の乾燥貯蔵に欠かせない装置であったのだ。

板倉を内包したハサ小屋

このハサ小屋のある岐阜県の白川郷は合掌造りで知られているが、小屋も同じく合掌の構造となっている。規模は間口二間四尺五寸、奥行き五間で、内部に間口二間、奥行き一間半の板倉を内包している。板倉以外は壁のない吹き放ちとなっていて、ハサ棚は外側に10段、内部にも2列持つ。板倉は内部が2層になっていて、貯蔵のためのスペースとなっていた。梁は桁行の梁を挟むように2段に架けられ、その上に合掌小屋がのっている。合掌のサスは、深く重い雪に耐えられるよう、かなり太いものが使われている。

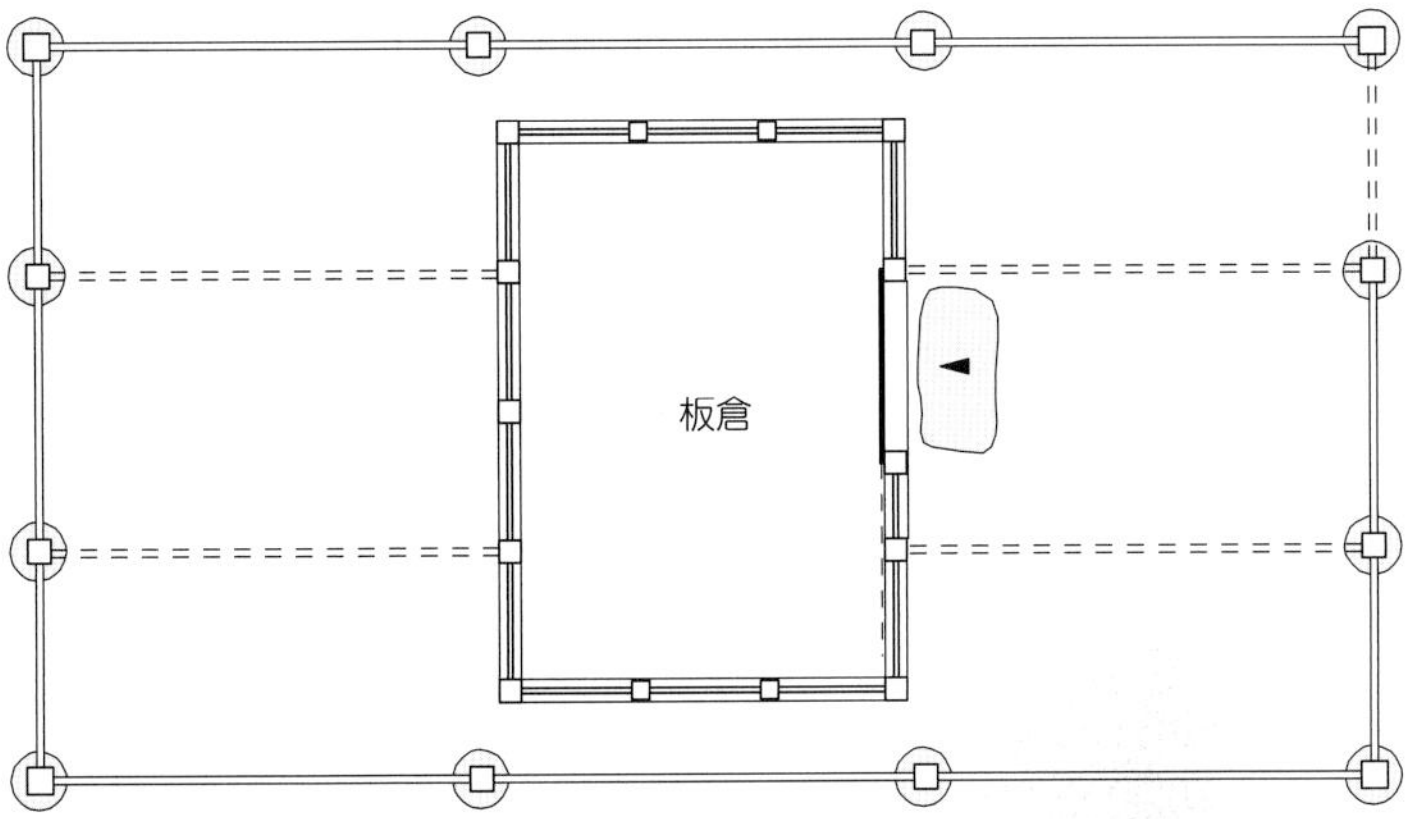

平面図

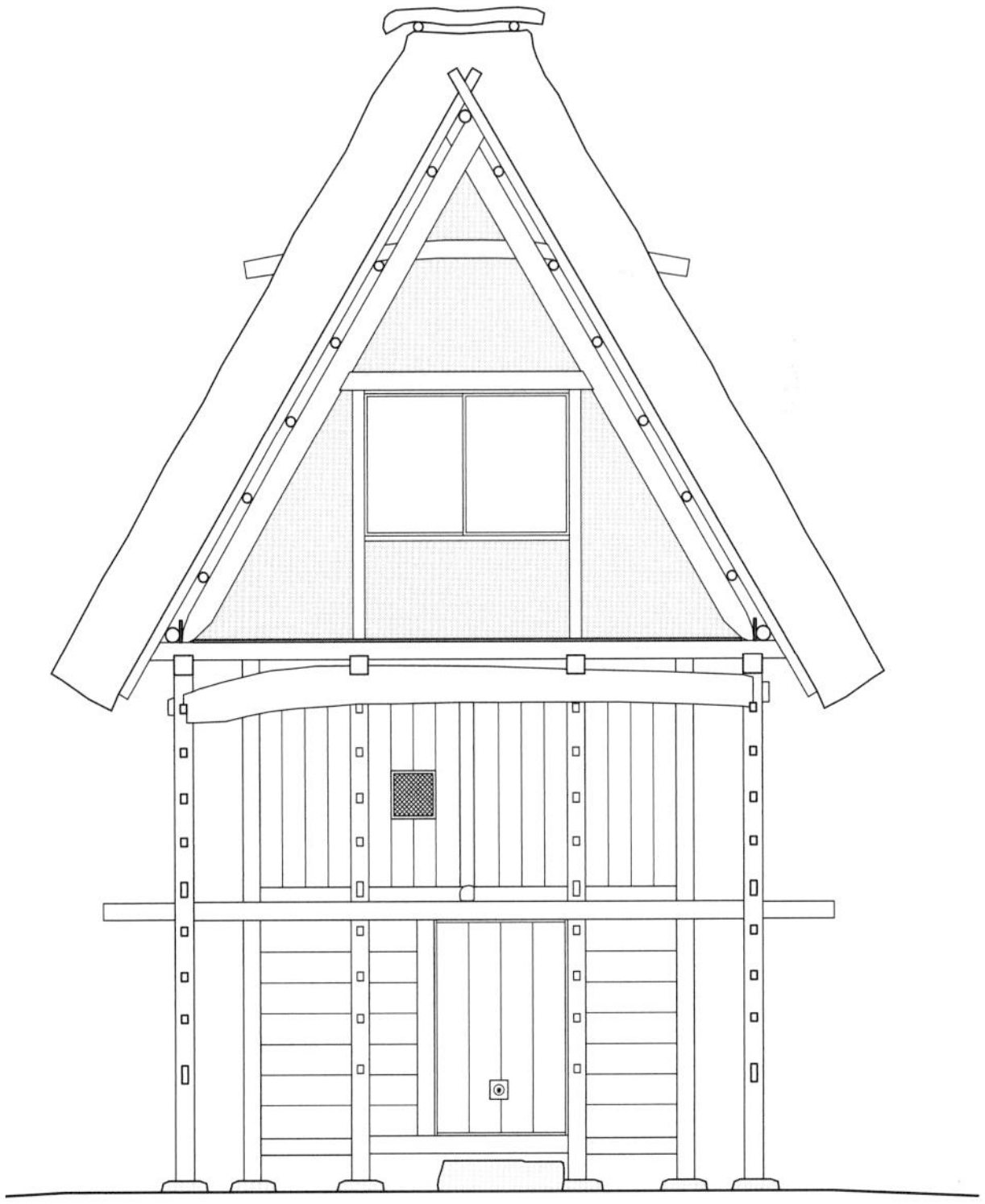
立面図

合掌造りの板倉であるが、倉を取り囲むようにハサの棚があり、ハサ小屋を兼ねていた。（岐阜県白川村荻町）

左は内部に板倉を持つハサ小屋。手前のハサ小屋も元々は合掌造りであった。（岐阜県川村荻町）

上・下／板倉を内包したハサ小屋とその合掌小屋内部の様子。内側に二列ハサの棚がある。深い雪に耐える太いサスが力強い。

合掌の小屋裏。長い冬に備え漬物などの食品庫として使われている。

内部の梁組。力強い梁が合掌小屋を支える。

稲の乾燥が終わると茅を刈り、春までハサ小屋は、茅を纏い、乾燥させる。（岐阜県白川荻町）

03

干す

山形のモミド

稲の高度循環利用の象徴

Granary in Yamagata

山形盆地は、冬の多雪による豊かな水と、夏の高温という稲作に恵まれたところである。さらに江戸時代には、北前船と最上《もがみ》川水運の整備で上方に直結して、稲作は大いに繁栄し、その稲作に特化した農業文化は独自な民家建築の技術を生み出した。この地域の民家の屋根は稲藁葺きが一般的で、仮設的な小屋を稲藁で葺く例は各地に見られたが、主屋の多くを稲藁で葺く地域は日本では他に例がない。また民家の床としての土座住まい、すなわち土間に籾殻と稲藁を厚く敷き詰めて莚《むしろ》を敷いた床は、北方的な居住様式として、日本では日本海側の地域に比較的多く見られたが、山形盆地では戦後に至るまで、多くの民家にこの土座住まいが根強く受け継がれてきた。土座住まいは冬暖かいが、夏の湿気を防ぐためには、稲藁と籾殻を毎年交換する必要がある。また稲藁葺きも材料の調達は容易だが、耐久性に乏しく、毎年のように葺き替えを要する。しかし頻繁に更新されるこの屋根と土座の藁と籾の廃材は、貴重な有機肥料として田に施され、豊かな実りをもたらした。このように山形盆地では、稲作を基盤とした農業経営の中で、稲藁や籾殻に至るまで無駄なく利用する、稲の高度な循環利用技術が発達してきたのである。籾の専用倉庫であるモミドはその象徴的存在として山形盆地の農村風景を美しく彩っている。

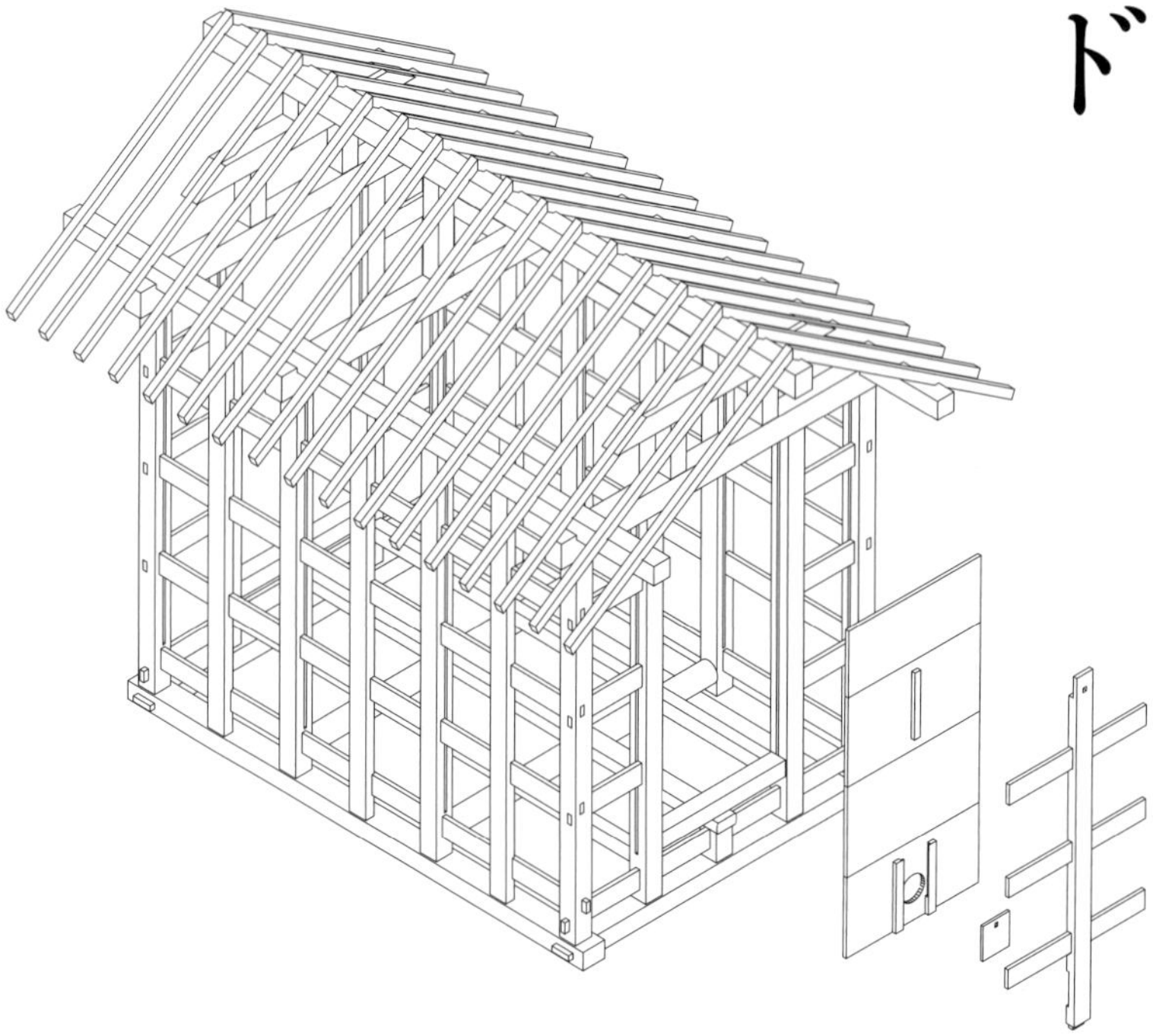

モミドの構成

モミドの基本形式は床を高く上げた平屋建てである。壁は柱間の狭い貫（ぬき）板壁構法で柱に溝を彫り、板を落とし込んでいる。唯一の開口部である籾の取出口は、板を外せるように柱の一部が深く彫られている。最下部の板には丸穴があけられて蓋で開閉して籾を取り出すことができる。

モミドの壁は籾の圧力に耐えられるように、柱と貫の間隔が狭い。柱間の壁板は、貫の内側に落とし込まれているので、壁の内側は平らで籾の収納の都合がよい。

巨大な米櫃の小さな倉

米の貯蔵方法は、世界的に見ると籾の状態での貯蔵が一般的であるが、日本では籾摺《もみすり》をした玄米で貯蔵するのが普通である。籾のままで貯蔵すると害虫やネズミ、カビなどの被害が少ない反面、量がかさばってしまう。そのため貯蔵に加えて運搬に際してもコンパクトな玄米の俵詰め、いわゆる米俵が一般化されたのである。米俵は徴税や流通の際の計量単位ともなり、米が経済の中心であった日本においてはこの方が都合が良かったようだ。

日本でも米を籾で米櫃《こめびつ》に貯蔵している地域は各地に見られるが、山形では各戸に「モミド」と呼ばれる籾専用の板倉をつくる所が興味深い。モミドは籾をそのまま貯蔵することに特化した板倉で、その構造はまさに巨大な米櫃である。規模は一×二間という小さいものから、二×三間のものまである。籾入れの戸は落とし込み板になっていて、1枚ずつ板を落とし込みながら、内部に籾を直接流し込む。なかには目一杯詰め込めるように天井板や破風《はふ》板を外せるように工夫したものもある。取り出すときは、一番下の板についている蓋をあけ、穴から籾が流れ出てくる仕組みである。

籾の圧力に耐えられるように柱の間隔は狭く、柱に彫った溝に、マツやクリの板をしっかりと落とし込んでいる。床はちょっとした高床になっていて、日当たりの良いところに配置されるため、湿気がこもることもない。これらの特徴はすべて籾を貯蔵するために構法を純化した形で、穀物を貯蔵するという倉の根源を感じさせる。

モミドには直接外から出し入れできる小さなもの以外にも、内部に複数の籾入れを持つもの、農具や家財道具置き場にもなるような大きいものなど様々な形がある。単機能であったモミドに様々な用途を加えていった結果、防火や防犯の機能を発展させたモミドがつくられたのであろう。

外から直接籾を出し入れできるモミド（下／図）。明治中頃に建てられた。2室に分かれていて、小さい方を自家用、大きい方を出荷用としていた。現在は瓦葺きだが以前は杉皮下地の木羽葺きであった。側面に莚をかけ日射を防ぐなど籾を良い状態で保存する工夫がみられた。（山形市村木沢）

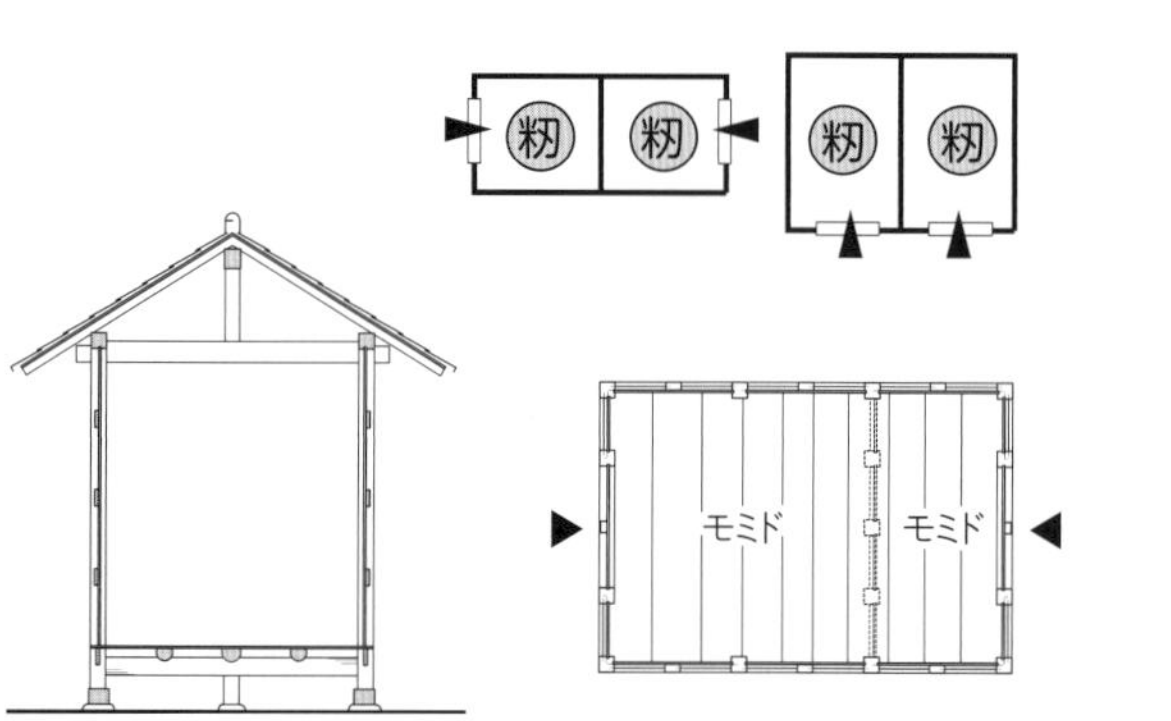

断面図　　1階平面図

籾入れを内包したモミド（下／図）。このモミドは、明治36年に上山市から移築したもの。板倉の内部に籾入れが取り付けられ、奥より順に籾を満たしていく。2階では家財道具も収納されているためか、屋根に土を載せて火災に備えたつくりになっている。（山形市東青田）

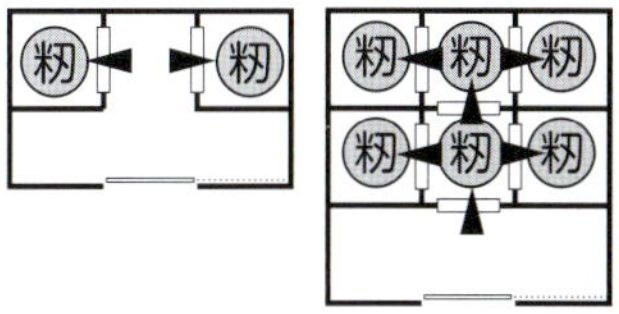

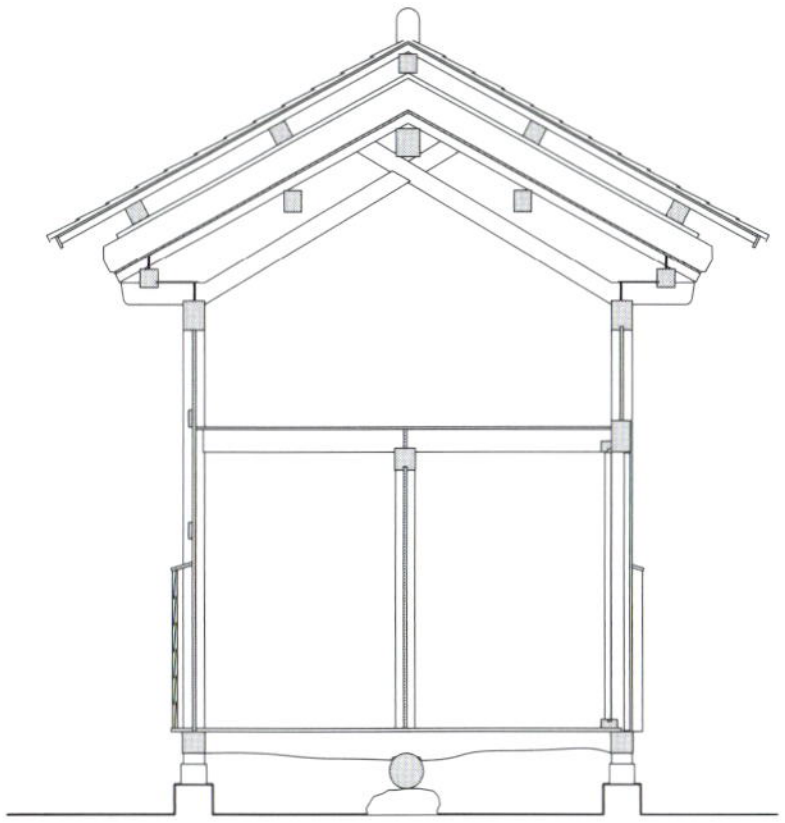

断面図

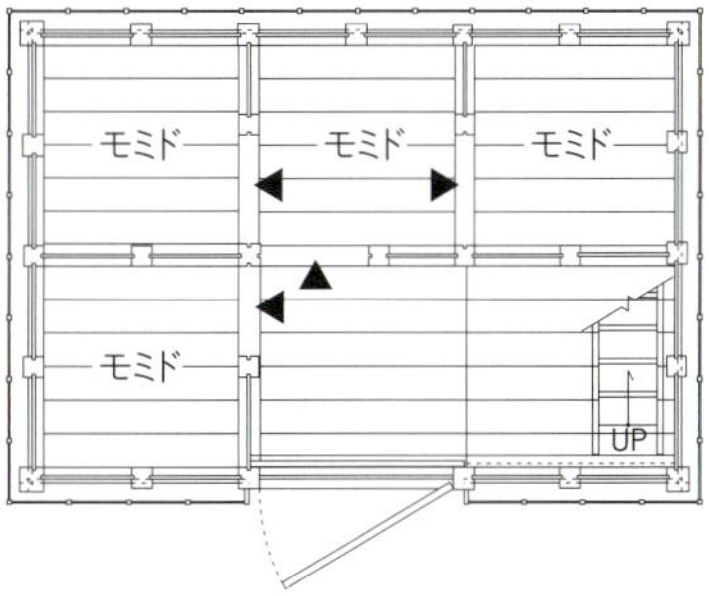

1階平面図

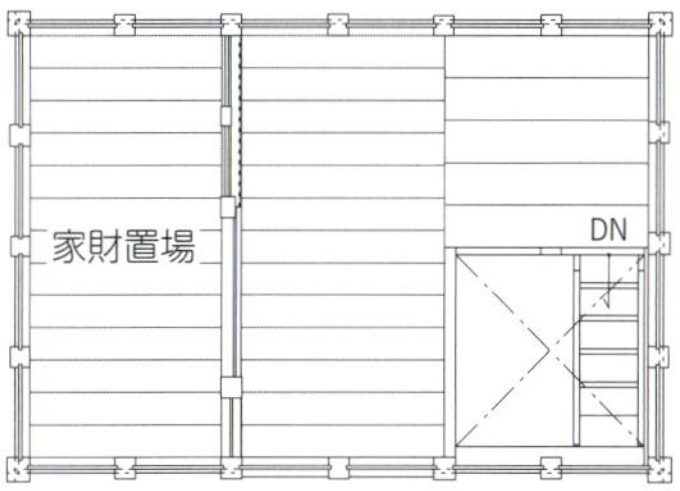

2階平面図

稲作に育てられたモミド

モミドと並んでこの地域の景観をつくっている建築に「コヤ」と呼ばれる納屋がある。コヤの内部は土間で、その隅に「コヤモミド」と呼ばれる籾入れが設けられている。収穫した稲の乾燥、脱穀、籾摺といった作業は、主屋の土間や納屋とその周辺のニワで行うのが一般的だが、山形盆地では内部に籾入れを設けたコヤで対応している。

刈り取った稲は乾燥させた後、降雪前に屋敷内のコヤに収納される。その後、内部で脱穀をして籾をモミド、コヤモミドに収納し、大量に発生する稲藁はコヤ内に保管し、冬場の藁仕事の材料や屋根葺き材として用いた。また、コヤには冬場の作業でも寒くないように土蔵造りにしたもの、壁面で麦を乾燥できるように横木を取り付けたものも見られる。コヤは収穫後のすべての作業と、稲作によって得られるすべてのものの保存に対応した、稲のための建築物といえる。

しかし、モミド、コヤモミドに収められた籾は、そのまま長期保存されることは少なく、保存の期間が短いことが多い。ある農家では籾を2ヵ月間モミドに貯蔵した後、籾摺を行い、できた玄米を俵に詰めて土蔵に長期保存している。また、米の販売が自由に行えるようになってからは、米価の変動に応じて出荷するための一時保存に使われることもあった。米専用装置ともいえるモミドは、米を循環させて暮らしを支えてきた稲作文化の表れである。

破風板
破風板は、取り外せるようになっていて、ここから籾を桁まで満たすことができる。半柱の上部はここで施錠する。意匠としても面白いが、機能を重視したつくりが徹底されている。

内部
板を落とし込んだ内壁は平滑につくられていて、籾の出し入れに支障がないようにつくられている。

籾の取出し口
蓋の形に欠き込んだ半柱ををはめることで蓋があかないように工夫されている。柱の溝は一部深く彫られていて、その部分で板を遣り返して板を取り外す。

落とし板
籾の入れ口は、上部の一部深くした溝から1枚ずつ入れる。

床組
モミドの床組構法は、通気に配慮し土台の上に地貫や足固めを用いるのが一般的である。地貫により床下の構造を固めつつ、梁間の地貫は根太受け、平側の地貫には直接床板をのせられる合理的な構法である。（山形市村木沢）

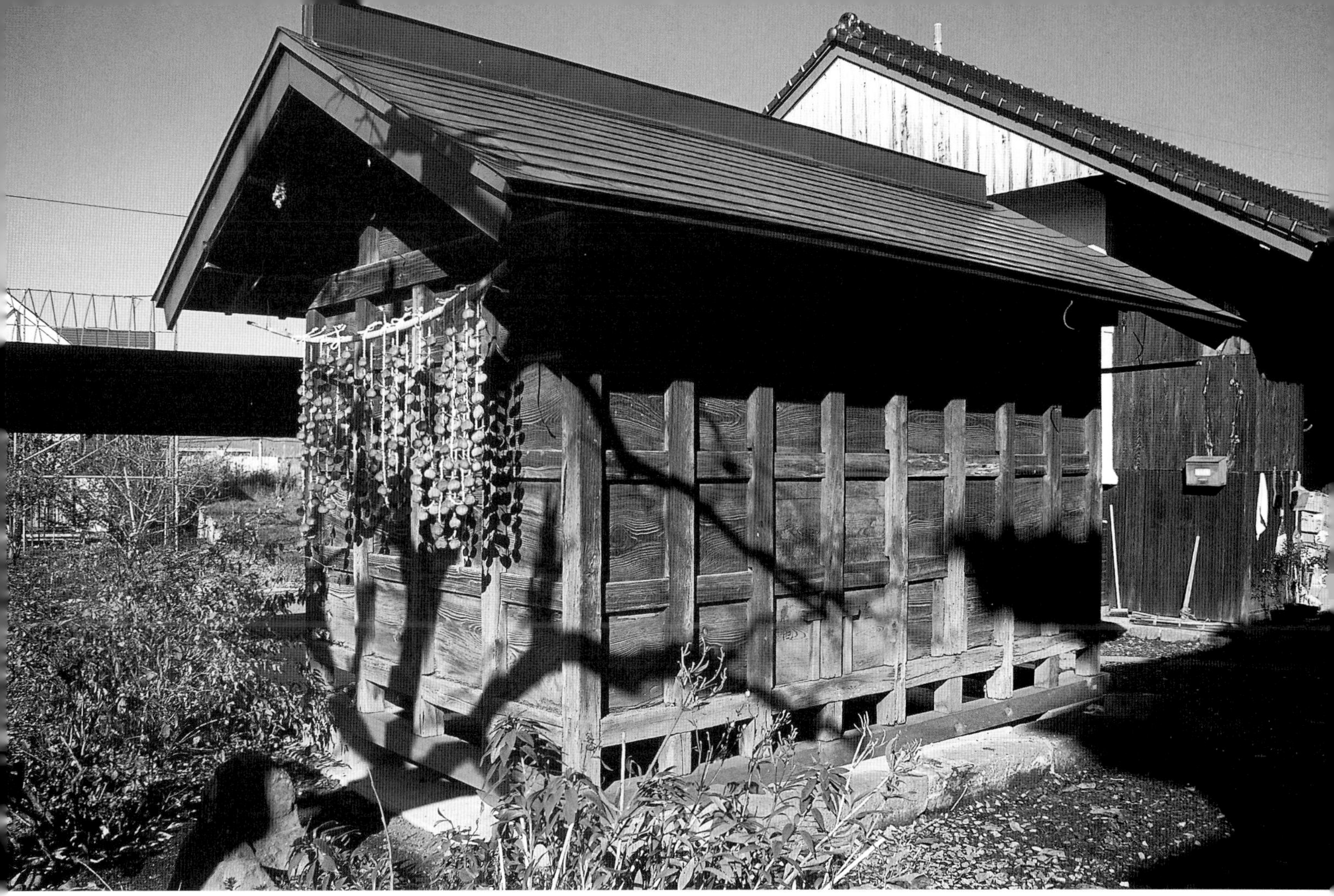

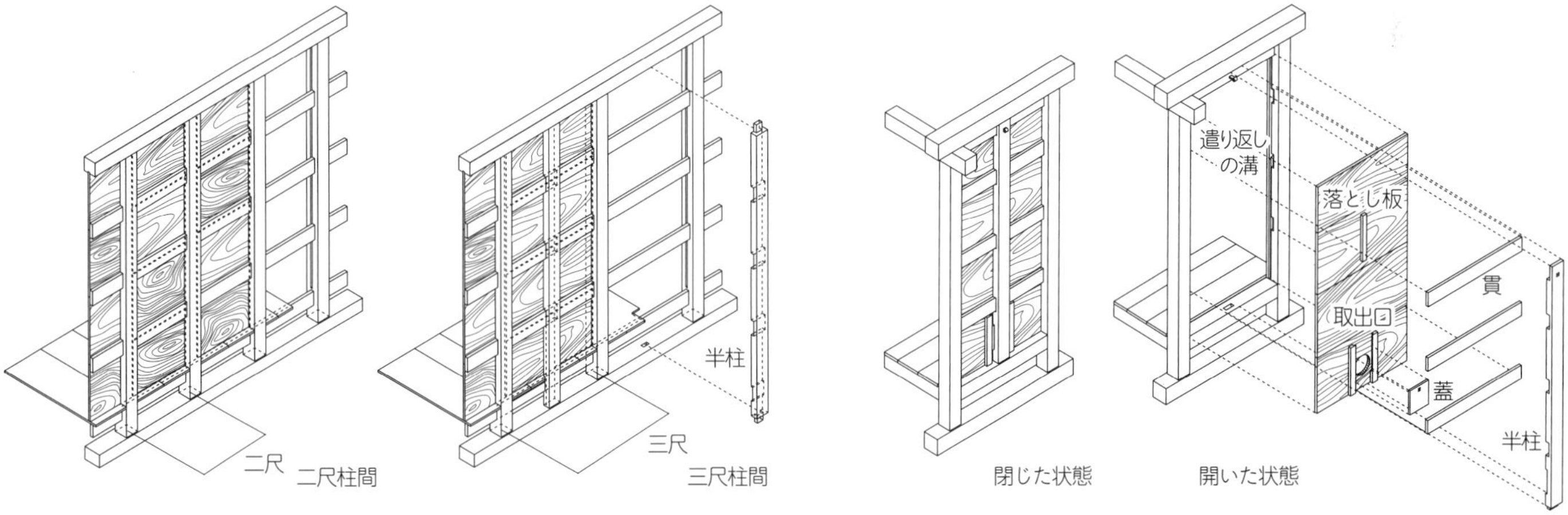

壁構法

左は、二尺間隔に柱を立てる形式。柱芯に貫を通し、貫の内側に深さ五分の溝を彫り、七分程度の厚板を落とし込む構法としている。右は、三尺間隔に柱を立て、中間に半柱を立てる構法。いずれも籾を満たしたときの側圧に耐えられるように頑丈につくられている。

籾入れの詳細

モミドの最も特徴的な部分で、出し入れが簡単に行えるような工夫が見られる。柱には、上部で遣り返しができるように板溝の一部が深く彫ってある。この部分に落とし板をもっていって外すことができ、籾を入れる時はこの落とし板を1枚ずつはめながら上まで入れていく。落とし板には番号が付けられていて、収穫量の目安になったという。取り出すときは、一番下の落とし板にある蓋をあけ、穴から籾が出てくるという仕組みである。

籾収蔵できるコヤ（山形市柏倉）

明治後期に建てられたというこのコヤは、平面規模四間×七間と大きく、軒高も高く主屋よりも大きいものも多い。現在はトタン葺きであるが以前は藁葺きであった。小屋組はサス構造で内部は大きな作業空間となっている。内部で収穫から脱穀をして、モミドに籾を収納する。このようにコヤは米の生産すべてをこなす多機能作業小屋であり、日本有数の穀倉地帯の米生産を支えたのである。

麦を干す壁。このコヤの壁面には横木が等間隔に、壁一面に取り付けられている。この横木に収穫後の麦を逆さにくくり付けて乾燥させていた。麦の収穫期となる9月は秋雨により乾燥が難しく、庇のある壁面に麦をくくり付けて乾燥させることで、麦の品質を保つことができた。

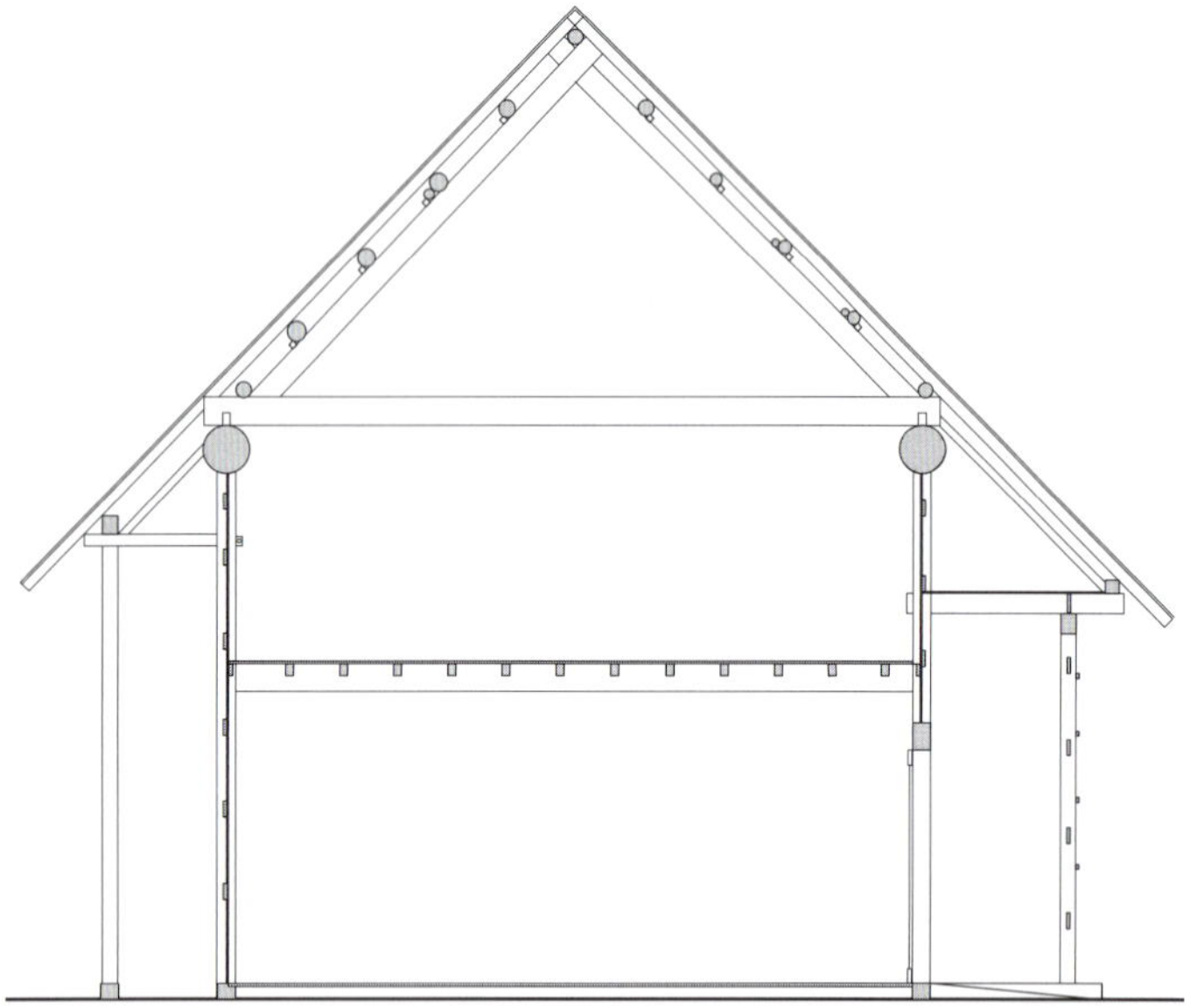

断面図

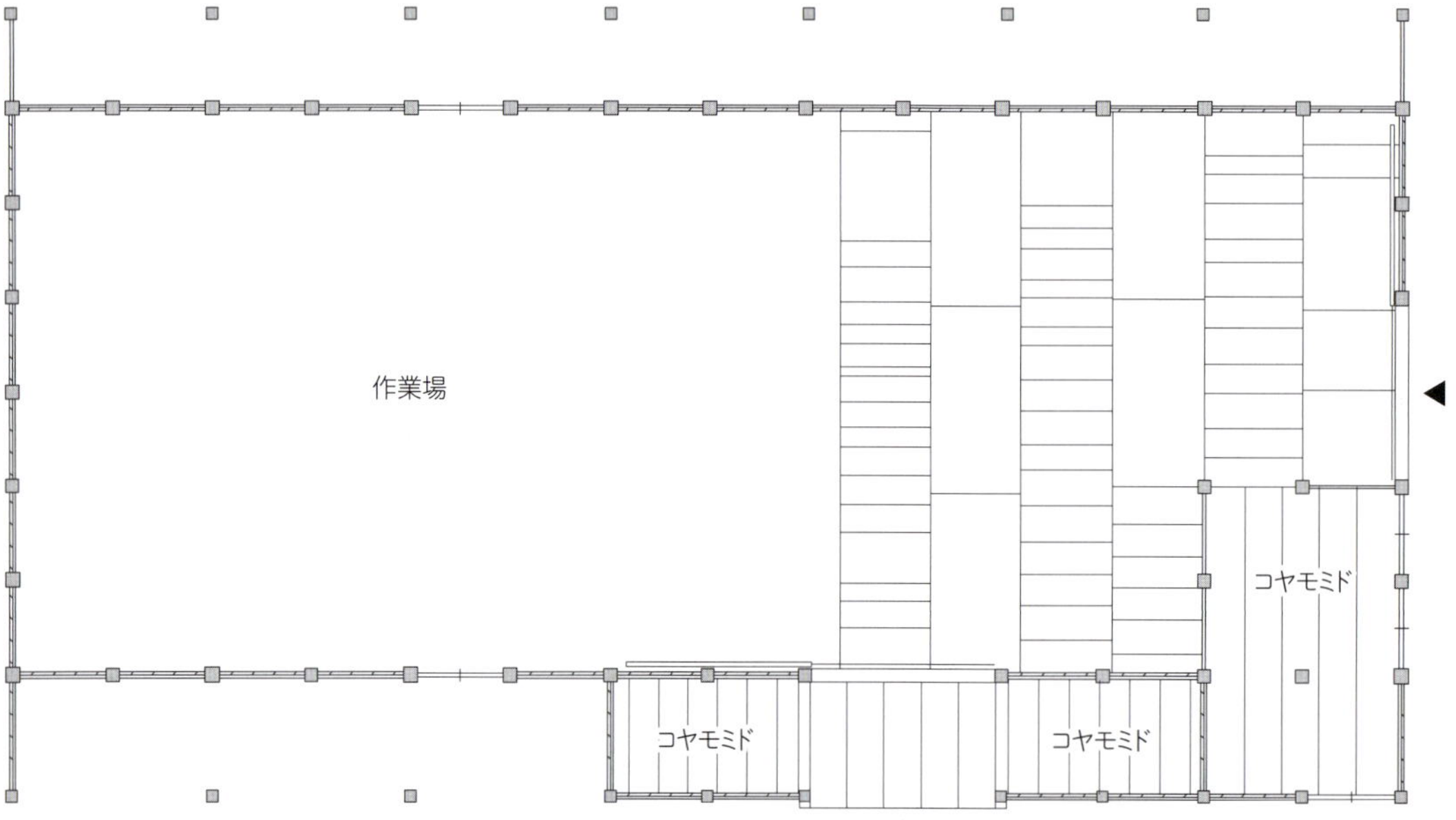

1階平面図

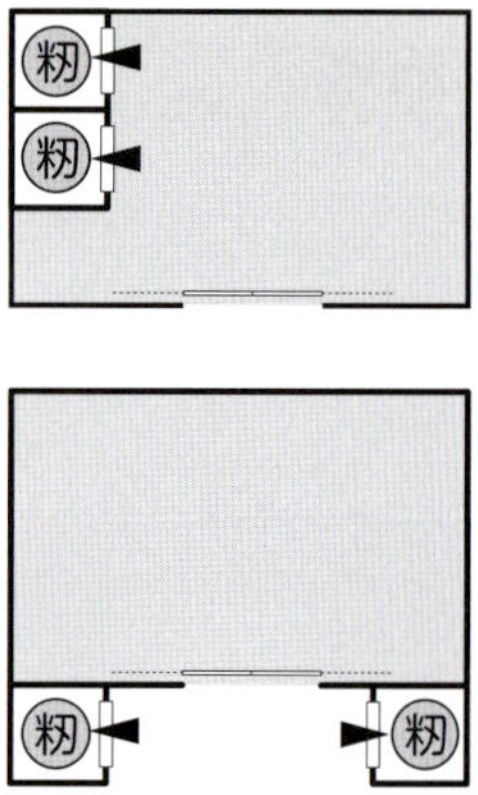

屋敷の配置。左の建物は土蔵造りのコヤ。モミドは屋敷と向き合って配置されている。道路沿いの最も目立つ場所に配置されていることは利便性と富の象徴として建てられたとも考えられる。

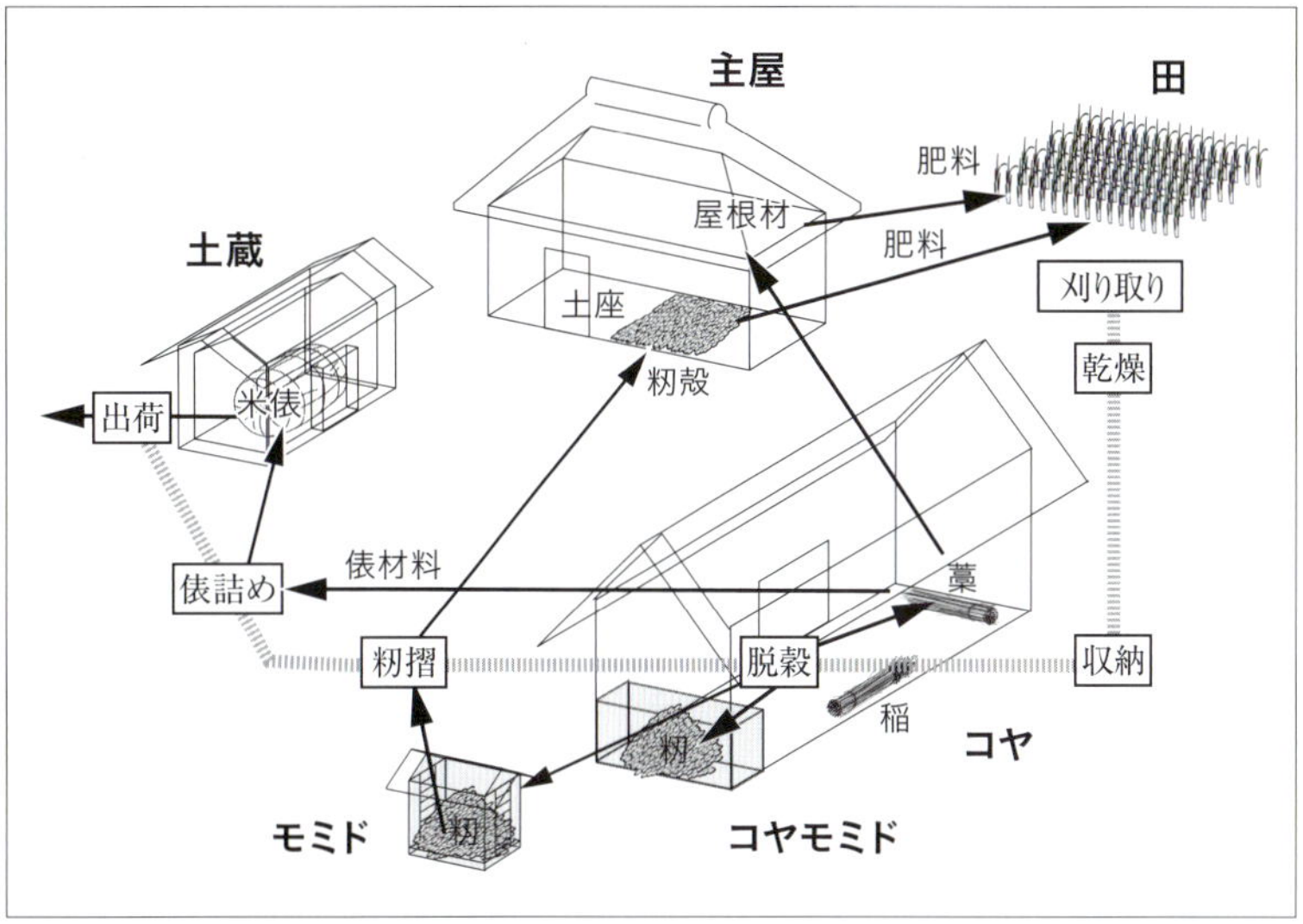

稲作を中心にした循環
稲作が盛んなこの地域では、田で刈り取った稲は乾燥させた後、雪の降る前に屋敷内のコヤに収納される。まず、コヤ内部で脱穀して、籾はモミド、コヤモミドに収納する。次に一定期間保存した籾を籾摺して玄米にして俵詰めする。俵にした後は土蔵に長期間保管される。この中で、米の副産物である藁や籾殻は、建築を更新するのに使われた後は、肥料となり循環していた。

右／コヤモミド。モミドと同形式の籾入れ。脱穀された籾はここにも収納された。
左／コヤの内部。山形市柏倉のコヤ。サス構造の小屋組をもち、軒高4.5mの大空間である。最盛期には梁までいっぱいに収穫した稲を積み上げていた。

04

干す

奄美の高倉

湿気から守るかたち

Granary in Amami

南方の高床建築の流れは日本列島にも及び、それは日本人が床の上で暮らす習慣として今日まで受け継がれている。その床の高さは数10cm程度で高床とはいえない程に低くなっているが、南西諸島の高倉はその名の通り倉の本体を1階分程持ち上げたもので、この地域の南方文化の影響の濃さを物語っている。三角形の茅葺き屋根を足長の4本柱で支えた独自の形は、フィリピン諸島からインドネシアの島々に広く見られる高倉の典型のひとつである。高温多湿な南方では、稲を脱穀せずに稲穂のまま貯蔵することで通気性を確保する必要があった。また湿気のある地表面からできるだけ離れた高いところに保存することも求められた。一方でこの稲穂貯蔵はかさばるので大きな空間を必要とする。こうして屋根裏を大きく広げた高倉が生まれたのである。

南西諸島の高倉を詳しく見ていくと、沖縄と奄美諸島では少し異なるところがある。沖縄の高倉は壁があって屋根が載り、その壁は垂直のものと少し外に転んだものの二通りある。それに対して奄美の高倉は三角形の屋根だけでできていて、壁はないように見える。これは屋根裏の収蔵空間を拡大するために、軒を大きく張り出して、壁を次第に外に転ばせ、最後には水平になって床と化したものである。その部分が竹のスノコで編まれた床になっていることに、もとは壁であっ

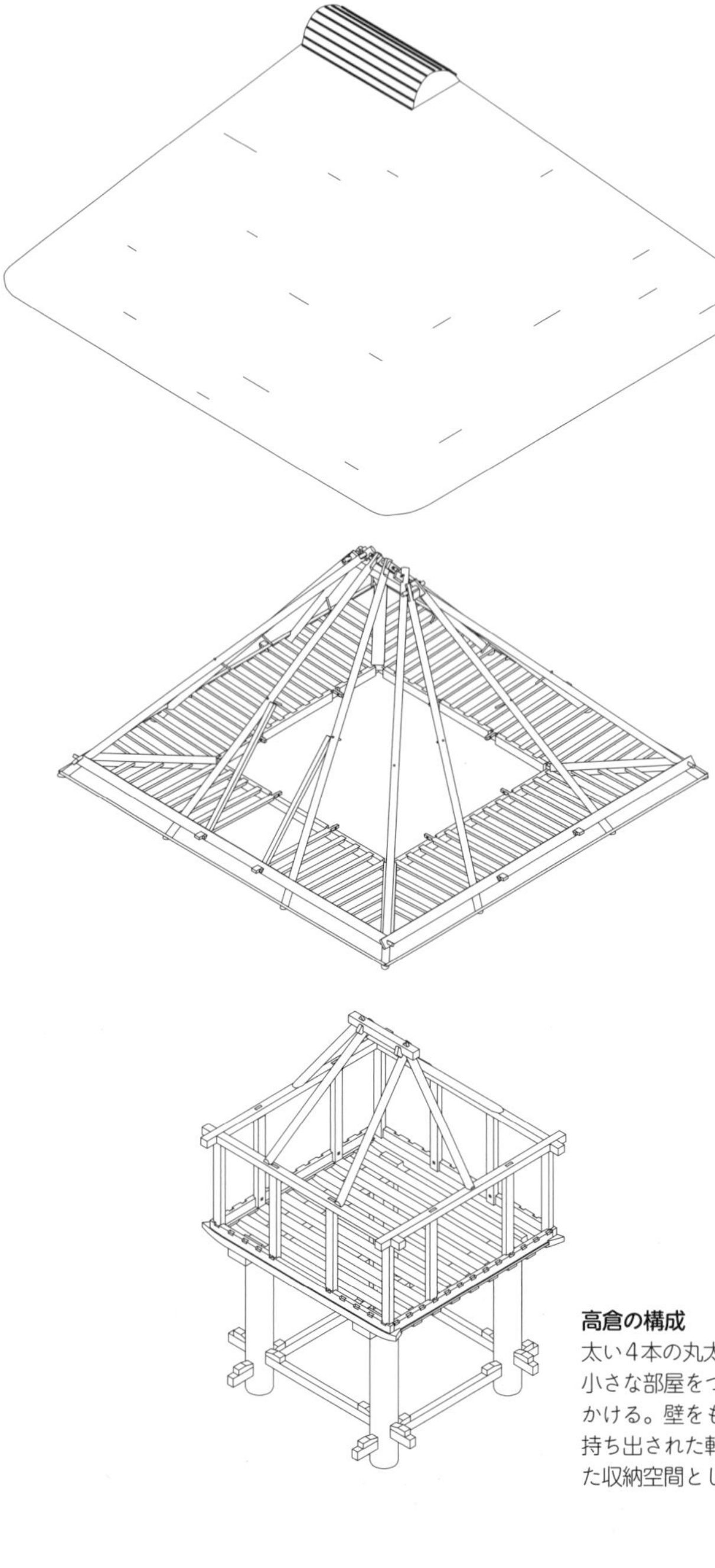

高倉の構成
太い4本の丸太を柱として組んだ上に小さな部屋をつくり、茅葺きの屋根をかける。壁をもたない構造で、大きく持ち出された軒先は内部と一体化された収納空間として使用される。

4本柱から四方に大きく持ち出された屋根は、亜熱帯の強い日差しと雨を除ける広い軒下空間をつくりだす。ここは農作業や収穫物の一時収納に使われ、村人同士の休憩や交流の場ともなる。

た名残をとどめている。そして壁であったときと同じように、スノコは屋根裏の米倉に通風を図る装置として欠かせない役割を果たしている。このような高倉は

奄美大島では脚が6本から9本という巨大なものもつくられ、その大きな三角形の屋根は奄美の稲作の豊かな実りの象徴であった。

大和浜の群倉。集落のはずれの川沿いに高倉を集団で建てた「群倉（ボレグラ）」。昭和35年には13棟を数えたが、現在は5棟のみ。当初は山沿いに一列に配置されていたが、建築物保存のために配置が変更されている。

配置の知恵

南西諸島では穀物などを貯蔵する高床式の倉庫「高倉」が多く見られる。床を支える太い丸柱と大きな茅葺きに囲まれた収納空間で構成され、地域によって形式が多少異なるが、奄美群島の高倉は構造的に洗練されている。

かつては集落のはずれにまとまって建てられる「群倉（ボレグラ）」が多くの集落で見られたが、現在では大和浜にのみ残されている。「ボレ」は「群」や「共有」といった意味合いとされ、倉の集合であることに加えて、集落全体の共有財産であったのではないかとも考えられている。集落から離れた水辺の風通しの良い場所で、耕作地に近くかつ耕作に適さない場所が選ばれている。財産を集落の火災から守り、作業空間を確保する知恵である。余裕のある家では庭先に建てられており、敷地に入るとまず高倉が出迎えてくれる。家の象徴であり、また侵入者への防波堤でもあるかのようだ。

高倉は米を穂のまま貯蔵する穀物倉庫として利用されてきたが、塩豚や干魚といった保存食や砂糖キビ・黒糖など、また家財道具なども収納された。床下は作業場や農機具置き場であり、床板を設けて物置として用いられることもある。風通しの良い日陰を提供する床下空間は、子供が遊んだり老人が休息する格好の場となっていた。

高倉の下。作業場や農機具置場として使われることが多い。床を設けて物置にしているものもある。日差しを避けられ風通しが良いため子供や老人の憩いの場でもあり、農作業の合間の「ミーシヨリ（午後のお茶）」などにも使われた。

梯子（ハシ）。丸太や角材に刻みを入れて階段状にしたものが用いられていた。現在は一般的な段梯子が用いられている。

出入り口。軒下の一部が切り取られ、引き戸が設けられている。梯子をかける部分は「ハシカケ」と呼ばれ、様々な装飾が見られる。

9本柱の高倉

7本柱の高倉

6本柱の高倉

柱の数の違い

高倉の柱の数は、その規模に応じて4〜9本の違いがある。現在見られなくなっているものもあるが、4·6·7·8·9本の柱の報告が確認された。

屋根の葺き替え。葺き材にはササガヤやススキガヤが用いられ、軒先から回るようにして上部に葺き上げていく。専用の藁靴を用いて踏み固め、しっかりと茅材を固定していく。

現在の高倉。高倉は使用法の変化と維持の難しさから用いられることが少なくなってきている。しかし改造されることで生き延びているものもある。金属板などを用いて手直しされた高倉は少々風変わりな姿となっている。

穀物を収納する高倉は穀霊を祀るための祭場でもあった。高倉を新築するときは、俗信で動物が繁殖しないといわれている日を選び、大工がネズミ除けの呪文を唱える。このように高倉は植物の生と動物の死の両面を持つ建築物として特殊な位置を占めている。

屋根裏の乾燥庫

高倉の構造は太い柱の上に屋根が載っただけの単純な構成だが様々な工夫が凝らされている。直径25〜40cm程の円柱には主に「イジュ（モッコク）」と呼ばれる硬木が用いられ、鉋で滑らかに仕上げられているためネズミが登らない。軒下からの出入りには丸太を削りだしてつくった梯子を用いた。小屋組みはサス構造で、桁上に架けられたサスによって棟木を支えている。棟木の上に山型に組まれた垂木《たるき》を載せ掛けており、これによって軒先の荷重を支える。軒先は室を拡大した収納空間として用いられ、重い荷を置いても壊れることはない。高倉は4・8tもの重量に耐えたと言われている。大きく持ち出された軒先部分は壁面が傾斜して床に変化したものと考えられるが、割り竹等が敷かれ、茅葺きと併せて充分な通風を確保している。鼠害を防ぎながら湿度を一定に保つことで収納物を守ることのできる機能的な構造となっている。

重心が高く不安定にも見える構造だ

軒先の構成
棟木から架け下ろされた垂木が軒先を吊り上げるようにして支えている。軒先は拡大された床面として用いられる。

ハシカケの形状
柱の上部は「ムルキ」と「ハシカケ」と呼ばれる部材で連結される。ハシカケの端部は上に反るような装飾的な仕上げとなっている。

床下見上げ
床下には「ココノツギ」と呼ばれる根太がかけられる。両端の2本を特に「ハシカケ」と呼ぶ。

室内の構成
上部には角材で低い枠組みが組まれている。この上にサスが載せられ軒先の荷重を支えている。

足固めの貫
高さを違えた貫が縦横に差され、楔（くさび）で固定されている。解体することも容易な構造である。

棟木の上の構成
サスで支えられた棟木の上に垂木が跨るような形で掛け渡される。

高倉の構造

大きく本体部分と軒先部分に分けられる。本体は丸太によって支えられた床組みの上に枠がつくられその上に載せられたサスで構成される。軒先部分は棟木の上から架けおろされた垂木によって吊られている。大きな荷重のかかる棟木上部分では、枘（ほぞ）や栓（せん）によって組まれた垂木が架けられている。

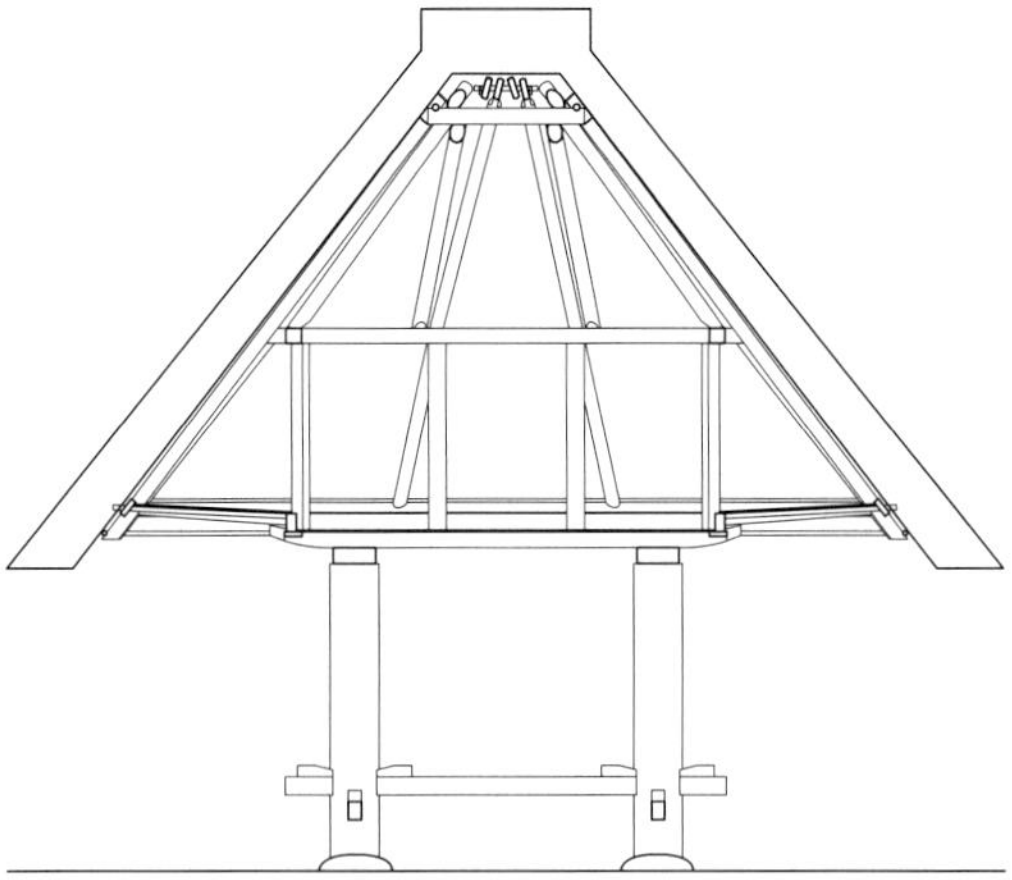

桁行断面図

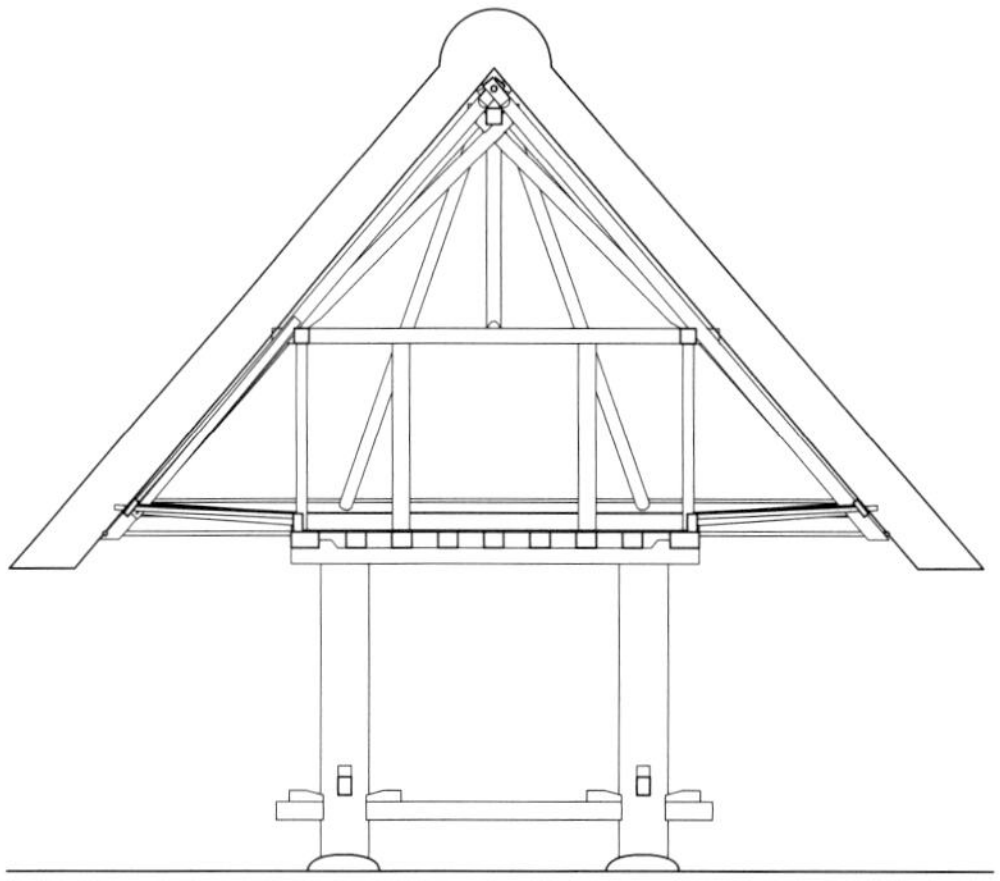

梁間断面図

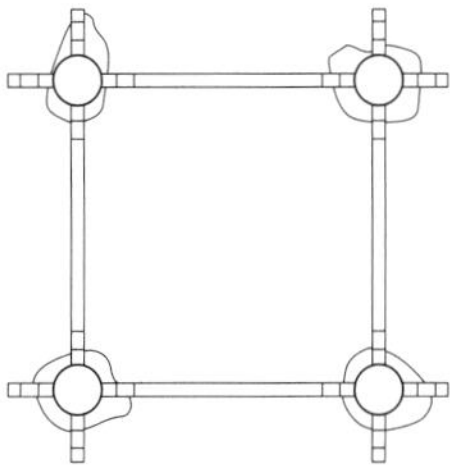

床下平面図

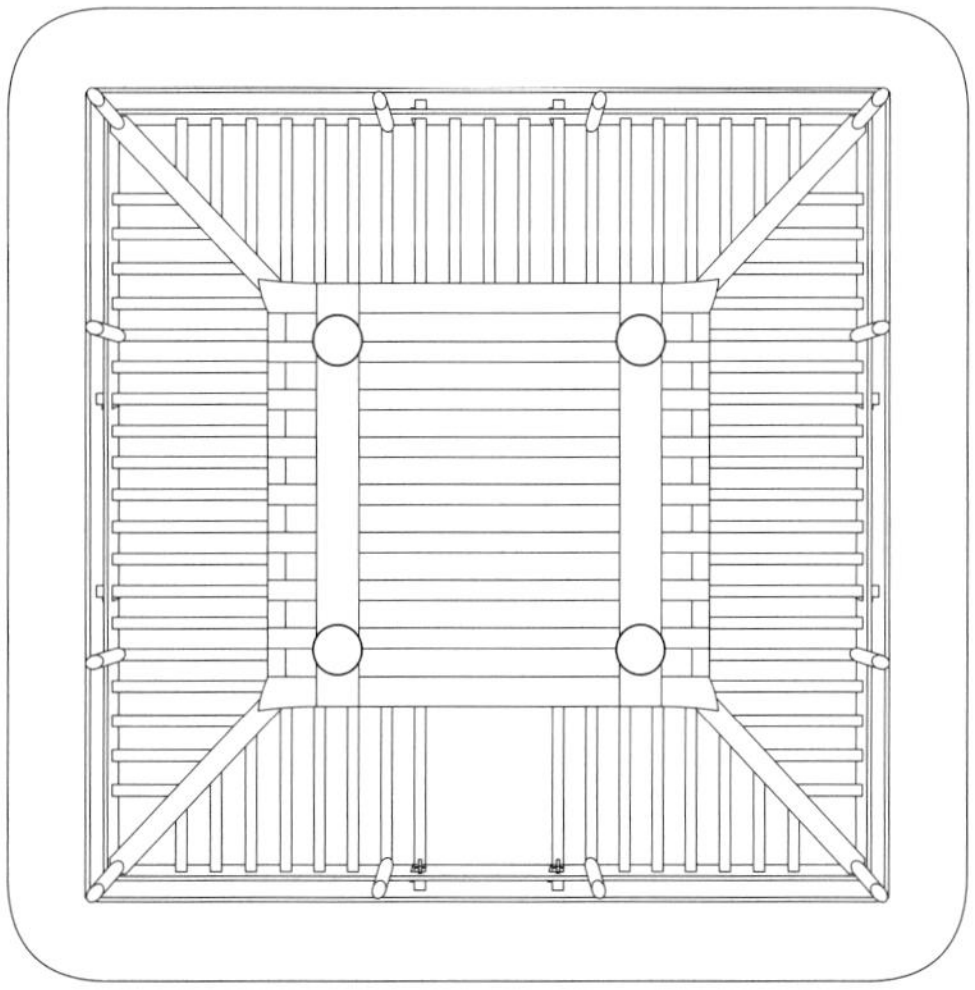

床下見上げ図

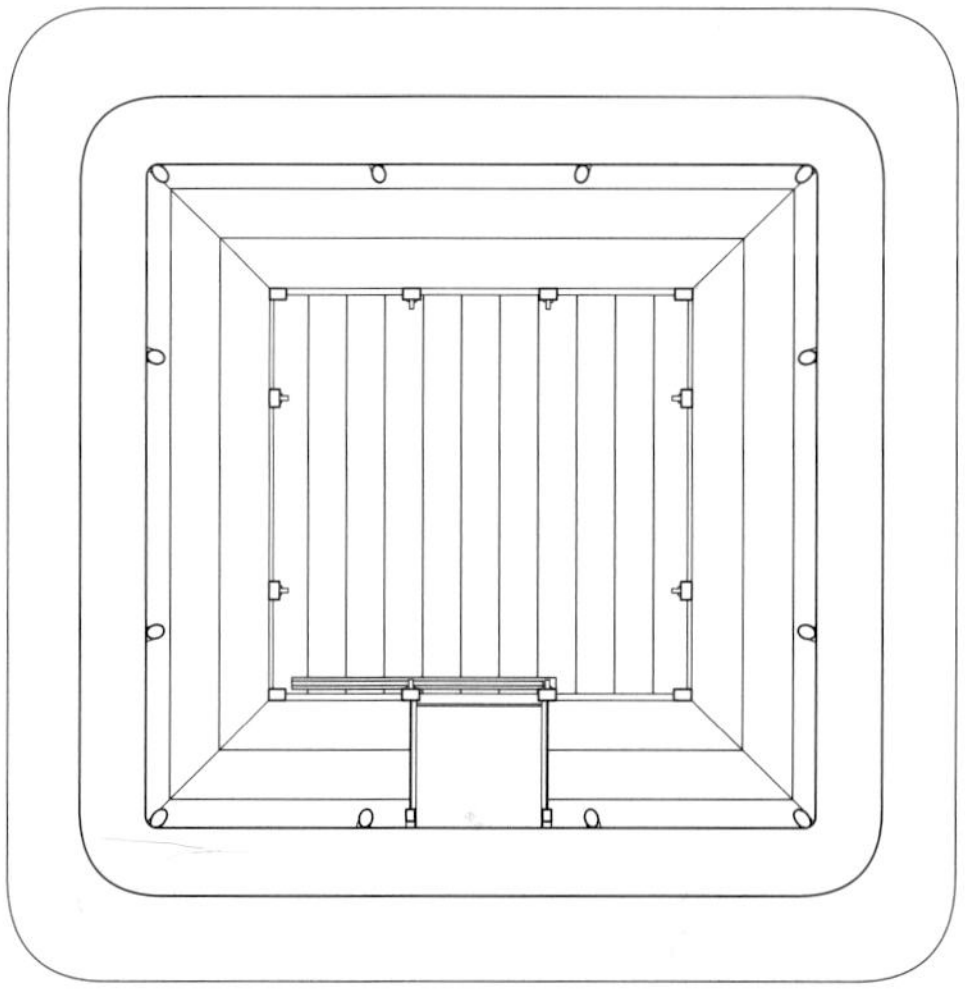

室内平面図

棟木上の軸組み構造

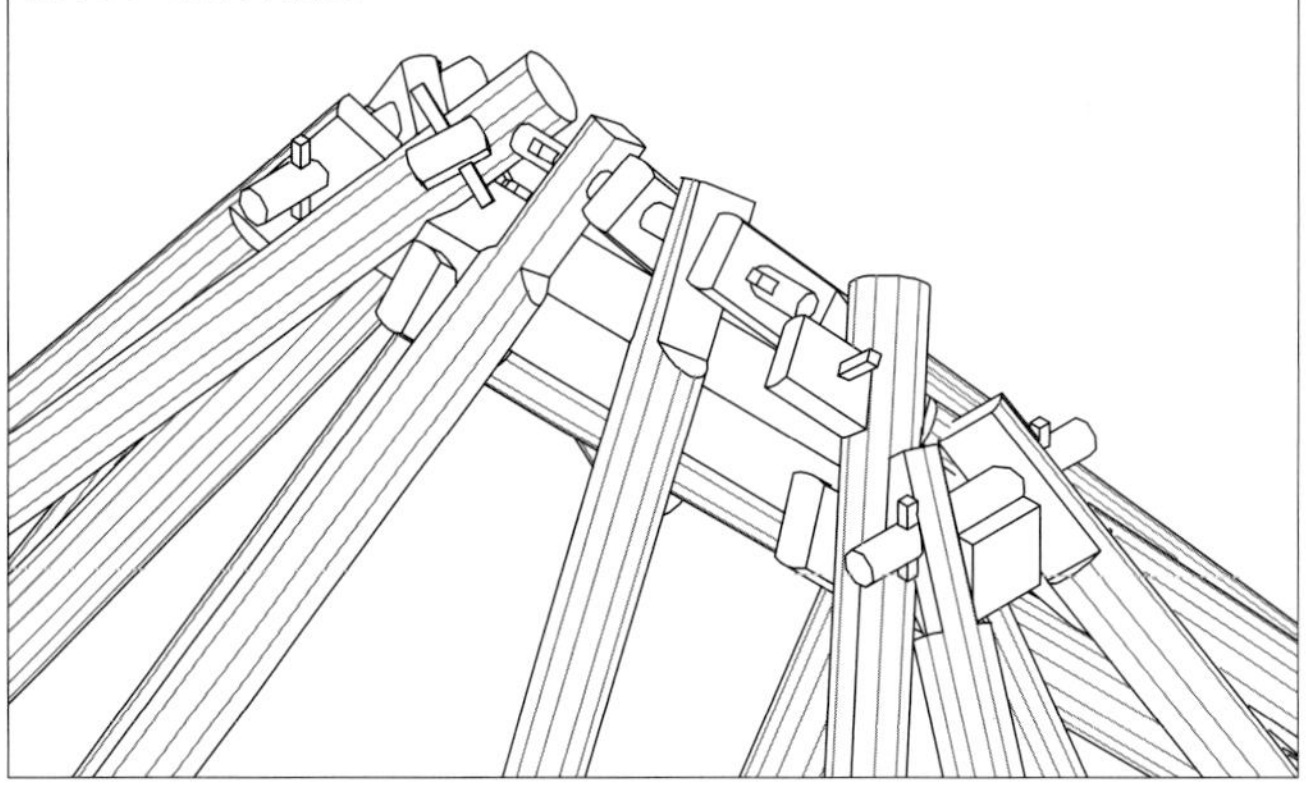

が、足元は貫《ぬき》で縦横に固められ、強風で建物が動くことがあっても倒れない。それでいて火災時には貫を抜き取ることで容易に引き倒すことができ、収納物を取り出し延焼を抑えることもできる。南島の自然条件が生み出した合理的な倉庫である。

昭和43年には奄美群島全体で１５３４棟を数えた高倉も現在では減少の一途を辿っている。残されている高倉も金属板をかぶされ、あるいは壁面が設けられ、かつての面影を失いつつある。倉としての使命を終えた高倉であるが、湿気の多い島国、木の国に暮らす我々にとってこの建築物から学ぶべきことは多い。

八丈島のオクラ

Granary in Hachijojima

黒潮文化の象徴

伊豆諸島の南端に位置する八丈島は、島の北側を流れる黒潮に海路を阻まれ、本土や伊豆諸島と隔絶された孤島であった。一方で、その黒潮の流れによって遠く沖縄や奄美の島々と結ばれ、その漂着文化が伊豆諸島の中で八丈島を独自なものとしている。八丈島の倉はオクラあるいはアシアゲクラと呼ばれる高倉で、その文化の南方的性格を象徴している。八丈島の高倉の構造的特徴は、床の高さが奄美・沖縄諸島の高倉と比べるとやや低く、そのこともあって、柱が梁まで伸びた通し柱であることだ。この柱の先を細く削って、床桁を貫通させ屋根の梁桁まで伸ばす技法はコキ柱と呼ばれ、奄美の民家に共通するもので、この点でも黒潮文化の色彩が強い。

八丈島のもう一つの特性は、江戸時代に流人の島であったことだ。稲作に適した平地が少ない離島で、流人の食料負担が島の暮らしを圧迫していた。黄八丈等の特産品を奨励して経済的安定を図ってきたが、台風による被害も重なって、度々飢饉に見舞われた。その飢饉の備えとして村人を救ったのがこの高倉であった。高倉は上層農家の庭につくられ、高温多湿な期間の長い南の島で、穀物を籾のままで貯蔵すれば、米は2年、麦は3年、粟は10年間保存することができた。米は収穫時期に台風に倒されて冠水すると、暖かいこの島では秋でも発芽して傷んでしまう。そこで高倉に貯蔵した雑穀や芋類で食いつなぎ、翌年蓄えた籾米が種籾として島人の命を救ってきたのである。

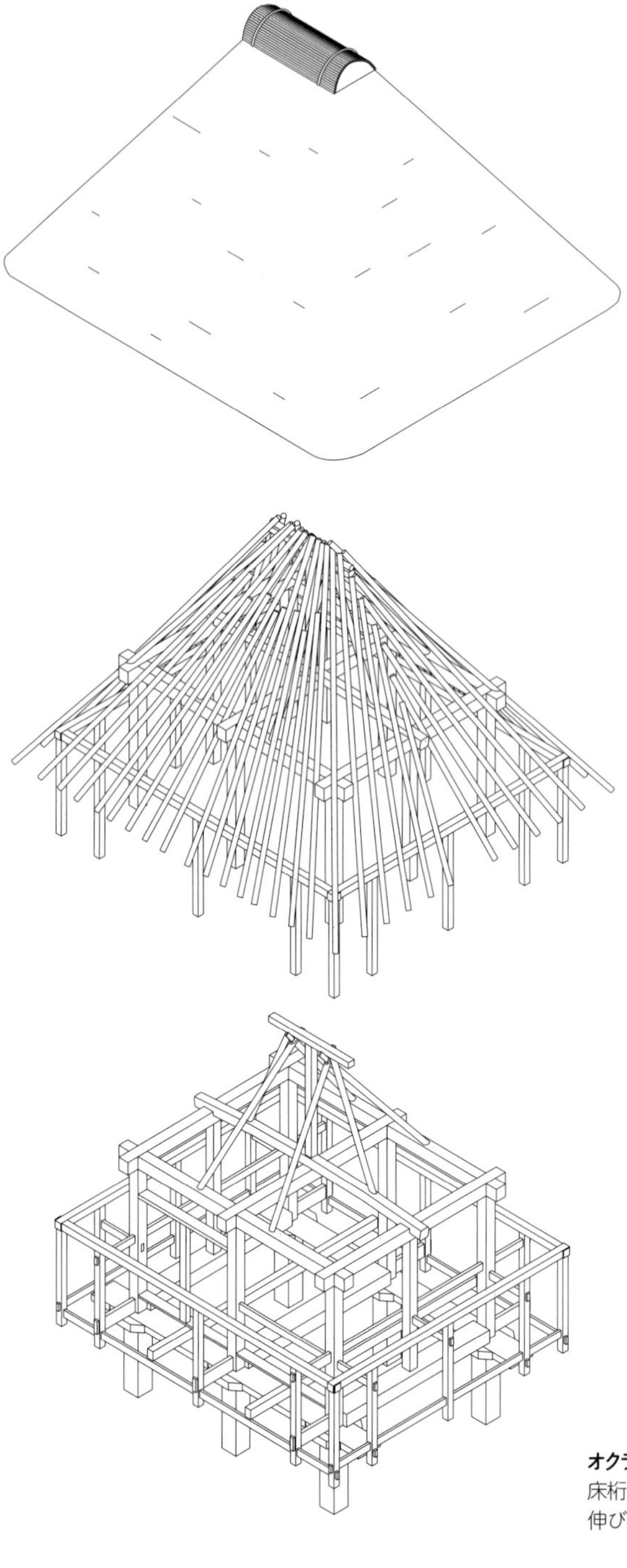

オクラの構成
床桁を貫通して小屋桁まで伸びるコキ柱が特徴。

ムツアシグラのエンノマ。高床の高さは
五〜六尺と、高倉としてはさほど高くな
い。エンノマは出入り口であると同時に、
収穫物の乾燥場としても使われる。

右がムツアシグラ、左がヨツアシグラ。八丈島には2009年現在、三根地区に13棟、大賀郷地区に8棟、中之郷地区に2棟、末吉地区に3棟残されている。そのうち茅葺きのものは公園に移築された3棟を残すのみで、あとは金属板で葺き替えられている。

高床のつくりかた

八丈島には、26棟（2009年2月現在）の高倉が確認されている。伊豆諸島でこのような高倉の形式が見られるのは、八丈島の他では新島に1棟のみである。

オクラは、規模に応じて4〜12本の柱で支えられており、その本数に応じて「ヨツアシグラ（四脚倉）」「ムツアシグラ（六脚倉）」などと区別される。

オクラの柱は、高床を支え、桁まで伸びる通し柱となっている。その柱は、床桁から上を細く加工されており、脚部は20〜30㎝角、床上部分は15㎝角程度となっている。床桁は横幅の広い角材であるが、この通し柱によって串刺しにして落とし込まれ、太さの異なる部分で固定される。通し柱の上部には桁が枘《ほぞ》差しにされ、梁が渡り顎《あご》で架けられることで、高倉の主要構造ができあがる。

高倉の四周に設けられたエンノマは室内の収納空間を増やし、倉の入り口の前室を確保している。床梁は床桁の上に載せられ、柱に枘差しにされているが、その枘は柱を突き抜けてエンノマまで伸び、外周の柱を支えている。この床梁の先は、フォーク状に3本に加工されたものもあり、持ち出した床をしっかり支えている。床梁による支持に加えて、斜め材によって側柱を支える工夫も見られる。さらに通し柱に設けられる貫《ぬき》も外周柱まで伸ばし、エンノマを片持ちで支えている。

右／オクラ内部。四隅の通し柱は先が細く、曲がったまま利用される。梁桁の高さに根太が掛けられ、急勾配の茅葺きの屋根裏も収蔵庫として利用される。
左／床下空間は、日差しが強く雨の多い八丈島で格好の農作業の場を提供する。柱と桁の交差部はネズミ返しとして、つばのような部材が取り付けられる。

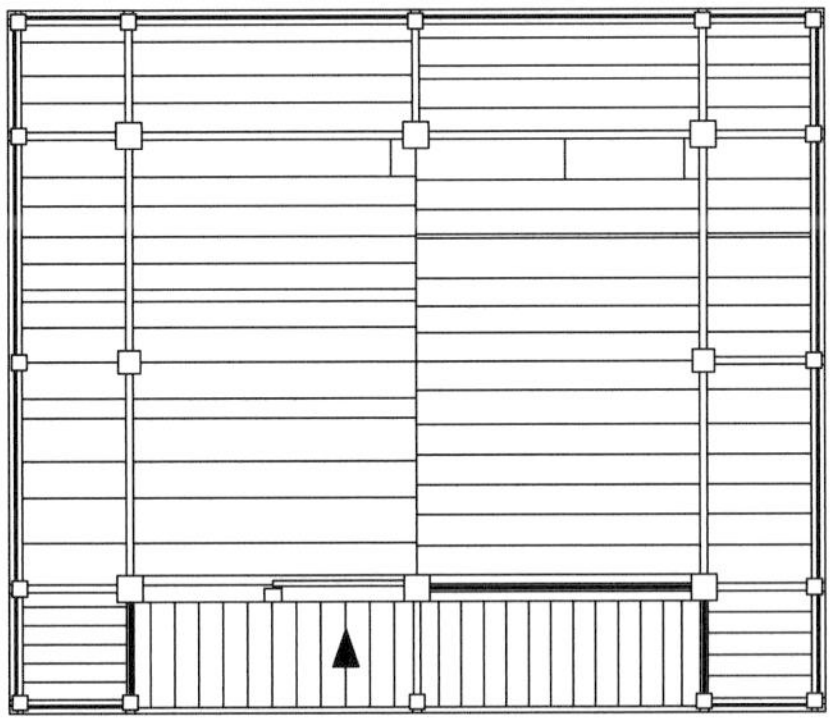

平面図
四周に床をはね出し、内部の収蔵空間を広く確保している。その一面をエンノマとして入り口を設ける。

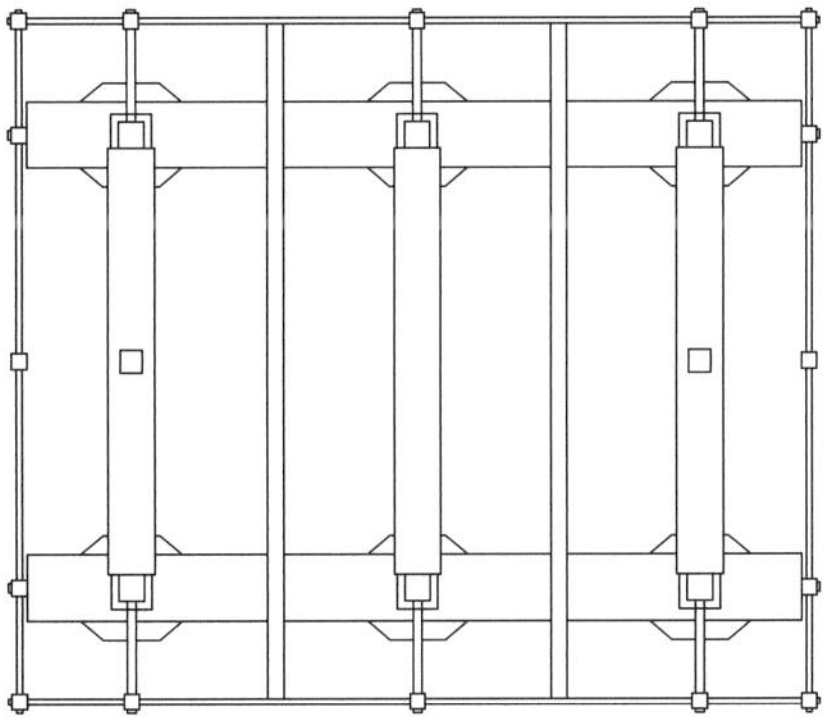

床伏図
通し柱の先を細く加工して桁を串刺しとする。その上に梁をかける。梁の先は長い枘状に加工され、通し柱を貫いて側柱を片持ちで支える。

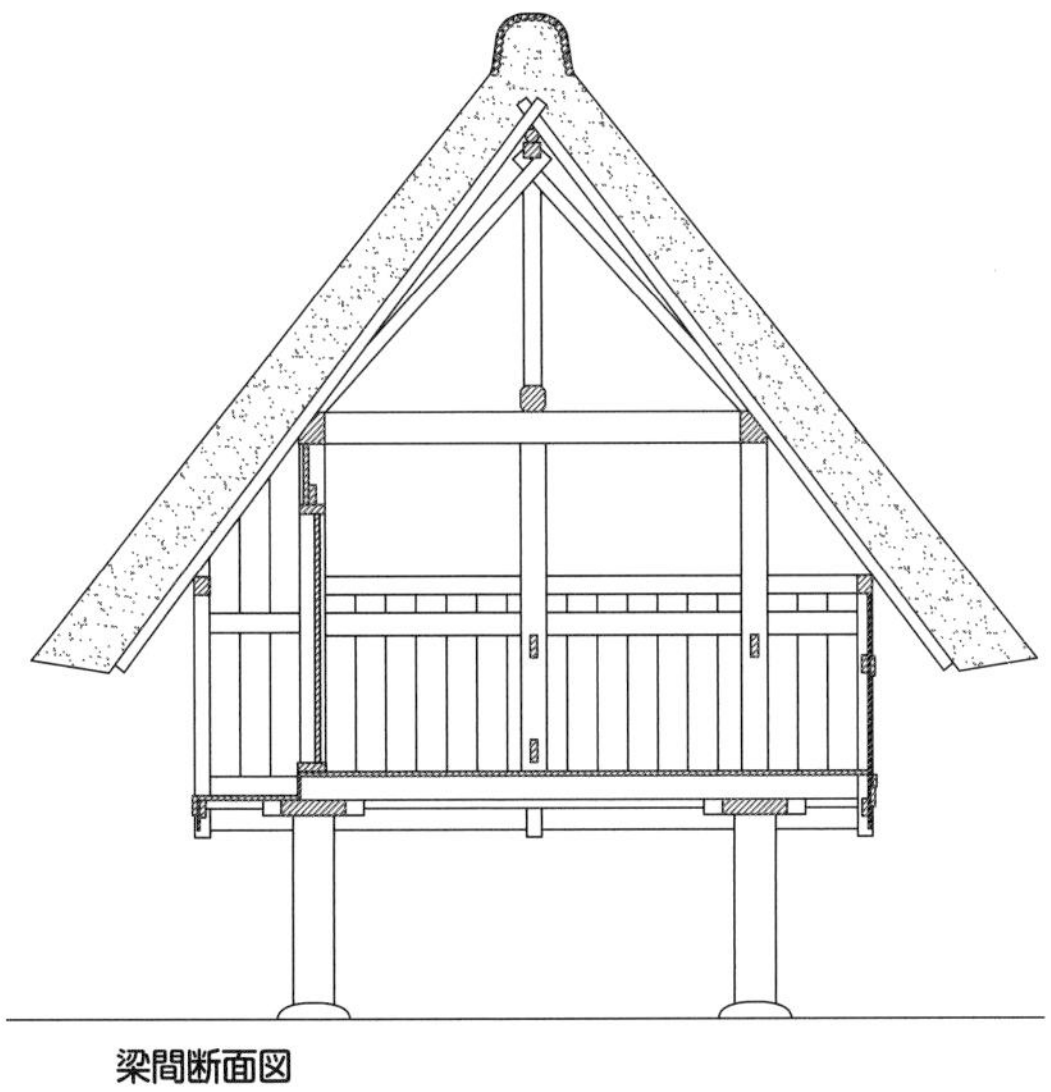

梁間断面図
屋根勾配は50度をきる急勾配で、雨仕舞をよくすると同時に、屋根裏空間を拡大するための工夫である。

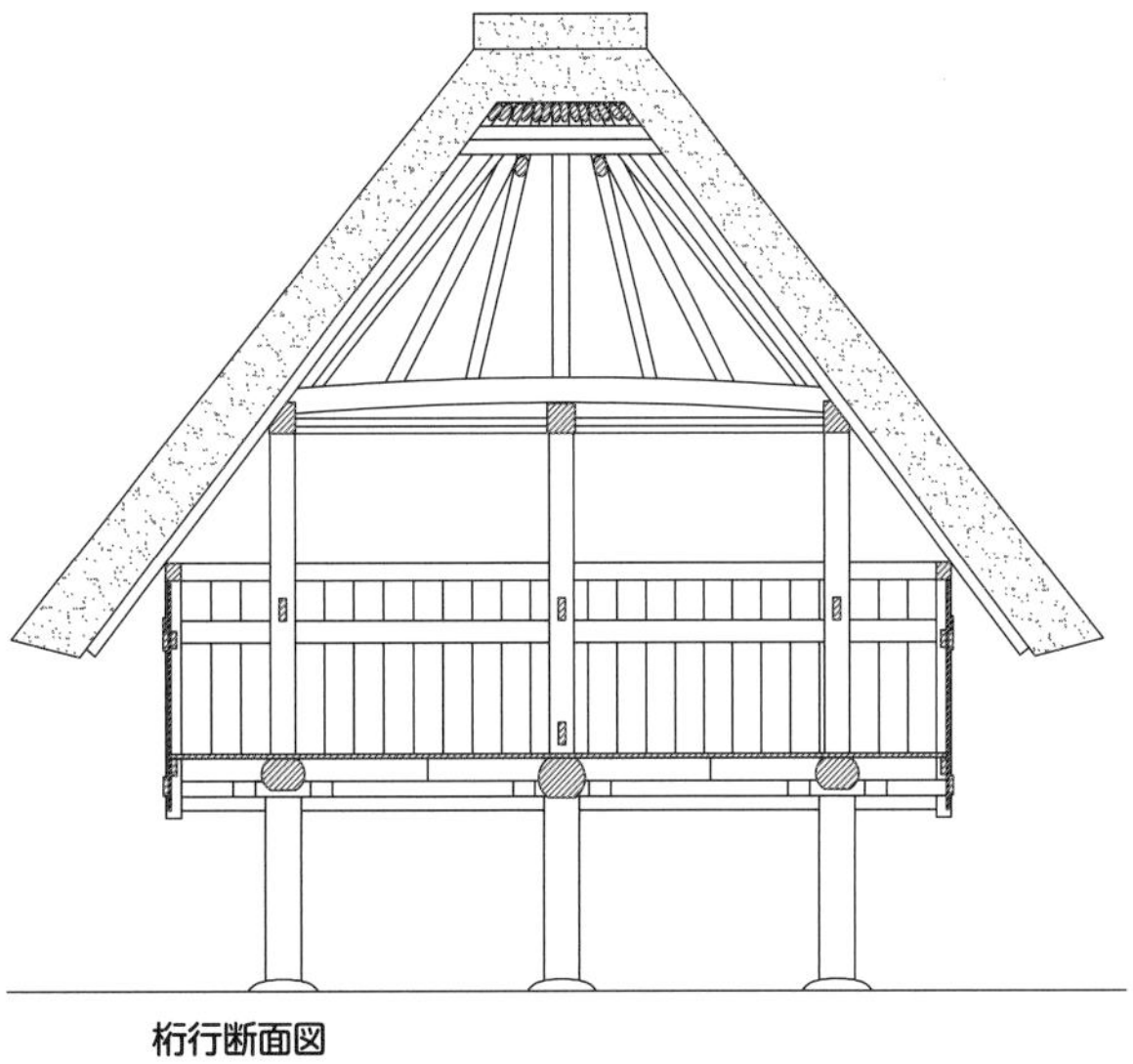

桁行断面図

図1 ムツアシグラ

木材利用の工夫

オクラの主要構造にはシイの木が用いられることが多く、直材が得にくいため曲がった材が用いられているのが目に留まる。通し柱を見ても、床下部分は真っ直ぐな材だが、室内部分では極端に曲がったものがあり、驚かされる。限られた木材を有効に利用した結果、このようなかたちになったのだろう。また、床梁にも意図的に曲がり材を用いた事例が見られる。床組みにいくつかの形式が認められるが、床桁の上に床板を張る形式では、床梁が室内に出てきてしまい邪魔になる。どうにかして床梁を床下に隠そうとした結果、下に湾曲した材が用いられているのである。手持ちの材を有効に利用し、強度を確保しながらも使い勝手のよい高倉をつくるための試行錯誤のあとがうかがえる。

細部の工夫として目を引くのは、床下に設けられたネズミ返しである。床桁の大きなものではその材を利用しているが、個別に四角いネズミ返しを設けているものもある。倉への出入りにおいては、現在は梯子段を用いているが、かつてはU字型に曲がった木の枝を入り口部分に足がかりとして固定したものも見られた。これもネズミが入らないための工夫である。軒下の雨落ち部分に配置される丸石とリュウノヒゲもさりげない工夫であるが美しい。

かつてはすべてが茅葺きであった高倉も、現在では金属板葺きに改造されたものがほとんどである。改造により屋根勾配が変わるため、屋根が2段になっているものや、通し柱が切り取られているもの、壁面が高く改造されているものなどその外形も様変わりしている。吹抜けであった床下部分に壁面が設けられ、2階建ての建物として用いられているものも見られる。時代に応じて姿を変えてきた高倉の、次の世代における姿はどのようなものになるのだろうか。

図2 ヨツアシグラ

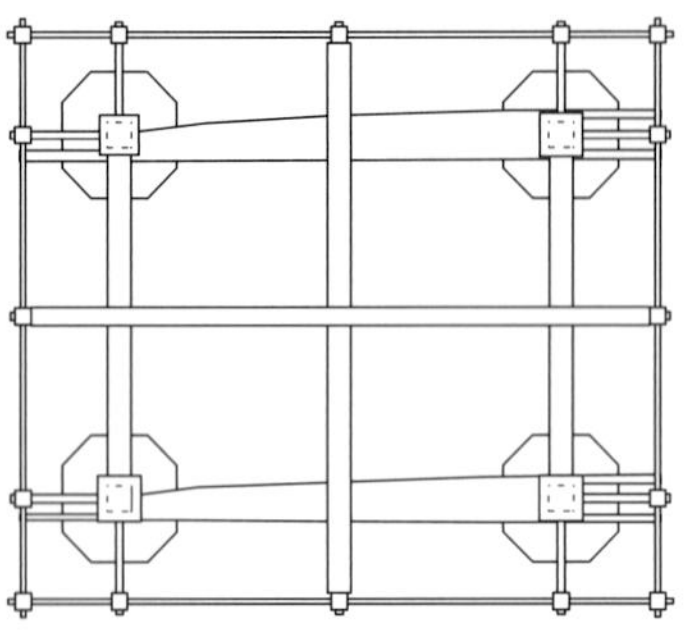

床伏図
通し柱に、先をフォーク状に加工した桁を差し通す。その上に梁をのせ、その梁の先を長枘状に加工して通し柱を差し通す。このようにして、四周の床をはね出す。

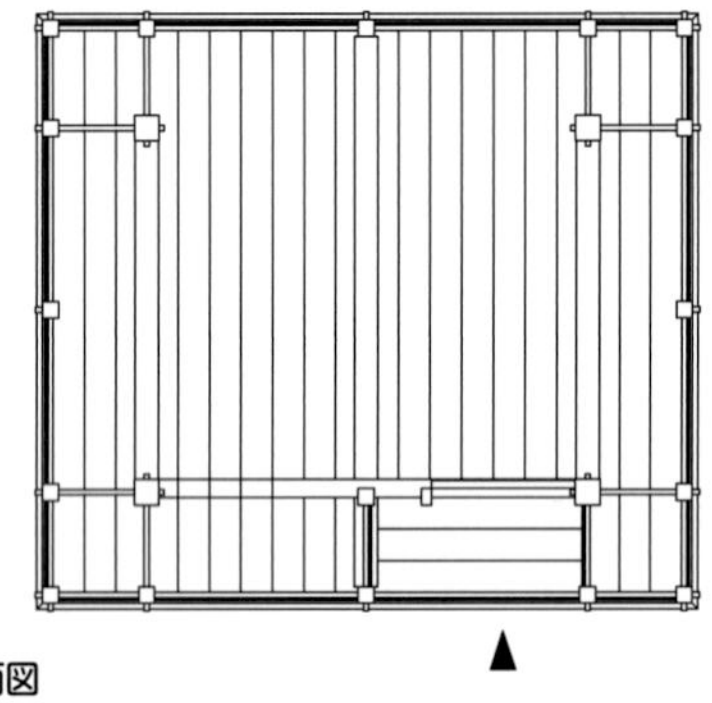

平面図
はね出した床の一部にエンノマを設け、出入り口とする。

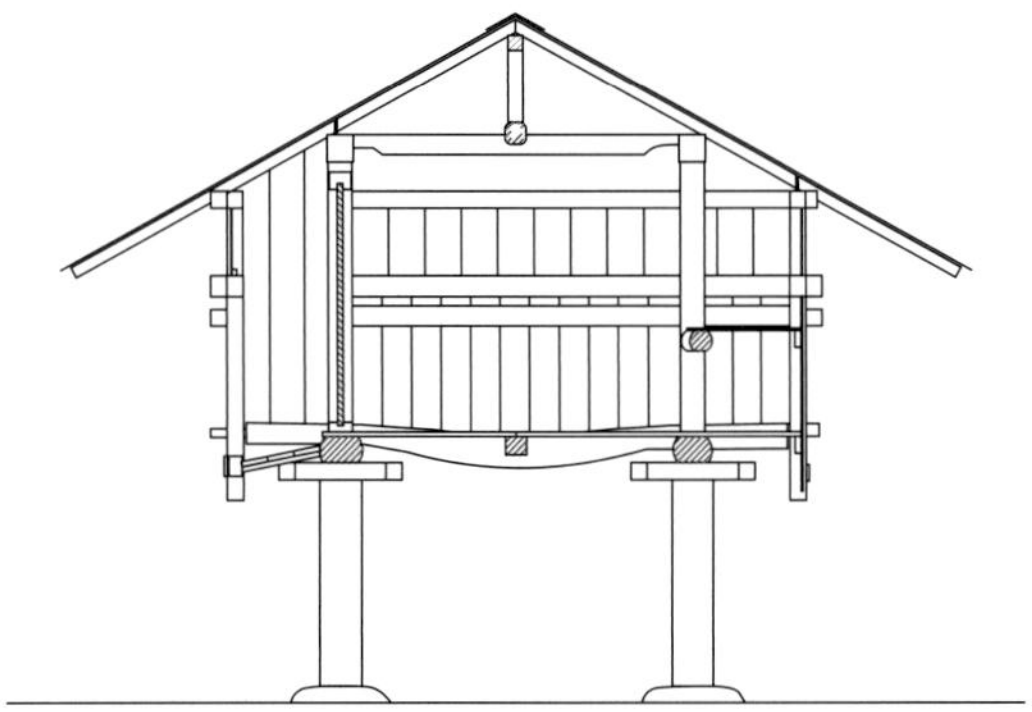

梁間断面図
以前は急勾配の茅葺きであったが、現在は緩勾配の金属板葺きに葺き替えている。穀物の収蔵庫としての役割を終え、収蔵空間の必要が少なくなったためである。現在は単なる物置として使われているものが多い。

右／ヨツアシグラ外観。茅葺きから屋根勾配を緩くして金属板に葺き替えられている。
左／ヨツアシグラ内部。通し柱の先は、床上で曲がりくねったまま利用される。貫は抜き通して側柱を片持ちで支える。

ヨツアシグラ床組。桁と柱の交差部には、つば状のネズミ返しが取り付く。中央の梁は湾曲したものを用い、桁と床梁が同面になるように工夫されている。高床の収蔵空間をできるだけ広くするための工夫である。

各論1

「干して仕舞う」小屋のかたち

……濱定史

仕舞うこと

民家における小屋や倉の役割には様々なものがあるが、農林漁業などの多くの生業の作業工程に対応する機能と、その作業に対応した多くの道具や収穫物を収納することが重要で、大きく見ると作業と収納という2つに集約できる。小屋での作業には収穫物の調整や米の脱穀、牛馬の飼育など様々なものがあり、この中で収穫物や道具を「仕舞う」工程がある。「仕舞う」とは道具を収納し、収穫物を収納する意味以外にも、作物を調整することを含む幅のある言葉である。「常陸のマデヤ」は、作業場であり収納庫となる複合的な施設で、仕舞う小屋の例である。また、「対馬のコヤ」では、穀物、家財を収蔵する一方、その下屋や軒下で穀物の乾燥、脱穀を行う。このように農家の小屋や倉における仕舞うという機能は中核にあたる。

道具類はそのまま仕舞うことができるが、収穫物である穀類や野菜、

能登のハサ
日本海側の地方では、稲を干す秋の天候が不安定で日照時間が短い。加えて能登半島では平地が少なく、谷間の田んぼが多いので、日あたりと風通しのよい場所に、高いハサをつくり、効率よく乾燥させる。

能登のハサの構造
ハサは、風の強い海岸や川沿いに、クリやアテなどの、丈夫で耐久性のある材料を用いて、恒久的なハサとしてつくられる。高い柱に控え柱をとった大型で丈夫なハサが、年中立つ姿は、この地域の農村景観を特徴づけている。ハサには、稲のほかにも秋の収穫物が干され、冬には、葭簀や茅、笹などをかきつけて、風雪を遮る間垣としても利用される。

藁を仕舞うには、天日にあてて水分を飛ばすことが事前に必要となる。よい状態で仕舞うにはこの干す工程が重要で、小屋と倉には「干して仕舞う」様々な構法が工夫されているのである。

食料を干すこと

農耕を行う人々にとって収穫した食料を良い状態で保存するということは、生活をしていく上で最も重要なことのひとつで、備蓄保存には様々な工夫をしてきた。食料の貯蔵が権力を生み出し、国を運営するには備蓄が必要となり、安全に状態よく貯蔵する技術には高度で最新の技術が使われている。

冷凍、乾燥、塩蔵、発酵、砂糖漬、酢漬、薫製など食料保存には様々な方法があるが、この中で最も簡単にできるのが乾燥であり、人類が火を使って調理するよりも古い調理法ともいわれる。食料のほとんどは生物であるため水分を多く含んでいるが、水分が多いと急速に腐敗、変質してしまい、食料として利用できなくなってしまう。このため食料を天日にあて、風にさらし、雨をかけないように干して、内部の水分を少なくするのである。さらに干すことは保存に都合が良いだけでなく風味や香りが良くなる効果もある。このため穀類だけでなく野菜や果物、肉や魚

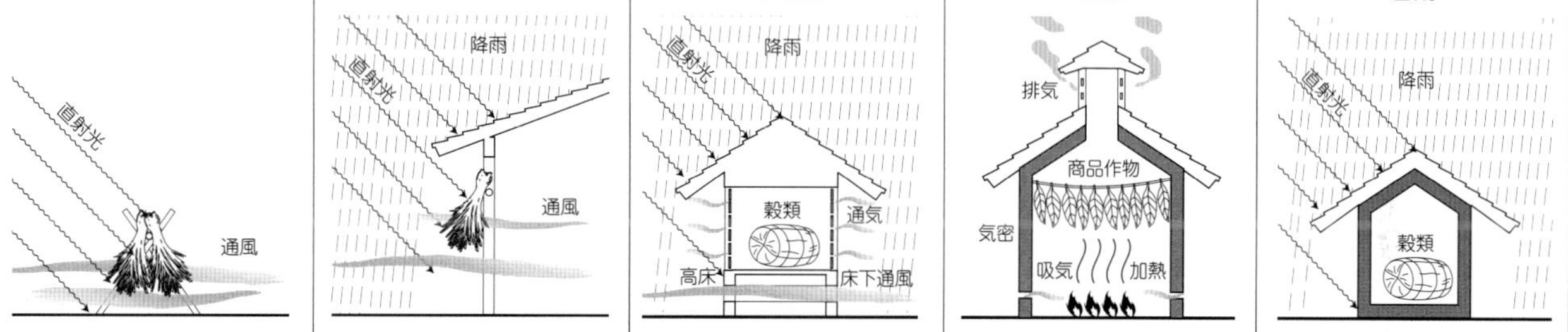

	完全開放	下面開放	半密閉	密閉	密閉
建築	——	屋根のみ	高床　低気密	壁断熱　高気密	壁断熱　高気密
干す要素 通気	◎	◎	○	×	×
干す要素 日射	◎	○	×	×	×
干す要素 火力	×	×	×	◎	×
干す小屋の分類	——	干す小屋	干しながら仕舞う小屋	干す小屋	干してから仕舞う小屋
事例	ハサ掛け	ハサ小屋　軒下	山形のモミド　対馬のコヤ 八丈島のオクラ　奄美の高倉	タバコ乾燥小屋	土蔵 一部土蔵化したマデヤ

干す建築の形式

とあらゆる食品を干して保存する技術が生まれたのである。

干す建築の構法

木造建築は内部を乾燥させるのに適した「干す」つくりで、日本における民家建築の本質ともいえる。高温多湿のアジアモンスーン気候に属する日本において、湿度の高い夏をいかに過ごすかは重大な問題で、高床にして通風を確保し、窓を開け放つ住宅の形式が伝統的な民家として発展してきた。この問題は食料の貯蔵においても同様である。そのため生産過程における乾燥は重要な作業であり、害虫やカビ等が発生しないよう食料を干してから仕舞うのである。さらに小屋や倉には仕舞っている間、湿度を防ぎ、通風を取るなどの「干す」形が見られる。ここでは単純な日にあてて乾燥させる形式、屋根や壁、床組の工夫による乾燥と様々な形式を見ていく。

●そのまま干す

天日乾燥は最も簡単な乾燥方法で、太陽の輻射熱をあてて風によって表面近くの水分を乾燥させる。魚やきのこなど様々な食品に使われ、代表的なものは稲の乾燥である。現在では機械乾燥によって少なくなってきているが、稲を逆さに並べ掛けて収穫後の稲を天日で乾燥させるハサ掛けは、各地域で様々な風景を見せ、

秋の農村の風物詩となっている。

●屋根をかけて干す

晴天が続くことが確実であれば天日乾燥は最も簡単で効率的であるが、せっかく乾いたものが降雨により湿ってしまうことは避けたい。ここで使われるのが雨よけの屋根をかけた形である。雨がかかるのを避け、通風を確保することにより乾燥させる方法で、屋根をかけて地面から離しておく。この形は主屋の軒下などで干し柿や干し大根などの保存食をつくるのによく見られる。主屋の軒先や作業小屋の下屋部分は、作業時の雨よけとともに収穫物を干して乾燥させるための場所となっている。

●干しながら仕舞う小屋

山形盆地に見られるモミドは、米籾専用の倉庫であるが、使用法を聞くと乾燥の装置となっていることがある。田で刈り取った稲は田でハサギを使い一定期間乾燥させた後、屋敷内の主屋の土間や小屋に収納する。この作業は雪の降る前に完全な乾燥を待たずに急いで行われる。脱穀して稲を藁と玄米に分け、籾はモミドに収納する。完全に乾燥させていない籾であるが、モミドに一定期間貯蔵させておくことで、天日干しで乾燥しきれなかった籾を良い乾燥状態に仕上げるのである。モミドは気密性の低い板倉構法で、高床にして通気性をもたせ、日あたりの良い場所に配置する。この構法と配置の組み合わせによって干しながら仕舞うのである。

筑波山麓のオダガケ
ハサ掛けはその地域の地形や気候に対応して、効率よく干すための様々な形態が見られる。大きく分ければ、年中立つ恒久的なものと、その時期だけの季節的なものの二通りある。平野が広く日あたりのよい関東地方では、季節的なハサが一般的で、低い１段のハサを田んぼいっぱいに広げて干し、その姿は季節の風物詩となっている。その構造は、短い丸太をサスに組んだもので、両端だけは３点支持のサスを組んで安定させる。筑波山麓ではこのようなハサをオダガケと呼び、三角形のサス組をオダアシ、横に渡した丸太をオダギと呼ぶ。

●干す小屋

タバコ乾燥小屋やホップの乾燥小屋は、近代化に伴ってつくり出された商品作物のための小屋である。熱を効率よく使うために乾燥小屋の壁には気密性と断熱性が求められ、土で塗り込める。自然の通風による換気ではなく、熱源を用いた空気の上昇を考え、吸排気口は計画して配置する。乾燥させるという機能を効率よく追求した火力乾燥小屋は「干す小屋」と見ることができる。

●干してから仕舞う小屋

土蔵は土を塗り込める壁構法によって気密性を高めて内部の温湿度を調整する。気密性を高くするため、十分に乾燥させてから収納しないとカビや害虫の発生を招く。そのため収穫物を収納する前には十分に干してから土蔵に収納するのである。

開放と閉鎖のバランス

建築により食料を干して長期保存するには日射、通風で湿度をコントロールすることが重要となる。穀類の水分は野菜や果実、肉類と比べて少なく保存には適しているが、収穫時の乾燥が不十分であったりすると、穀物の味が落ちるだけではなく、カビが生え、害虫を発生させ腐らせてしまう。また穀類は収穫物そのものが次の栽培の種でもある。腐らせたり、雨にさらして芽が出てしまったりすると、次年度の収穫をなくし、経済的な損失だけではなく生命をつなぐことすら危うくする。そのため風を通してこもらないようにすることが必要であり、高床にして地面から離して湿気を防ぎ、壁面の通気性を持たせた構法を選択している。

一方「干しながら仕舞う小屋」には、干すこと以外に貯蔵という重要な役割があり、貯蔵には盗難やネズミに対する構えが必要である。外壁を強化しつつ、通気に最低限必要な隙間をつくることや、奄美大島や八丈島のような高床にして侵入を防ぐなどの構法以外にも、配置によって対応するなど穀物を守る工夫が見られる。

このように、小屋と倉は高温多湿な気候の中で、干すことと仕舞うこととの組み合わせで様々な生業に対応し、開放して通気を確保することと閉鎖して防犯・防鼠することのバランスをとりながら、「干して仕舞う」構法を木材によってつくりあげてきたのである。

「干して仕舞う」建築文化のつながり

自然発生的に成立発展した伝統的な集落・建築を紹介したバーナード・ルドフスキーの「建築家なしの建築」では、共同的風土性の例とし

主屋の軒下に柿と大根を干す。下の小庇部分は出し桁にして、収穫物を干す台としても活用される。(岐阜県飛騨市種蔵地区)

コヤの軒下に稲を干す。雨が降ったらすぐに軒先に仕舞えるようにしてある。(長崎県対馬市)

てスペインのイベリア半島の穀物倉庫オレオを紹介している。オレオはトウモロコシなどの穀類を保存する石造の農業用倉庫で、集落と耕作地の境界にまとまって建てられている。すべてを花崗岩でつくるものと壁面を木でつくるものがあるが、いずれも切妻の高床にして地面から離し、壁面に通気のためのスリットを複数あけている。

日本における木造の農作業小屋とスペインの石倉は、構法は大きく異なるが、いずれも穀物を貯蔵する高床の建築で、壁面の通風を考慮した干す形を取っている。遠く離れたものが非常に似通った形態になることは、文化的伝播がなくとも起こりうることではある。同じように穀物を収納する建築が、保存に必要な機能に即した構法を選択してつくりあげたのであろう。農耕を行う民族共通の課題である「干して仕舞う」に対応する文化的類似性は大変興味深く、民家の建築文化を読み解く種である。小屋や倉はその種を貯蔵し、現代にその姿を見せているのである。

常陸のマデヤ

Barn in Hitachi

倉を内包した納屋

マデルとは筑波山麓の地域の言葉で、ものを仕舞ったり、納めることをいう。そして納屋のことを「マデヤ」と呼ぶ。納屋は農家の作業場であり倉庫であり、農作業に欠かせない建物だが、マデヤは普通の納屋とは少し趣を異にする。梁間二間から三間、桁行きが五間から六間の細長い平面で、表の全面に奥行き一間ほどの下屋がつくのが特徴的だ。細長いので「ナガヤ」とも呼ばれる。背が高く、中2階を持つ。表側に大きく開かれている以外は窓が少なく、唯一妻側に設けられた小窓には丈夫な格子がはめこまれ、その庇に特別な意匠が懲らされている。柱が三尺間隔に立てられる壁面の構成とあわせるとどこか倉のような印象だ。

実はマデヤのもっとも特徴的なところは倉を内蔵している点にある。平面の三分の一ほどを壁で囲って、1階を米倉とし、中2階には家財道具を納める。この地域においては、地主層の農家では倉を独立してつくるが、一般の農家ではマデヤの一隅に倉を設けるかたちが定着していて、それがマデヤを独自なものとしているといえる。柱を三尺間隔に立てる構造も、妻側の小窓の意匠と太さが誇張された天秤梁と地棟の木口も、マデヤが倉の建築を下敷きとしていることを示しているのである。

倉以外の部分は土間の作業場で稲の脱穀機等の道具

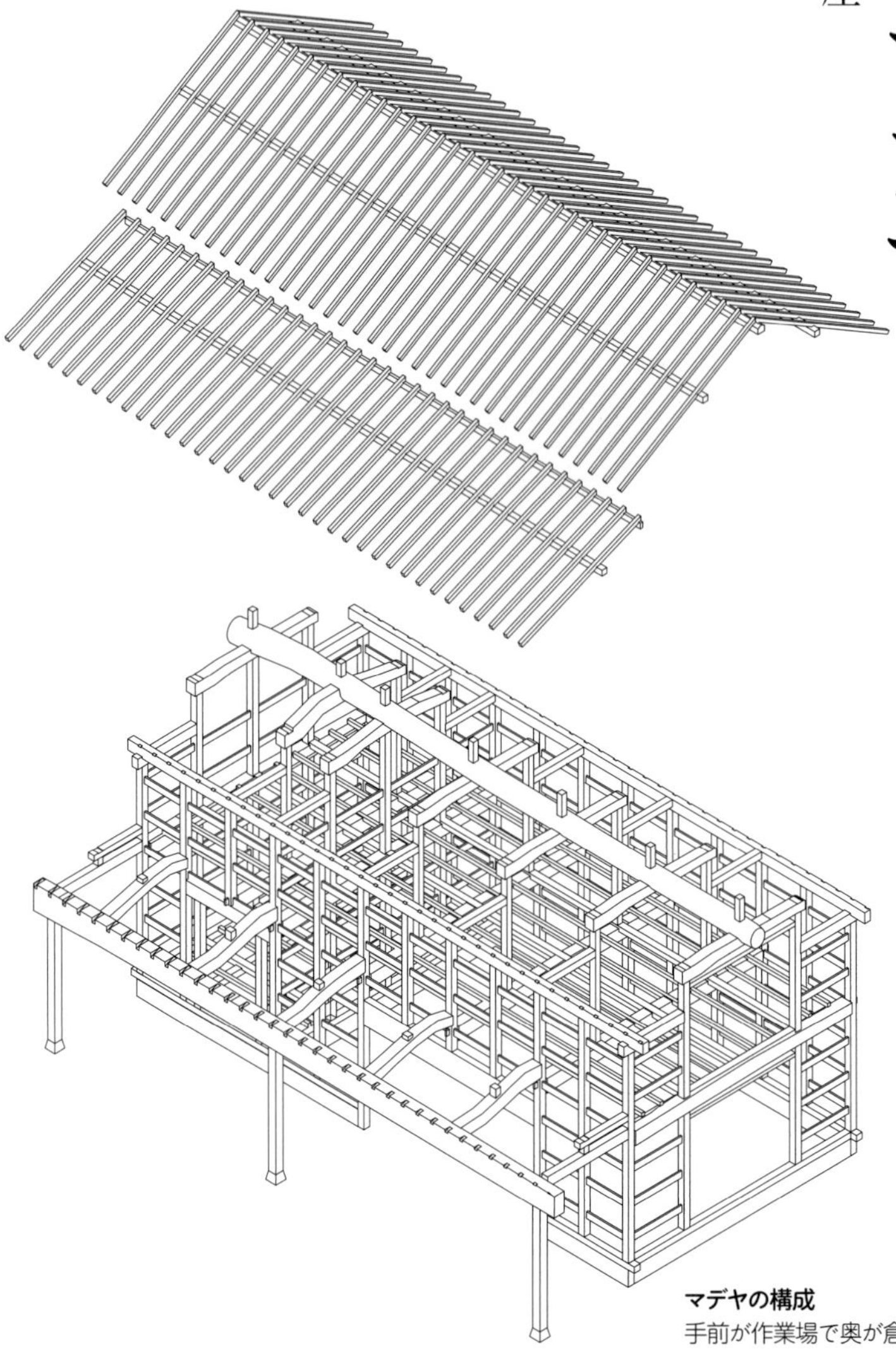

マデヤの構成
手前が作業場で奥が倉。棟を支える地棟と下屋を支える軒桁は、長い1本の材でつくられている。

屋敷正面に立ち並ぶクラ。正面に妻側を向けて倉が配置され、小屋梁と破風（はふ）窓の意匠が凝らされる。（茨城県那珂市）

が配置され、中2階は養蚕の道具や莚《むしろ》や笊《みの》・籠のたぐいが納められ、藁置場にも使われる。土間の一画には地面を掘り下げて室をつくり、イモ類の保管場所となっている。庇は建物の前面いっぱいに、場合によっては鍵形に回して広い軒下をつくり出す。この軒下こそが収穫物の乾燥・選別・出荷のための広い作業場となり、その一隅は囲われて、壁に農具や工具を整理する棚を設けてあるのが一般的だ。

こうしてみるとマデヤは稲作を中心とする農家において、作物の収穫から収納までに必要な機能をひとつに集約した、まさに農作業をマデルものとしてつくられていることが理解される。米を収穫し脱穀してすぐにそのまま貯蔵する作業の流れに即してつくられたマデヤには、豪農の屋敷に立ち並ぶ倉とは違って、自律的で分をわきまえた農家の暮らしの機能的な美しさが表れている。

正面向かって左が倉で、右が納屋。倉の前には防火のためにシラカシやモチノキの垣根を設ける。(茨城県つくば市)

クラからマデヤへ

茨城の県北の那珂《なか》川及び久慈川の沖積平野の農村にはマデヤの原型を思わせる倉を見いだすことができる。この地域の倉の古いものは板倉が主流であり、それは江戸時代中期に水戸藩主・徳川光圀が凶作や飢饉に備えて郷倉の建設を奨励したことに始まるものとされている。

この板倉は梁間一間で、桁行二間～三間程度。中2階がつき、1階を米倉とし中2階を家財庫としている。この倉を核として屋根をのばし庇をかけた構成が、この地域の納屋としての定型となっている。倉の隣には脱穀のための作業場が設けられ、その中2階は藁置場に使われる。倉のみが高床で、その他の部分は土間であり、また庇は鍵形に回ることが多く、倉を核とし、納屋をその回りに拡張して設けた構成という性格が明確だ。面積の上では納屋的な機能を持つ部分が大きいにもかかわらず、この建物全体を称してクラと呼ぶ。妻側の壁と窓は倉としての意匠が特に強調されるところで、天秤梁と地棟には必要以上に太い木材が用いられ、小窓の庇はお宮のような細工が施される。

稲作中心の性格が強い県北の農村に比べ、筑波山麓の村々は江戸時代から、稲作に加えて野菜や果樹、綿花などの商品作物の栽培が盛んであった。温暖

このマデヤは昭和30年頃の建築。マデヤは基本的に真壁造りで、正面に土蔵風の左官仕上げが施される。（茨城県つくば市）

で、台風や冷害による被害も少ないという気候条件に恵まれていることに加えて、霞ヶ浦から利根川を遡り江戸川を経由して江戸湾に至る舟運で、大消費地江戸と直結していたからである。これらの商品作物の農作業には広い納屋を必要とし、それによる経済基盤がマデヤの建築を発達させたのである。商品作物の経営で成功した農家ではその証として競うように立派なマデヤをつくった。倉に付随する庇として始まったこの地域の納屋・マデヤの意匠のモチーフは米倉であり、倉を内蔵しつつ拡大したマデヤ全体が倉の衣装をまとうことになったのである。

本来板倉を基本として発達してきたこの地域の米倉が次第に土蔵づくりへと変わるにつれて、マデヤの壁面の意匠にも土蔵の技法が取り入れられる。そこが職人の腕の見せどころとなって技が競われ、土蔵づくり風の正面をもつマデヤも生まれたのである。

間口五間半、奥行き二間半のこのマデヤは、昭和30年頃に建てられた。現在は花の栽培とその仕分けや出荷のための作業場であり、他に自家用の野菜の貯蔵庫として使われている。間口四間のマデヤと一間半のクラで構成され、クラの部分は高床になっている。柱は半間ごとに立つ、土壁の土蔵づくり風である。小屋組は和小屋となっている。妻側の開口部が大きく、掃き出しになっていることから、2階を居住空間として使用することも想定して、居住性を重視したと思われる。下屋の桁は、一木の太い梁を用いている。もともと太い梁を用いたのはマデヤの出入り口を大きくとるためだったが、必要以上に太くなっていき、その家の家格を示す象徴となっていった。

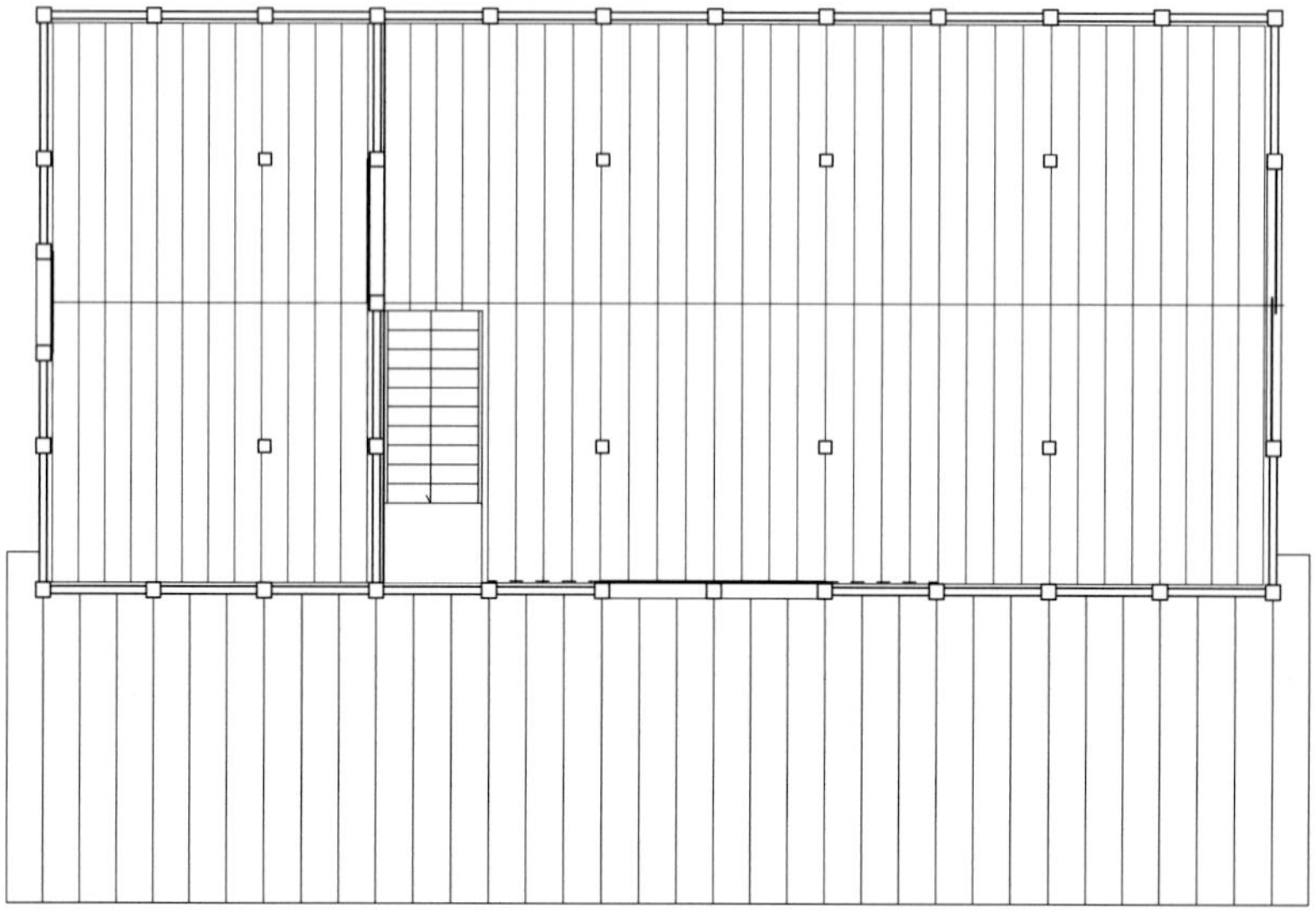

中2階平面図

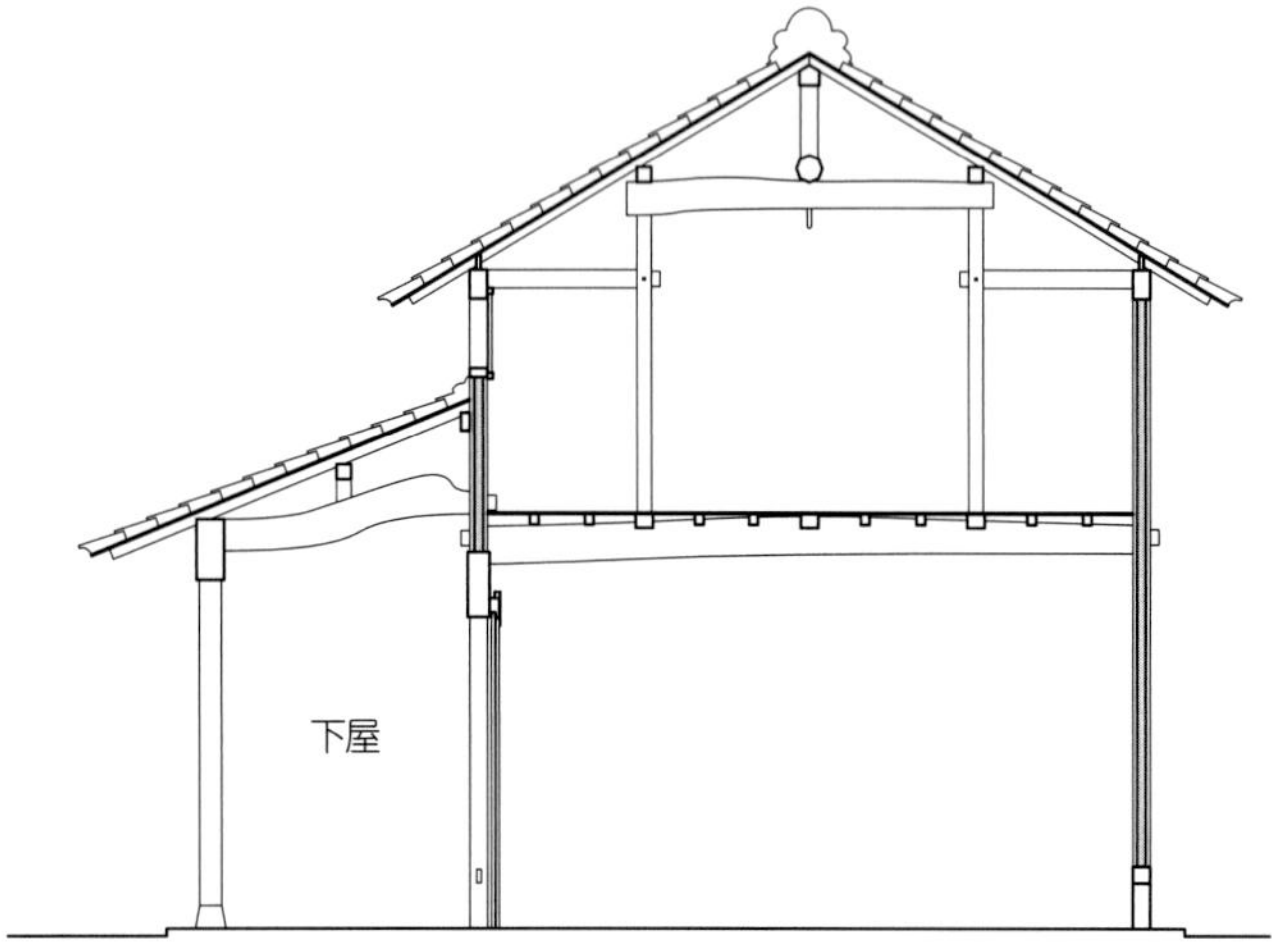

断面図

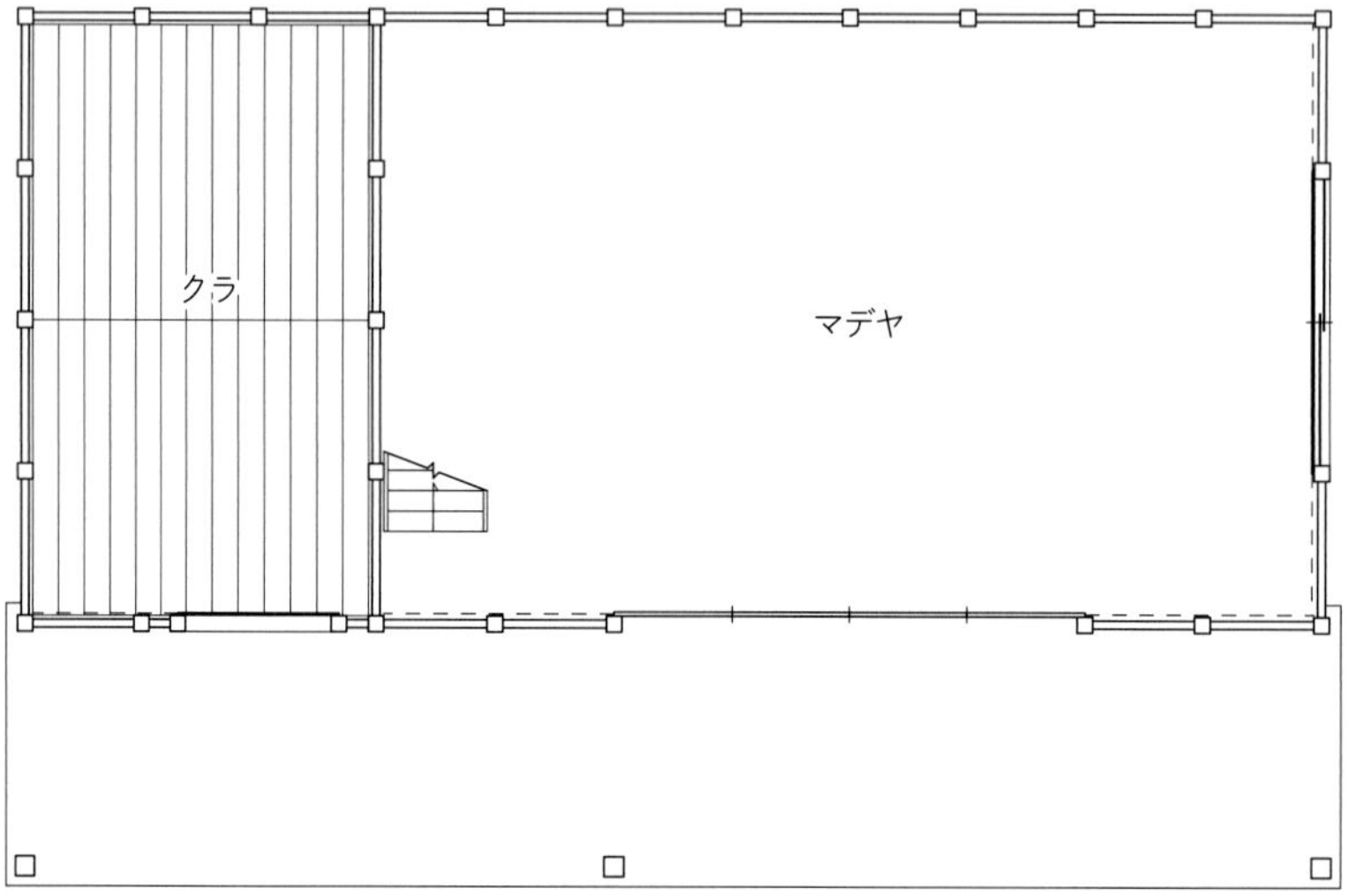

1階平面図

下屋の見上げ。曲がったマツを生かした架構となっている。

中2階。両脇に柱を立てて中央部を高くし、空間を広く使えるようにしている。

クラ入り口の扉。モダンな壁は当時の土蔵づくりに流行した人造石研ぎ出し仕上げ。

茨城県北では、倉を核とした納屋の定型を「クラ」と呼んでいる。昭和33年の建築であるこのクラは、間口四間・奥行き二間の規模で、二間四方のクラと作業場で構成される。材料は裏山の木材を製材したもので、その材は無駄なく使われている。この辺りの農家では必ずといってよいほど、このようなクラを持っている。作業場は作業の他、乾燥機や脱穀機などの道具を仕舞ったりする。下屋では農作業を行う。小屋組は合掌組で、天井の低い中2階の空間を有効利用できるようになっている。クラと作業場は、二間ずつの構成で、クラの部分は高床。外観の漆喰の部分だけが土壁で、他はすべて板壁である。下見板がそのまま内側の壁になっており、クラの部分は、さらに内側から板が張ってある。妻側は、何段にも重ねられた梁と太い天秤梁（主に土蔵に見られる梁の一種で、棟木を束で受けている地棟を支えるもの）や、細かな装飾の施された小窓が設けられている。この妻側の表情はクラによって様々で、まさにクラの顔といえる。外に見えている太い地棟（棟木のすぐ直下に棟木と平行に置かれる梁。頭のつかえる小屋梁を省くために設ける）は装飾で、内部の細い梁につながれているところが面白い。下屋にはかなり曲がった材が使われており、その梁の連なりは見ごたえがある。

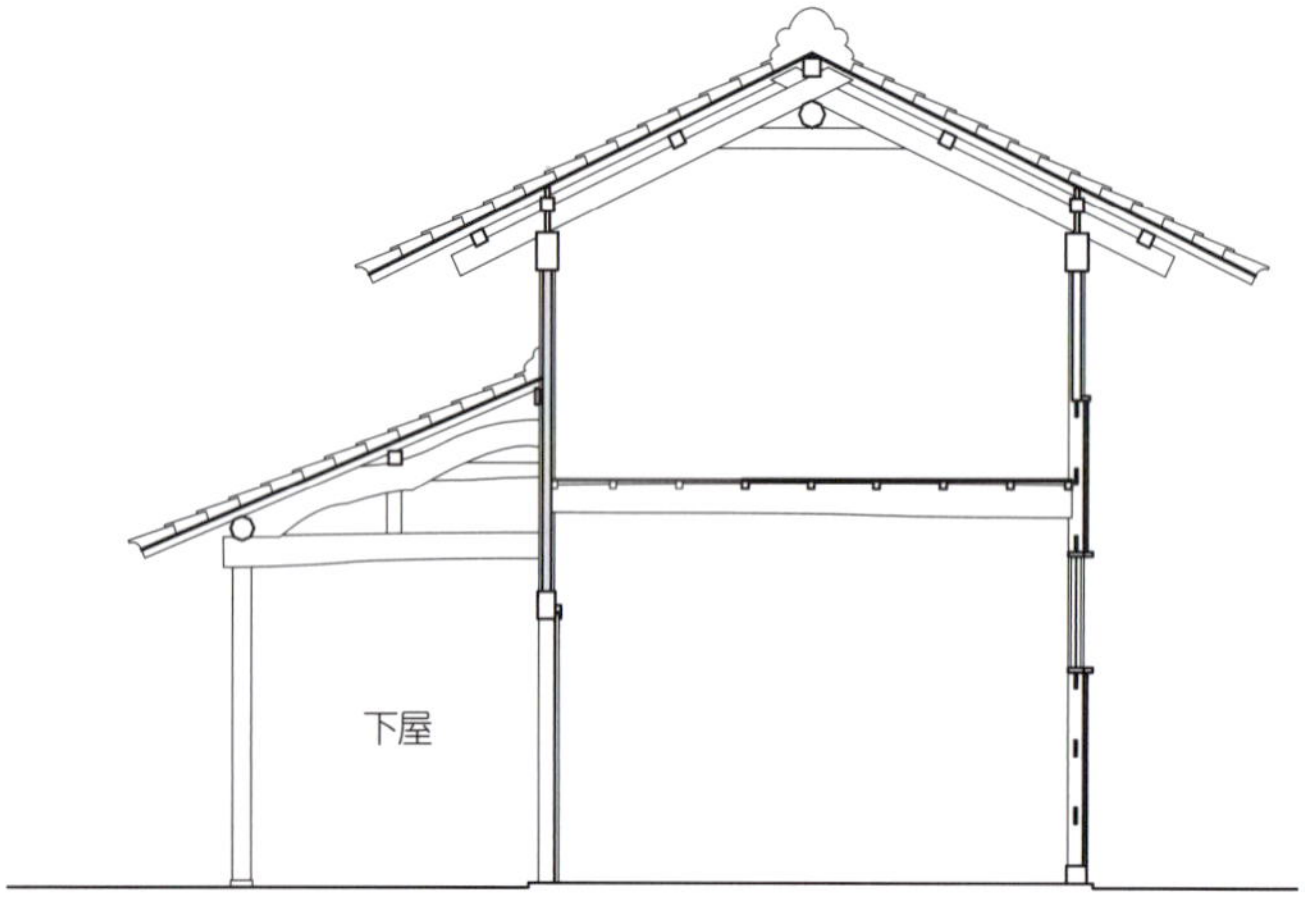

断面図

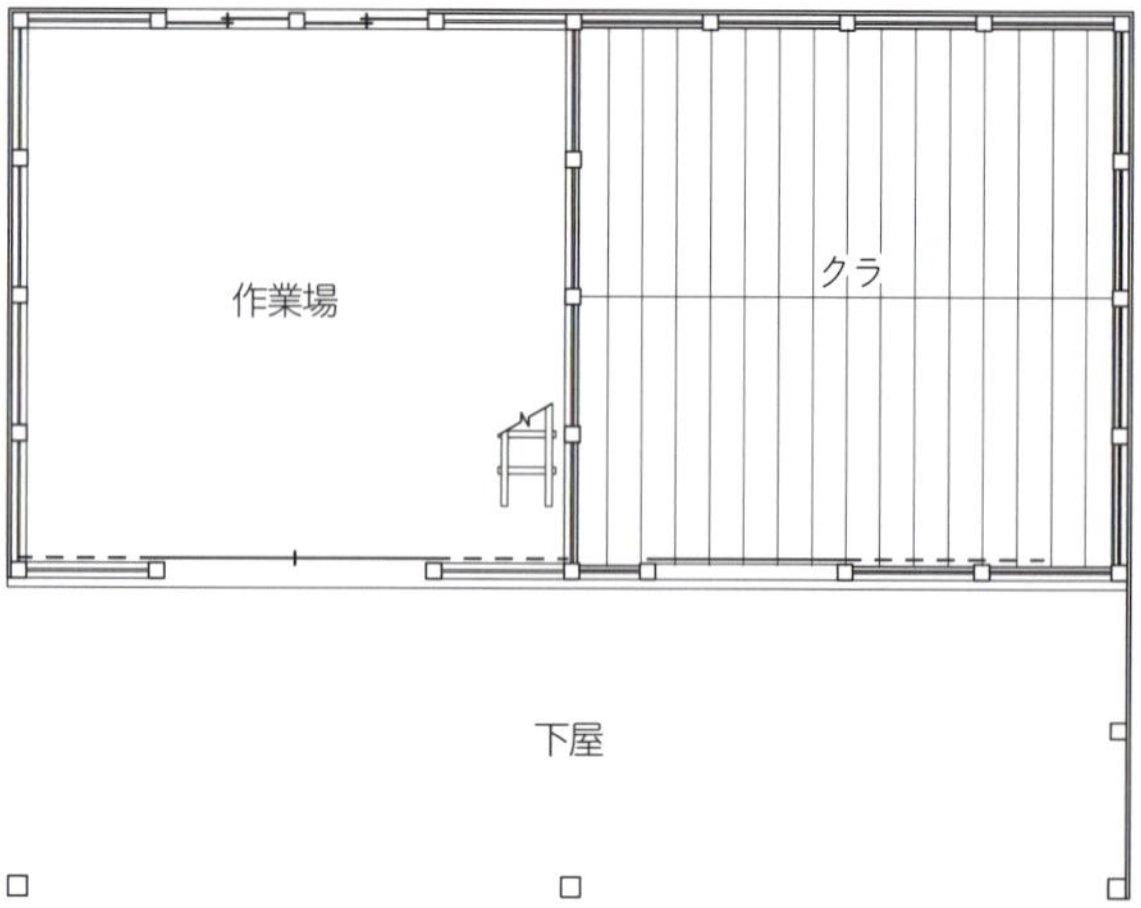

1階平面図

ゆずの木で囲われたこのクラは、昭和33年の建築。ゆずの木は余分な水分を吸ってくれるので、クラを湿気から守り、長持ちさせるために植えられている。真壁造りの妻面の梁組と窓の意匠が端正で美しい。（茨城県那珂市）

上／このクラ（以下2点とも）は昭和34年頃の建築といわれている。昔は米が高くなるまで蓄えておいたという。（茨城県那珂市）
左／マツの曲がりを生かした架構の連なりが見事な下屋。

多彩な表情を見せる、マデヤとクラの妻側の小窓のいろいろ。天秤梁と地棟の木口、細かな化粧垂木で装飾した窓回りなどの意匠が見どころ。

日向の馬屋

馬が支えた暮らしの象徴

Stable in Hyuga

農耕や運搬用の家畜として、東北日本では主として運搬用に馬を、西南日本では農耕のために牛を使うのが一般的であった。比較的早くから農耕化が進められた西南日本に対して、森林資源に恵まれた東北日本ではその運搬に馬が役割を果たしてきたといえる。また、馬は農村、山間部の暮らし以外に、都市部における輸送や軍馬用として需要が大きく、そのための馬産地が東北日本の各地に形成されてきた。これらの馬産地の民家は、冬の間、室内で馬を飼育する期間が長く、主屋と厩《うまや》が合体された内厩形式が一般的である。それに対して、温暖な西南日本では、牛を外または簡素でこぢんまりした小屋で飼う外厩形式が多い。これは高価な商品となる馬とは違って、牛は自家用という違いにもよる。その中で日向《ひゅうが》（現・宮崎県）の馬屋はひときわ異彩を放つ存在だ。西南日本では数少ない馬産地としての長い伝統が、外厩という形式に則りつつ、曲屋《まがりや》や中門《ちゅうもん》造などの内厩に負けない構造と意匠をつくりあげた。それは、馬房を中心に厩肥《きゅうひ》置場や倉が一体になっているところに、農耕地での馬産という日向の地域的特性を表すつくりとなっている。

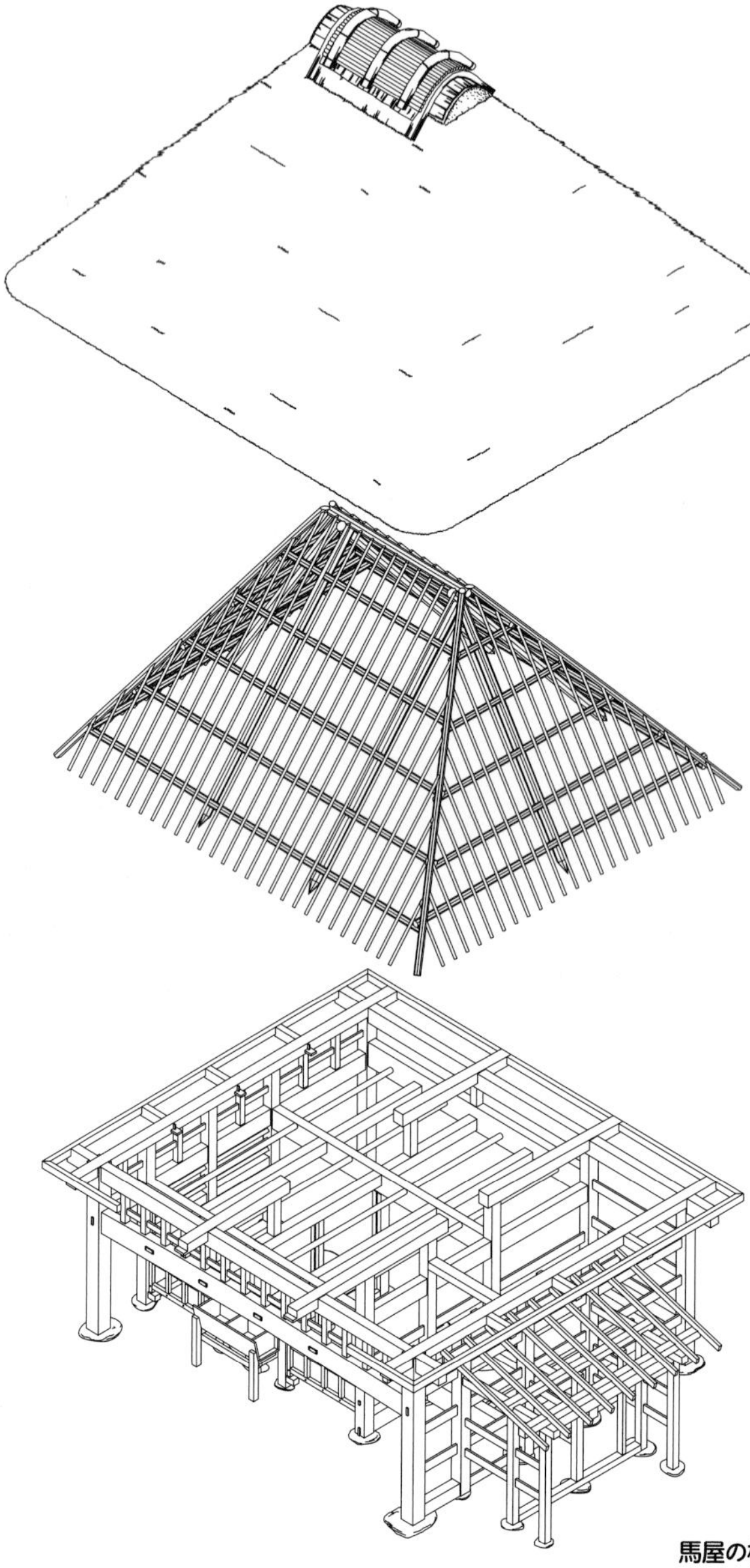

馬屋の構成
四隅の柱とそれをつなぐ胴差に太材を使い、これに桁材と格子を組むことによって構造を安定させている。小屋梁は建物内部で切断されているため小屋裏を広く利用できる。通風と利便性を考慮した、非常に開放的な構成である。

西米良（にしめら）の馬屋（宮崎県立総合博物館に移築保存）。どっしりとした部材の構成と繊細な格子のデザインは見るものを魅了する。かつては日向全域で見られた形式を今に伝える典型的な馬屋。四隅の太い柱とそれをつなぐ大梁（胴差）が豪快。

西米良の馬屋、南面。太い材で組まれながらも各所に格子が組まれ、堅牢で開放的な外観となっている。馬房入り口に「コセ」と呼ばれる格子状の独特な開き戸があり、中間部分の横板が動き、戸締りをする。さらに木栓によって鍵がかけられるようになっているものもある。山間部では「ヤライ」と呼ばれる棒を入り口両端の穴に遣り返すようにして差し込む一般的な方法も見られる。

日向の馬産

宮崎＝日向の国は大陸文化の受入れ地域であり、様々な物と文化が伝えられてきた。そのひとつが「馬」である。日本の馬は縄文時代後期頃から中国大陸より持ち込まれたといわれており、馬のいなかった日本では支配階級の乗り物、神の乗り物とされ、貴重な動物であった。それが日向の温暖な気候と放牧地に適した地形により繁殖され、日本古来の在来種としてつくりあげられたのが「日向馬」だ。小柄ながらも粗食に耐え、小回りがきき忍耐強いと言われている。日向の各藩は馬の改良を地道に行ない、全国的に有名な馬産地であり続けた。藩による牧に加えて「里牧」と呼ばれる農民が経営する民有の牧も多く、全県にわたって馬の飼育が盛んだった。

馬は軍馬としての需要も多かったが、農家にとって牛馬は農耕・運搬に欠かすことができず、また厩肥をとる上でも重要な役割を果たし、「所帯柱」とさえ言われていた。また駄賃づけといわれる木材などの運搬によって現金収入の手段ともなった。さらに子馬を売ることは大きな副収入となるため2～3年おきに子を産ませて大事に育てた。このように貴重な存在であった馬は、分棟型民家の見られるこの地域においては独立して建てられた立派な馬屋で飼われていた。全県にわたってその形

上／新富町の馬屋、馬房・作業場部分。馬房の前は大梁を渡して柱を抜き、広々とした空間をつくっている。
下／宮崎市の馬屋の軒先。軒の出を深くするために持ち出すセガイ部分に「マツラ」と呼ばれる繰型の装飾を施している。江戸時代にはセガイ造りは上層農民以外は禁じられていたため、富の象徴としての意味を持ったのであろう。

近世の各藩による牧の分布
日向地方の各藩は馬産に力を入れ、藩による公営の牧を設けて品種の改良に努めた。牧は平野部に多く、川や崖で囲まれた馬の逃げ出さない地形に設けられた。公営の牧の他に民間の「里牧」も多く、福島地方（南部の高鍋藩）には80以上の里牧があり、6000頭を超す馬がいたといわれている。

式は共通しているが、大正以降の軍馬の需要増大と、肉牛の生産増加に対応した山間部では形式が簡素化され、規模の大きな馬屋が見られるようになる。そして昭和30年以降の交通手段と農業の機械化によって日向馬の活躍の場はなくなっていき、馬屋も急速に姿を消していく。

台風と暑さから馬と藁を守る

日向の馬屋はみな立派で、中2階部分の格子が美しく、柱と梁の大きさには目を見張る。主屋より大きく、金をかけたといわれるものもあり、馬屋のほうを大事にしていたと言う人もいた。通風と馬の出入りを考慮して建物の正面を大きく開き、壁も少ない開放的な構造だが、建物全体を太い胴差《どうさし》でしっかりと固め、桁との間に太い格子を密に組むことによって耐力を確保している。台風に耐え、暑さと湿気から馬を守り藁を保存するための工夫といえる。軒先の装飾「マツラ」や、馬房の格子戸など細部にわたって意匠が凝らしてあるが、このような新たな装飾が取り入れられている半面、非常に古い形式も残されており、柱の上部の仕口や馬房部分での落とし板壁の使用などに古い構法が見られる。

馬屋の中には馬房のほかに、平野部では作業場、山間部では厩肥置場が設けられることが多い。穀物倉が設けられることもあり「トビツ（斗櫃）」と呼ばれる穀櫃に籾を入れて保管していた。小屋裏には稲藁が保存され、日用品の作成や馬房の敷藁に使用し、その後は厩肥として豊かな実りをもたらした。馬屋は稲作農耕における馬を介した稲藁の循環利用の場でもあったといえる。馬は運搬と農耕に欠かせない存在であり、また馬産による現金収入のための貴重な財産であった。馬屋は主屋よりも立派な柱・梁で壮大にそして堅牢につくられたものが多く、かつて人々が馬に対して抱いていた愛着と畏敬の思いを今に伝えている。

平地における馬屋

水田の広がる平野部ではホカ（庭）を囲むように主屋・釜屋・馬屋・倉などが立ち並ぶ。農家では2〜3頭の牛馬を飼うのが一般的で、最低でも一家に1頭は飼っていた。牛馬のいない農家は働かない農家として軽蔑された。馬屋には2頭ほどの馬房と作業場が設けられることが多く、また籾を貯蔵するための倉がつくり付けられることもあった。馬産に関しては専用の放牧地が多数設けられていたため、一般の農家では多数の馬を飼うことは少なかったようだ。しかし馬は財産として貴重なものとされてきたため、一様に堅牢で美しい馬屋が建てられている。

新富町の馬屋（図／ p.65上）

平野部に位置する新富町では、庭を囲むようにして主屋・倉・馬屋が配置されている。2頭が飼える馬房を中心として右手に広い土間の作業場、左手に厩肥置場が設置されている。

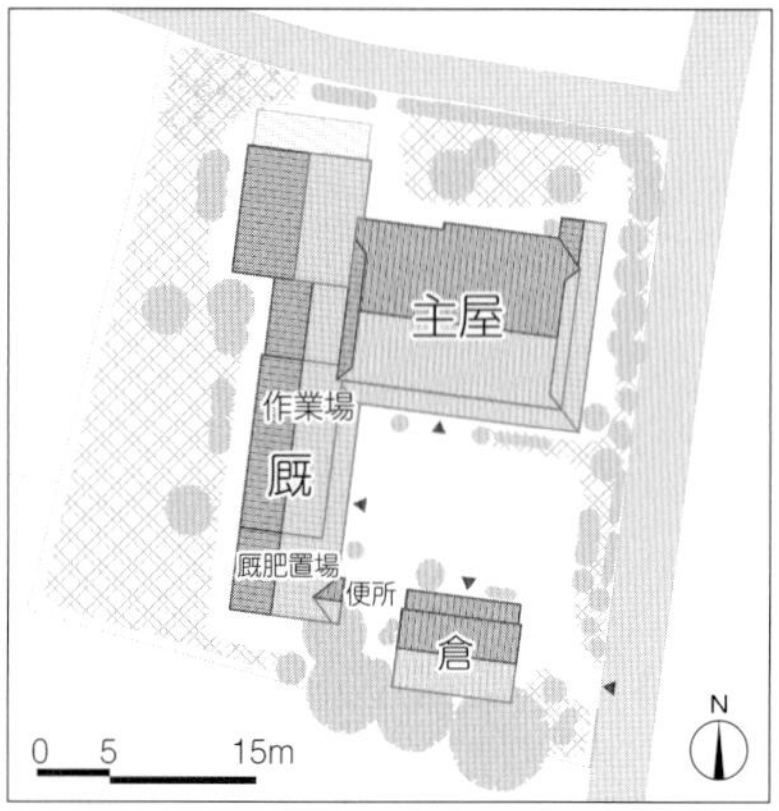

配置図

西米良の馬屋の柱上仕口

社寺建築によく見られる頭貫（カシラヌキ）に似た仕口が用いられる。国内の民家で使用されることは稀で、頭貫は最も古くからある仕口といわれている。この他では南方によく見られる丸太の一本梯子の使用例も報告されており、様々な古い形式が残されている。

馬屋の中の穀物庫

馬屋の中に穀物を貯蔵するための倉が設けられることもある。写真は「トビツ」と呼ばれるセイロ状の穀物庫で、米は籾のまま貯蔵された。莚でつくった「カマゲ（叺／かます）」と呼ばれる袋に入れて保存するのも一般的だった。

馬屋の中2階

中2階部分は「ツシ」と呼ばれ、稲藁を保存した。その藁は馬房の敷き藁などに利用。敷き藁は時間がたつと厩肥置場に移され、田畑の肥料として利用された。稲藁を乾燥させるため中2階には壁を設けずに格子を回らせてある。

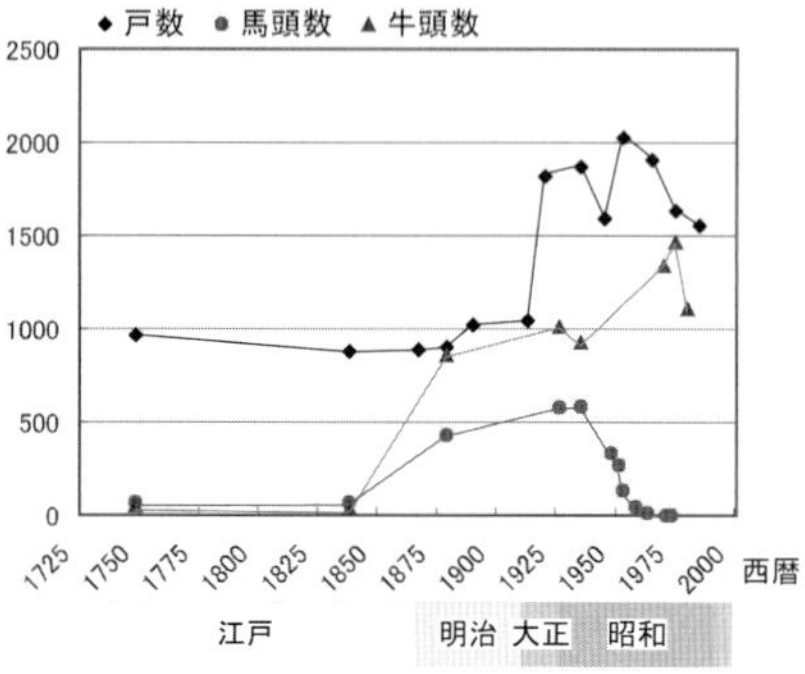

椎葉村における牛馬の飼育頭数の変化

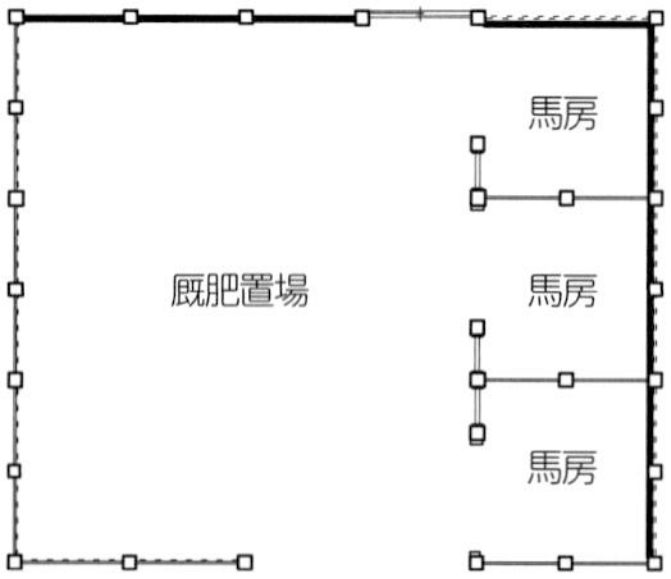

椎葉村の馬屋　平面図　1/200

西米良の作小屋の馬屋

焼畑の行なわれていた山間部では耕作地近くに「サクゴヤ」と呼ばれる出造り小屋を設けることがあった。作小屋にも2頭ほどの牛馬を飼える馬屋がつくられた。

西米良の馬屋、外観

大正以降の山間部の馬屋は平野部に比べて大型で、飼育頭数も多い。戦後に建てられたものには太い胴差や中2階の格子などの特徴が無くなり、一般的な建て方になっているものも見られる。

山間部における馬屋

険しい山の連なる九州山地の馬屋。傾斜地に設けられた敷地は等高線に沿って細長く、建物は横並びに配置される。平野部と比較して馬屋の規模が大きく、また牛馬の飼育頭数も多く、10頭以上を飼育している農家もあった。馬屋の内部に厩肥置場が設けられているものが多い。近世の山間部では馬産は盛んではなかったようで、主な生業は焼畑だった。馬の飼育頭数は江戸末期に急激に増え、終戦後減少する。現在残されている大規模な馬屋は大正末から昭和中期にかけて建設されたものが多く、戦時中の軍馬の需要と肉牛の生産増加に応えて建てられたものであろう。

椎葉（しいば）利根川集落の立地

山間地の急斜面に張り付くようにして集落がつくられている。敷地は狭く細長いため、建物は直線状に配置され、間取りにも平野部とは異なる工夫が見られる。

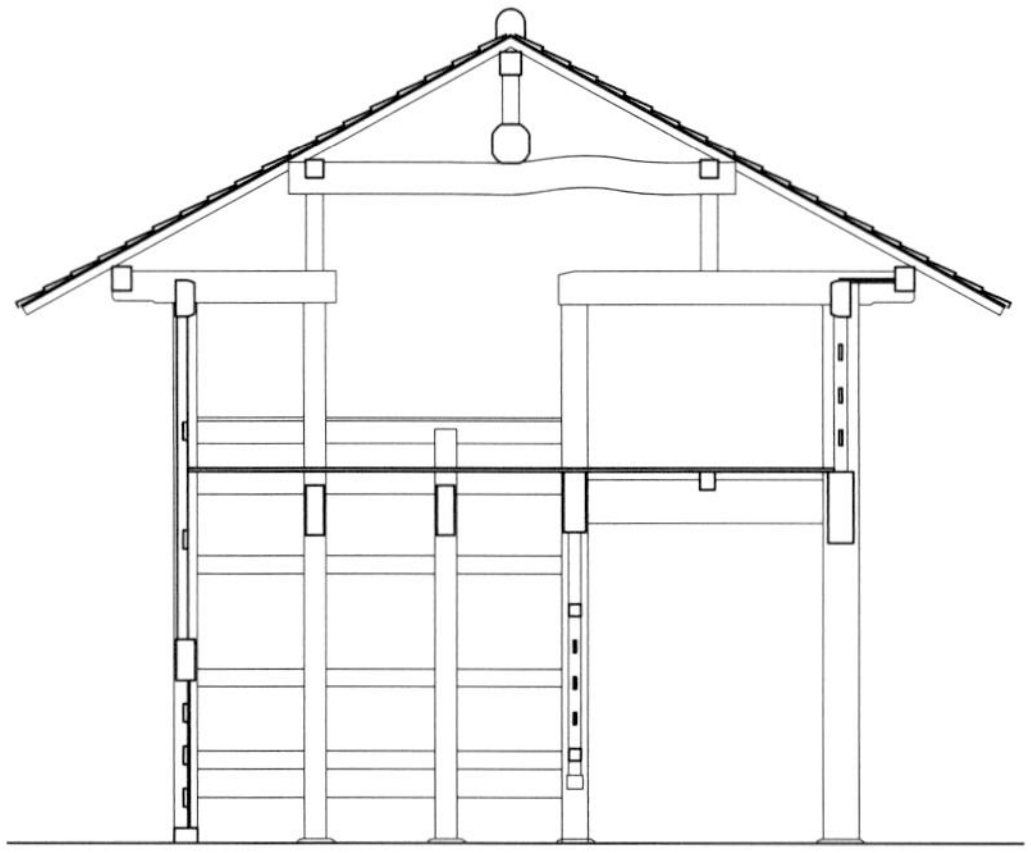

断面図

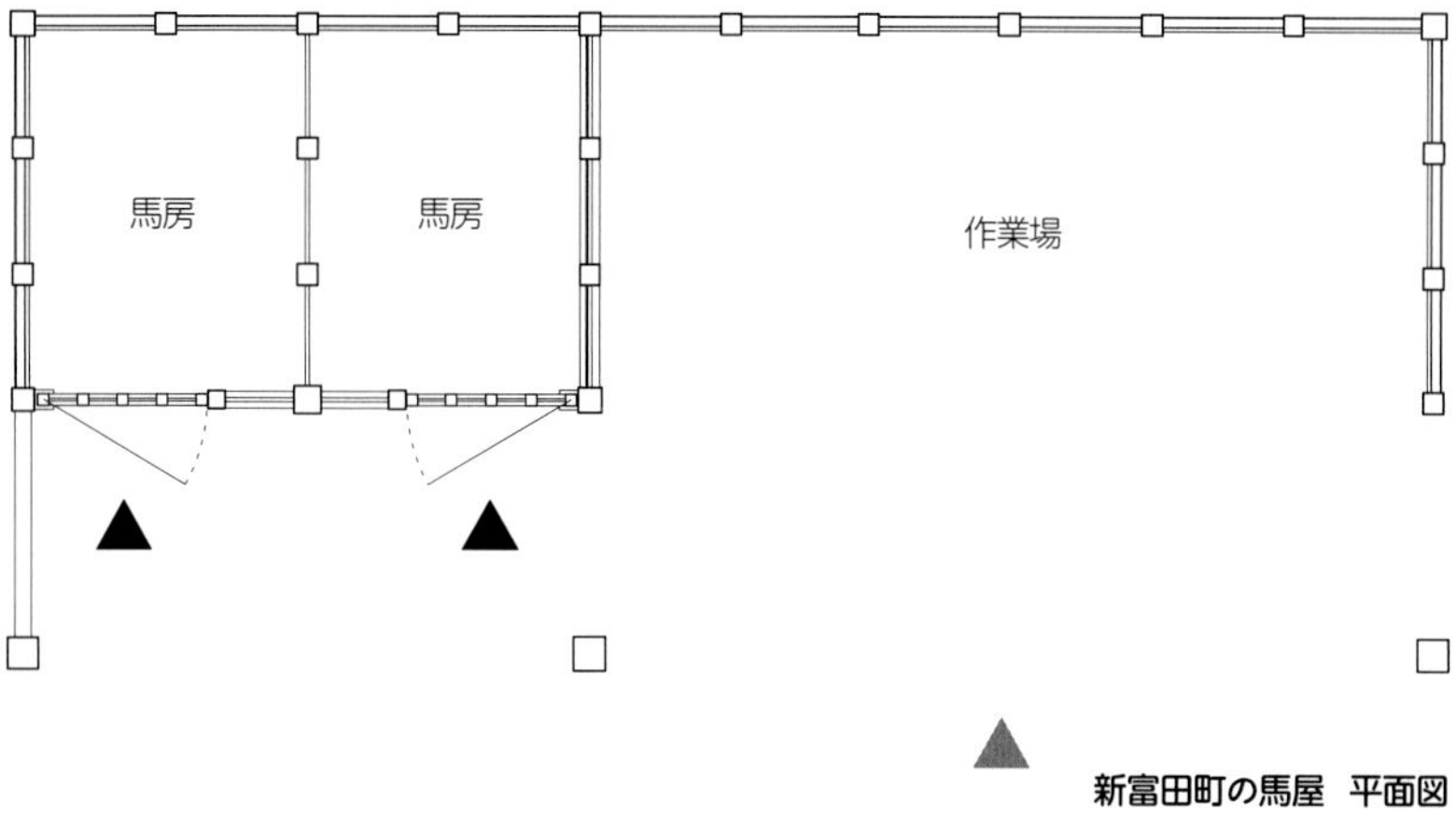

新富田町の馬屋　平面図

立面図

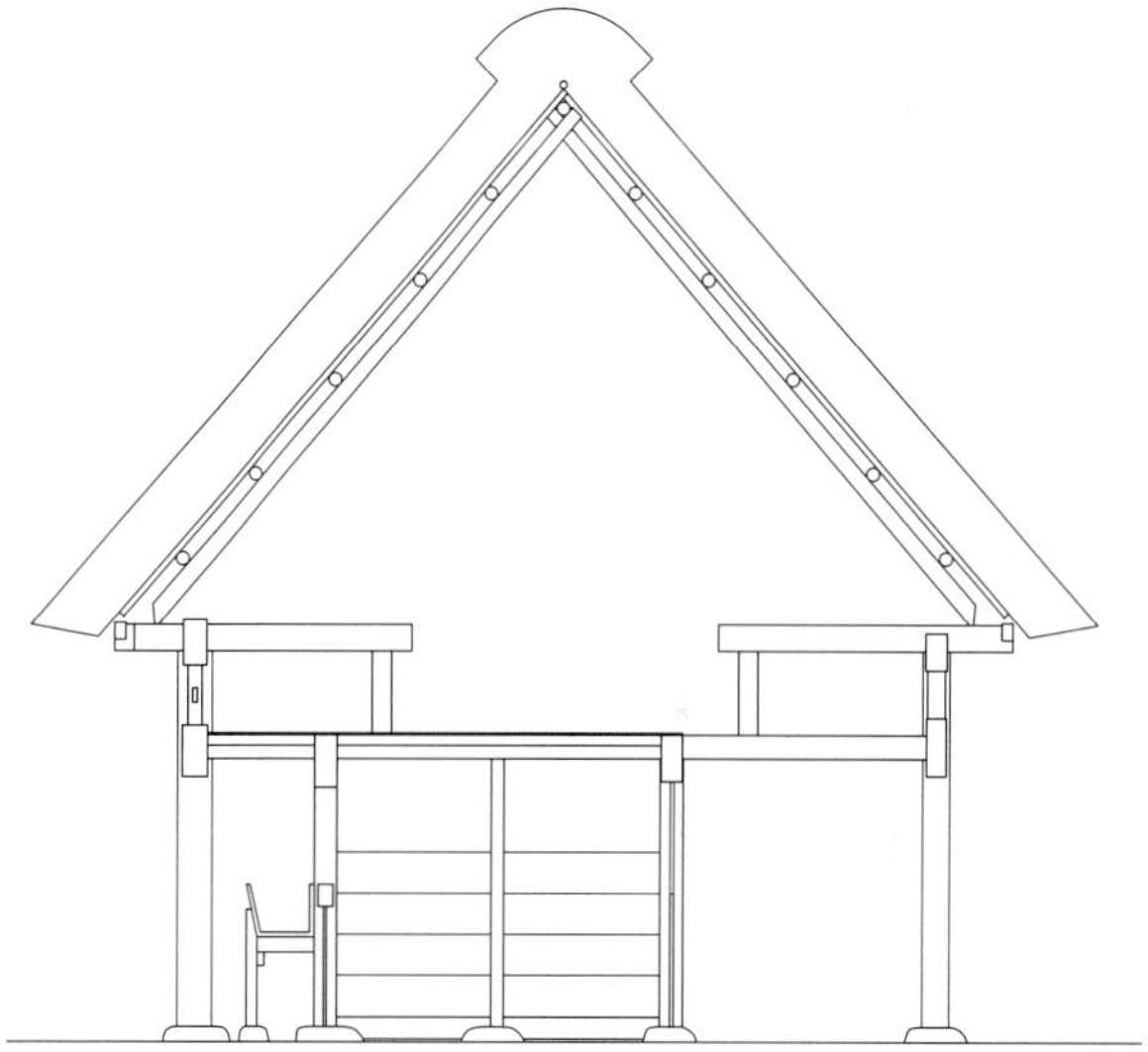

梁間断面図

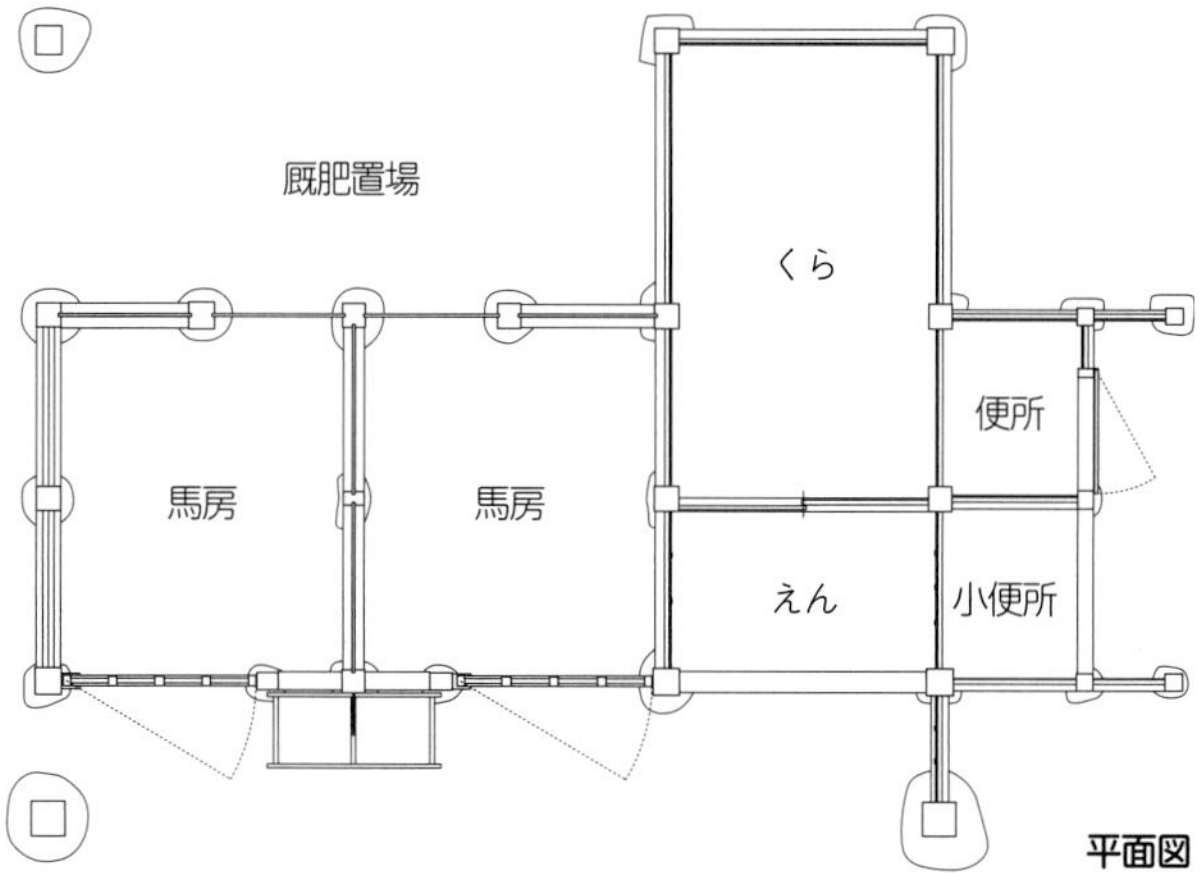

平面図

西米良の馬屋

山間部の西米良の馬屋で、現在宮崎県立総合博物館に移築されている。建築年代は明治頃と思われる。茅葺きの馬屋は現在この1棟のみである。2頭分の馬房と厩肥置場、倉、便所が設けられた比較的小柄な馬屋であるが、正面の柱の太さは23㎝、梁の成は35㎝もあり、堂々とした構えである。太い胴差によって建物をしっかり固定することで内部の梁は省略され、屋根材の組み方も束を立てないサス組みとなっているので中2階を広く使うことができる。馬房部分の壁は堅牢な落とし板だが、倉部分は貫構造となっており、厩舎部分により古い形式が残されていることが確認できる。

08

仕舞う

気仙のナガヤ

拡大する小屋裏

Stable in Kesen

馬の用途として最も重要だったのは軍馬で、中世以降の武士集団の台頭は、東日本における馬生産と深く関わっており、馬の生産管理は、社会経済的に重要な問題であった。このようなことから馬を飼育する場は建築的にも重要な課題となり、その構造や意匠に創意工夫が凝らされ、人の住む主屋よりも立派な厩《うまや》がつくられることも珍しいことではなかった。このような背景で誕生した民家形式が南部の曲屋《まがりや》であり、越後や会津の中門《ちゅうもん》造りである。これらの民家は主屋と厩が合体され鍵型になった形態が特徴であり、寒冷な地域に適応して、人馬が一体となって暮らす民家のかたちを表している。

これらの民家形式は内厩形式と呼ばれ、東北地方や北陸地方で発達しているのに対して、温暖な関東地方や九州の馬産地では、外厩形式が見られ、とくに九州の宮崎や対馬の厩は主屋に負けない立派な厩がつくられている。

岩手県の南東部の海岸地帯は気仙《けせん》地方と呼ばれ、藩政時代は南の伊達《だて》藩に帰属していた。黒潮の影響で比較的温暖なこの地方では、内陸の曲屋とは対照的に、厩を別棟とした外厩形式である。その丘陵地帯に広がる牧を背景として、馬生産が振興され、日本でも類のない大型の厩が発達し、その経済的隆盛を反映している。

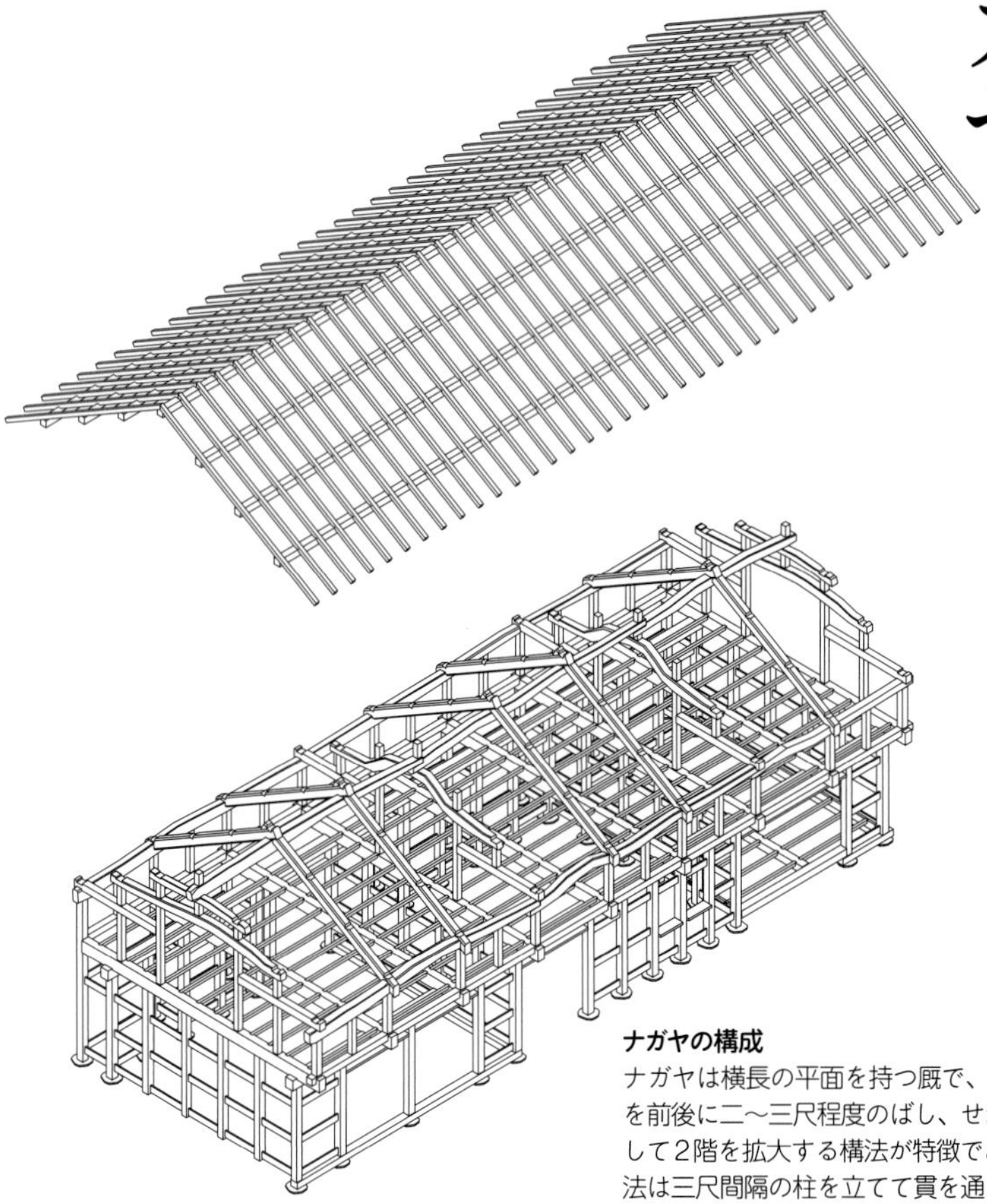

ナガヤの構成

ナガヤは横長の平面を持つ厩で、2階の床梁を前後に二〜三尺程度のばし、せがい造りにして2階を拡大する構法が特徴である。壁構法は三尺間隔の柱を立てて貫を通し、土壁と板壁を併用している。ウマヤ部分の内壁はクリの厚板を横に打ち付け、牛馬の飼育で壁が壊れないように配慮している。小屋組は和小屋、登り梁、トラス組と2階での収納作業にあわせて構法を選択している。

せがい造りで軒を出しているのが特徴である。手前の２つの窓から牛馬が頭を出す。（大船渡市赤崎町後の入）

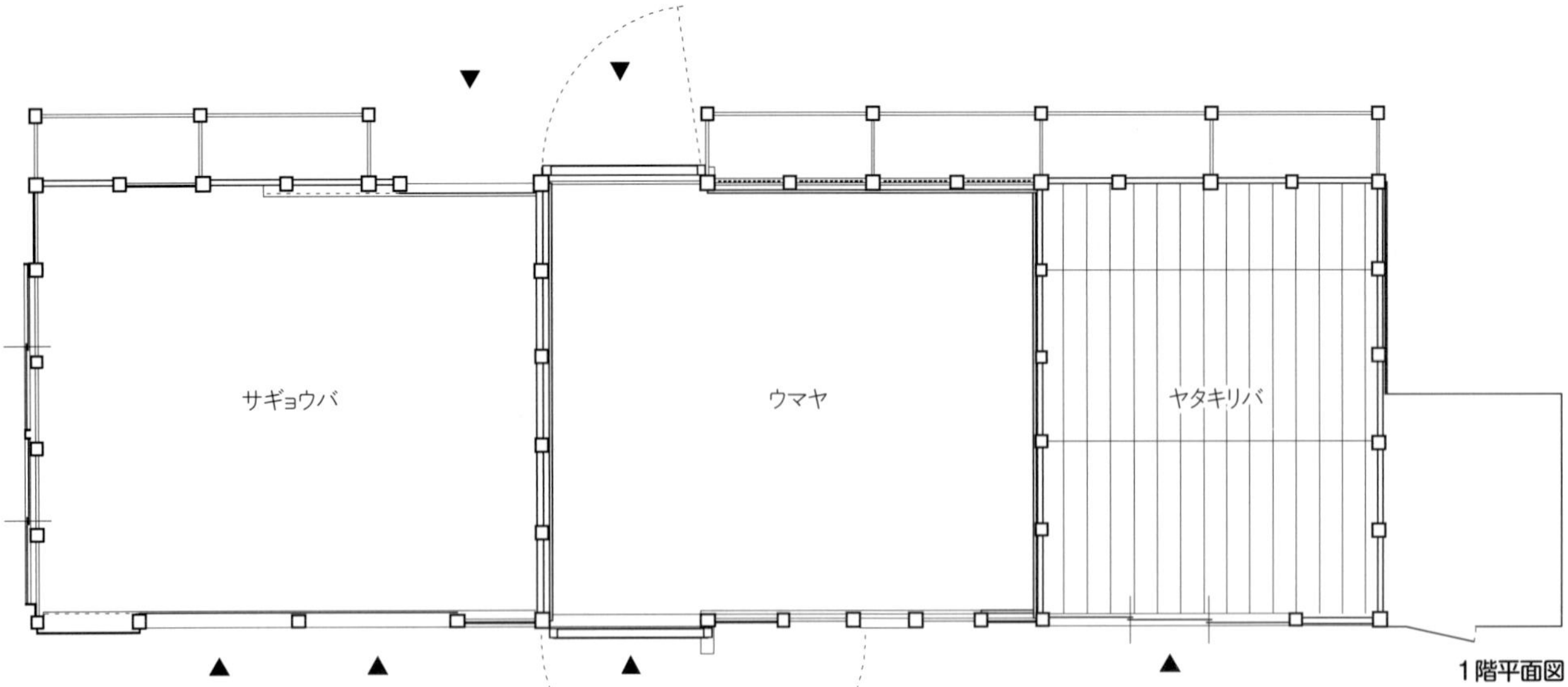

1階平面図

大正15年に建てられたこのナガヤは、1階部分の規模が二間半×八間で、1階をウマヤ、サギョウバ、ヤタキリバの3室、2階を干し草置き場としたこの地域の標準的なナガヤの形式である。ナガヤは牛馬のためだけでなく、穀類の脱穀にはサギョウバを使い、貯蔵にはキッツという穀櫃をヤタキリバにおいて利用した。また背面はナガキというハサ掛けする丸太を収納する場所となり、牛馬の飼育と穀類生産に利用する多機能な小屋である。

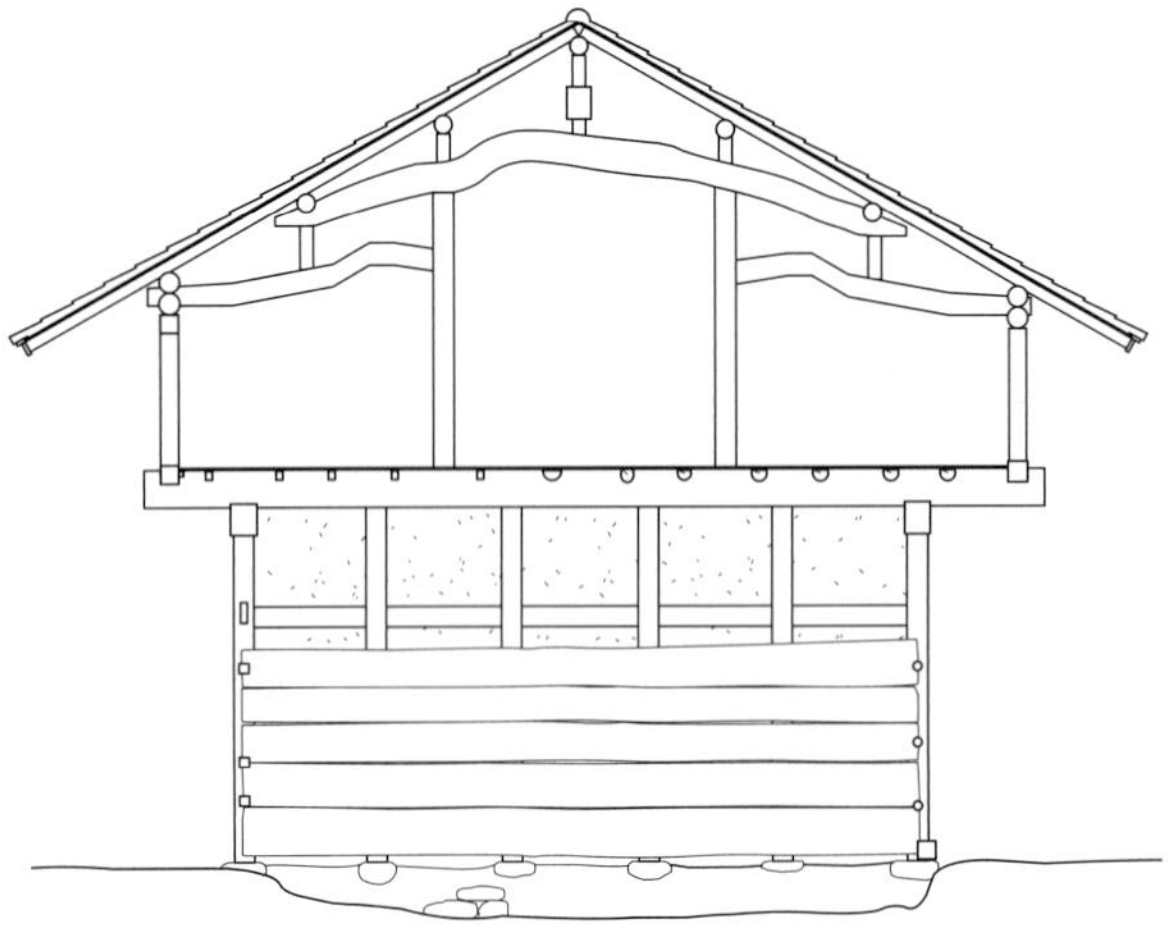
断面図

牛馬のためのナガヤ

岩手県気仙地方は県東南部の三陸海岸に面した地域で、入り江の多い天然の良港を持つため漁業が盛んであるが、漁業が生業の中心ではなく、五葉山を資源とした林業も盛んな地域で、農、林、漁と風土にあわせた生業を営んできた。中でも高地の草原を生かした畜産は、リアス式海岸の近くまで山が切り立つ地形で農地となる平地が少ないこともあり、この地域の農家の大きな収入源であった。

馬は藩政時代には主に軍用馬として改良増産されていたが、明治以降は厩《きゅう》肥《ひ》生産により畑を潤し、子馬の生産販売、収穫物、木炭、海産物や塩などを運搬する駄馬として大切にされた。また牛も馬と同様に農耕役畜として飼育され、急峻な原野での適応性から気仙地方では馬よりも多く飼育された。この大切な牛馬のための畜舎がナガヤである。ナガヤと呼ばれるだけあって、桁行は短いもので四間、長いもので九間や十一間もあるものもある。一般的には1階に厩、コキヤという作業場、ヤタキリバと三分割されている。2階には飼料として干し草が収納される。コキヤは稲を脱穀する場所という意味からつけられたと考えられ、農具や収穫物の一時保存にも使われる。ヤタキリバとは「ヤタ」を切る場所のことで、牛馬に与える干し草を適度な長さに切り、調整する場所のことである。2階は純粋な干し草置き場であり、蒸れずに良い状態で保存するために、2階の床は板をスノコ状もしくは床根太だけにしておき、通気に配慮している。

比較的暖かいとはいえ冬場の飼料は干し草に頼るほかない。夏以降は冬に備えて干し草を集め、ナガヤの2階に積み蓄えておく。馬産の拡大には多くの飼料が必要であり、大量の干し草を2階に蓄え、冬に備えたのである。

岩手県の馬産といえば南部馬が有名であり、それに対応した厩と住居が一体化した曲屋の形式がよく知られている。気仙の馬も南部馬と並んで良血の馬として軍用馬、農耕馬として農家の貴重な収入源となった。南部地方では厩を主屋に取り込んだのに対して、こ

急峻な山地に耕地がひらかれ、背後には山林が広がる。ナガヤの裏手には薪が積まれている。(大船渡市赤崎町後の入)

ナガヤの2階は藁や干し草でいっぱいになっている。このナガヤの小屋組は和小屋組で、梁にロープをかけて干し草を2階に上げられるようにしてある。(大船渡市赤崎町後の入)

上/2階の入り口。出桁となった部分にはしごをかけ、藁や干し草を入れて開け放ったままにしてある。下/厩部分の内部。草を敷くため土間は掘り込んでいる。牛馬のために通風と採光が考慮されている。(以上大船渡市赤崎町後の入)

こ気仙地方では黒潮の風を受けた温暖な気候により厩を別棟に建てることができた。また、畜産が下火になると漁業、製塩などの生業も行い、ナガヤも漁具置き場などに利用されている。三陸の山と海の豊かな恩恵をうけ柔軟に対応させた形がナガヤに現れている。

狭い平地を利用してつくられた水田とナガヤの風景。（大船渡市三陸町起喜来東上甫嶺）

せがい造りとトラス

ナガヤの特徴的な構法にせがい造りがあげられる。この構法は藩政時代には豪奢であるとして規制され、一般に広く使われるようになったのは明治期以降のことである。せがい造りは軒下の確保と採光に有利なため競ってつくられ、民家の三方にせがいを回す三方せがい、四方せがいと家格を表すものでもあった。ナガヤのせがい造りは意匠というより、2階の拡大の必要性から発展したと考えられる。馬が一日に食べる干し草はかなりのもので、馬産の拡大による飼料確保のため、桁を持ち出して飼料置き場を拡大したのである。それは同時に、軒下を広くして作業環境を向上させるための工夫でもある。

ナガヤのもうひとつの特徴はトラス組の小屋組を取り入れている点で、農家の付属小屋としては珍しい構法である。この地方の社寺仏閣、民家は、いわゆる気仙大工による凝った意匠が特徴である。加えて明治期に関東、北海道、樺太などへ出稼ぎをしたことで知られている。出稼ぎ先で仕事を得るにはその地方の大工よりも腕があることを見せ付けねばならなかったため気仙大工は在郷大工でありながら、宮大工の技術を身につけ、新しい技術も積極的に取り入れ、腕を上げた。明治初期の北海道開拓にあたり、開拓民の住居や官舎、開発に必要な馬のための大型厩舎の建設にも気仙大工があたったのである。明治の新政府の指導により、これらの建築には西洋の技術を積極的に取り入れ、マンサード屋根やトラス構造も取り入れている。北海道での仕事を終えた気仙大工が故郷に帰り、農家のナガヤ建設を依頼された際、出稼ぎ先で覚えたトラス構造を小屋組に取り入れたのである。

地域の伝統技術により生まれたせがい造りと出稼ぎによるトラス構造が融合して馬を効率的に飼育するナガヤの特異な形態を生み出したといえよう。

このナガヤは増築して平側十一間もの長さである。（大船渡市三陸町起喜来東上甫嶺）

上／板倉を取り込んだナガヤ。板倉にはスギ、ナガヤにはクリ等の広葉樹と使い分けがみられる。複合施設としての合理性と気仙大工の技と意匠が発揮されている。（大船渡市赤崎町永浜）
下／ナガヤ部分の土壁に対して、繁柱の板倉構造である。（大船渡市赤崎町永浜）

妻側にも床梁を持ち出して小屋裏を拡大している。裏面には稲を干すためのナガキが収納してある。（大船渡市三陸町起喜来浪坂）

上／内部にはキッツと呼ばれる穀櫃が設置してあり、米籾を貯蔵している。（大船渡市三陸町起喜来東上甫嶺）
下／スレート屋根のナガヤ。雄勝石のスレートを葺いている。これも洋風建築の技術が持ち込まれたもので、主屋だけでなくナガヤにも使われた。（陸前高田市矢作町）

上／小屋組はキングポストトラス構造である。床はスノコ状で干し草を状態よく保っておくための工夫が見られる。（大船渡市三陸町起喜来浪坂）
下／海風を直接受けないように妻を向けて２棟並んで立つ。（大船渡市三陸町起喜来浪坂）

各論2

「離れる・群れる」倉の立置

……小林久高

「板倉」だけに見られる立置

倉は敷地の中に建てられることが多く、町中でよく見られる土蔵も道沿いや主屋の奥に配置されている。しかし建物全体が木材で構成された「板倉」のなかには、倉だけを敷地の外に建てる「離れ倉」や、敷地・集落の外に倉をまとめて建てる「群倉」と呼ばれる配置形式が見られることがある。群倉を設ける地域では数棟から数十棟の倉がまとめて建てられ、独特な集落景観となっている。群倉がつくられた要因には諸説があり、地元では火災から木造の倉を守るために離して建てられたと言われていることが多いが、まだ明らかにされていない。ここでは様々な実例を通して、倉の立置がどのように決定されてきたのかを考えてみたい。

群倉の見られる地域

国内の発掘事例からは倉庫の痕跡がまとまって見つかることがあり、群倉が昔から行われてきた配置形式であることがわかる。現在確認することができるのは、中部山岳地帯などの山間部や南西諸島の離島が中心だが、記録が残されていながら現存しない地域も多い。文献に記述が見られた21地域の中で現在確認されたのはわずか7地域にすぎない（❷）。いずれも板倉が建設されている地域で、主に土蔵が建設されている地域では群倉は確認されていない。

群倉で有名なのは鹿児島県奄美大島大和浜の「ボレグラ」で、集落から離れた川沿いに5棟の高倉が保存されている。群倉の見られる集落の数と、密集して建てられる倉の数が特に多いのが長崎県対馬市で、少なくとも19集落以上、最も倉の数が多い鰐浦集落においては153棟もの巨大な群倉が形成されている。

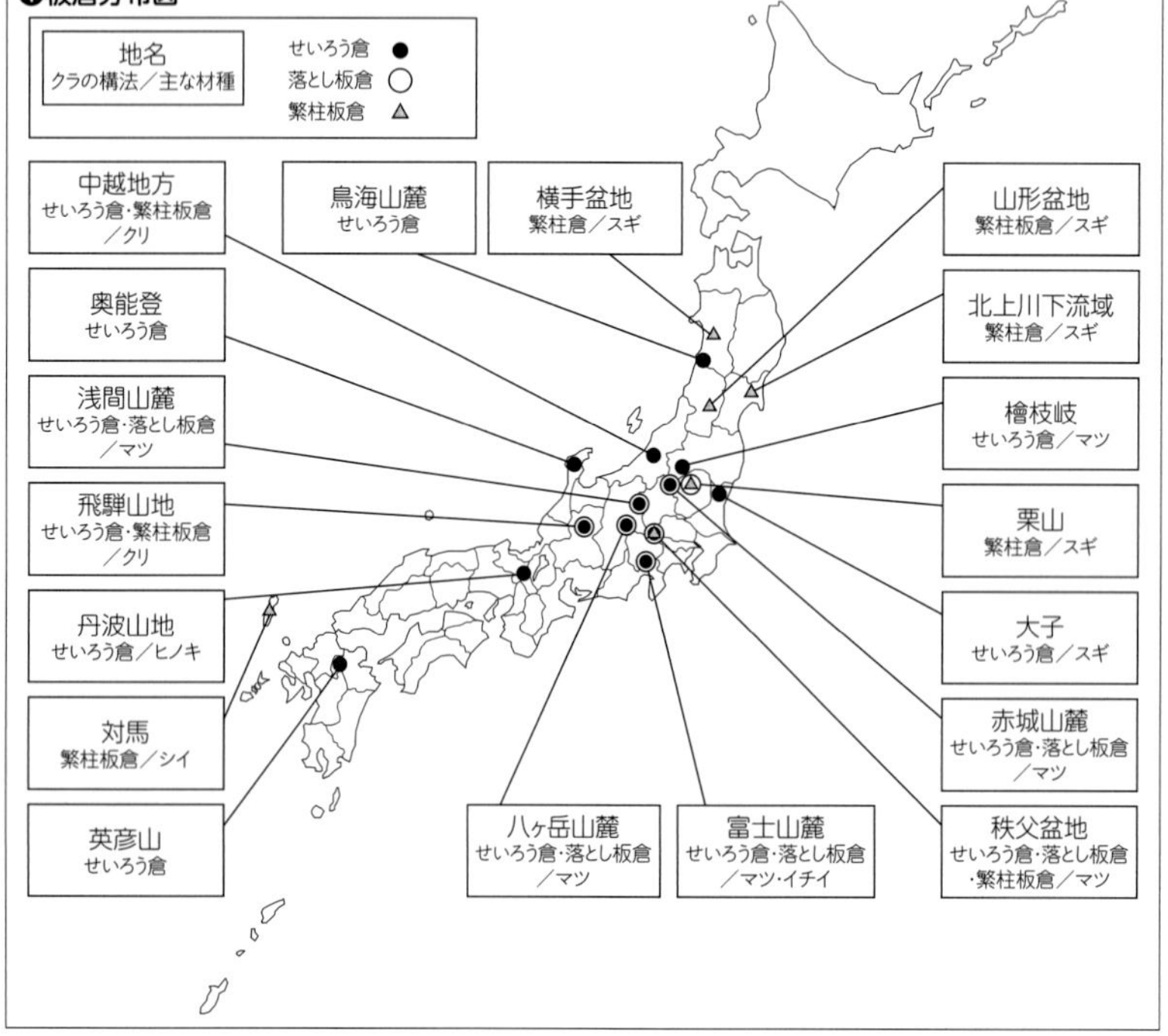

板倉の見られる地域
板倉は全国的に見られるが、特に中部地方の山間地域での報告が多い。特徴的な板倉が見られるとして報告されている地域をプロットすると図のようになる。ここでは壁のつくり方の大きな分類として●せいろう倉（太い材木をせいろうのように積み上げてつくられた倉）、○落とし板倉（柱の間に厚い板を落とし込んでつくられた倉）、△繋柱（しげばしら）板倉（柱と貫〈ぬき〉を密に格子状に組み合わせてつくられた倉）、の3種類に分けているが、この他にも一般的な貫板倉（柱と貫の基本構造に板が釘打ちされてつくられた倉）が見られる地域は多く、また南西諸島で見られる高倉を含めると更に分布は広がる。

離れて建てる

付属屋を主屋の立つ敷地から離して建てることは各地で行われており、身近な例では農機具置場が畑の近くに建てられているものなどもそれにあたる。白山麓などで見られる出作り小屋は山仕事や畑仕事のための作業小屋であるが、主屋と同様の機能を持ち、生活の中心ともなる建物だった。同様の建物は宮崎県西米良地域など他地域でも見られ、山間部での生活を支える重要なものであった。このように、生業に応じて農地などの近くに作業の拠点としての付属小屋を建てることは広く行なわれてきたと考えられ、利便性を考慮すれば住居から離れて事務所を設けるような一般的な立置であるともいえる。

倉の立置についても例外ではなく、農作物を収納する倉に関しては農地の近くで穀物を脱穀・収納することができるという便利さと、主屋から農作物を取りにいくための適度な距離の兼ね合いから配置が決められる。独立して建てられる倉は主屋から離れた場所でかつ耕作地の近くに建設され、群倉となる場合には集落の外周部でかつ耕作地の近くに配置されている。

また、倉の立置で重要なのは「火災を避ける」ための工夫がなされていることである。命を繋ぐ食糧が保存され、また貴重な家財類が収納されている倉は、いかなる災害時においても守らねばならぬ最後の砦であった。対馬においては、「主屋が焼けてもコヤ（板倉）が残れば生活していける」と言われており、暮らしの中での倉のもつ比重は非常に高かった。災害時には倉が避難小屋となり、最低限の生活用具と食糧が保存されていることから生活を立て直していくための拠点として機能する。風上に配置・水に近いところに配置されるなど、地域によって違いはあるが一定の法則があり、住まいと群倉の敷地は明確に区分され、火気の使用に関しても集落内での不文律が徹底されていた。

また、群倉の見られる地域でしばしば目にとまるのが「墓」が近くに建てられている事例である。主屋から離して、かつ先祖が眠る墓とともに倉を設けるという配置からは、倉に対する特別な思いが垣間見られる。

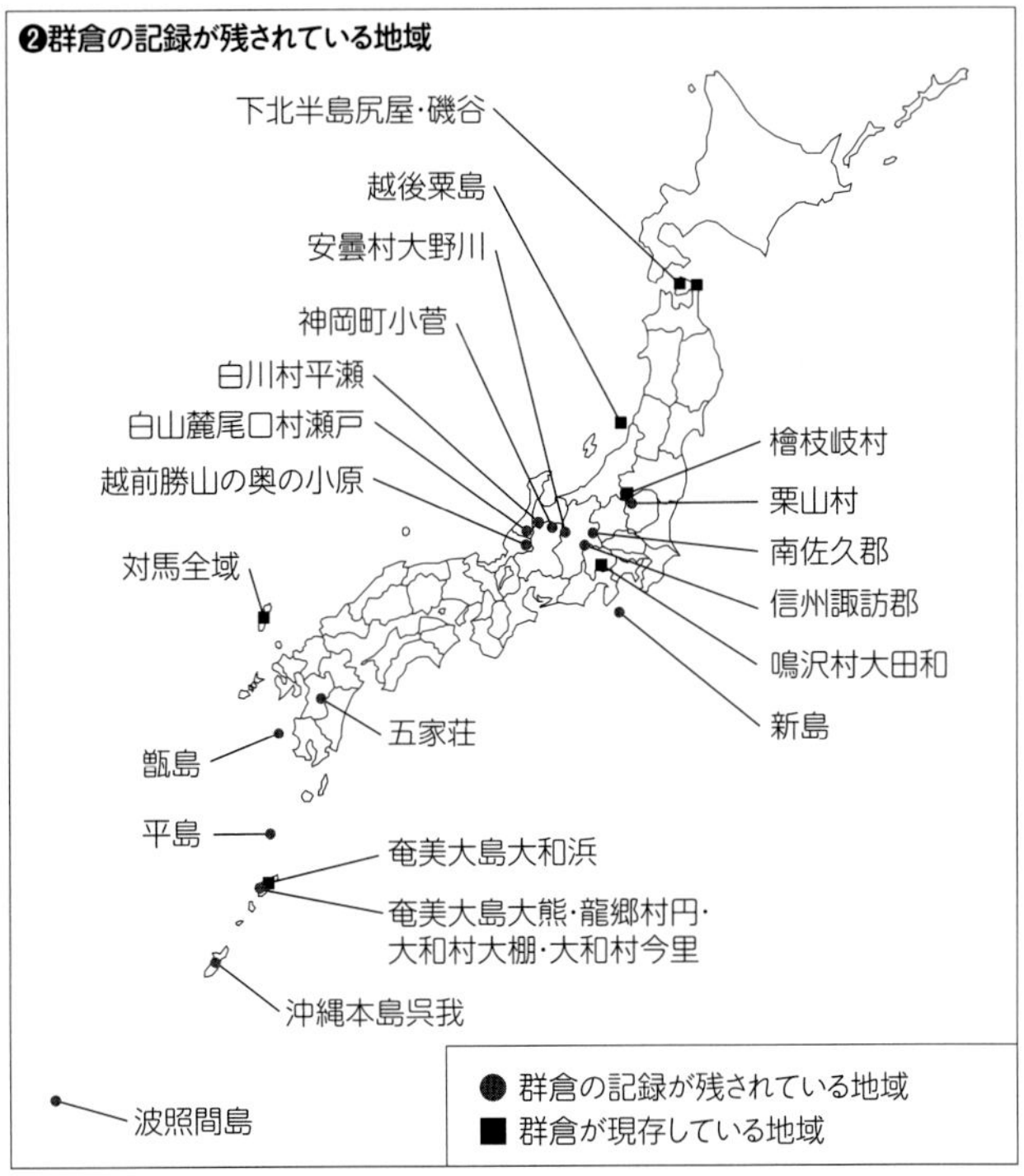

❷群倉の記録が残されている地域

❸檜枝岐の群倉

群れて建てる

群倉は主屋から「離れて」いることと、倉同士が「群れて」建てられていることに特徴がある。群倉が多く見られる対馬の事例を検討すると、比較的平地が多い集落では倉が主屋から離れて単独で建てられているものが見られることから、「群れて」建てられるのは平地の少なさがひとつの要因と考えることができる。限られた平地の中で倉の立地に適した部分は少なく、必然的に倉が集まってくることとなる。また、協働により開墾を行なってきた集落にあっては、共有の田畑に対応した「共有の倉」がまとめて建てられたことも想定される。対馬の河口付近を埋め立てて田畑をつくったと言われる集落においてはその近辺に群倉が見られることが多く、かつては共有の敷地に建てられていた倉が次第に群倉へと発展していったと考えられる。また、対馬においては倉の近くに農作業のための作業場が設けられることが多いが、群倉においては一団の広い作業場として設けられている。現在では個人の所有として区画割されているが、かつてはその場で共同作業が行なわれたことが想像される。

対馬においては1棟の倉の規模が小さく、1軒で数棟の板倉を所有することもある。その場合は倉をまとめて建てることはなく、いくつかの群倉に分散して倉を配置している。主屋から離して建てるだけではなく、さらに倉同士も離して配置するという徹底したリスクの分散が図られている。

群倉は倉の集合だが、配置される場所や倉が集まる形に幾つかの類型が見られる。群倉が集中して多数現存し、形式にも様々なパターンの見られる対馬を事例としてその形式を見てみよう。

檜枝岐の群倉
檜枝岐の集落は、山間の急峻な谷間の川沿いに、一筋に連なる。集落のはずれの川原、山裾に数箇所群倉が立地する。一番大きな群倉は、集落はずれの墓地と一体となって配置されている。（福島県）（p.73図❸）

群倉は基本的に主屋から離れた集落の外周部に配置される。海沿い・道や川沿い・山際に見られることが多く、まれに集落内部の広場を中心として配置されるケースもある。いずれも限られた土地の中で耕作地に近く、かつ火災の害を受けにくいことが共通している。海沿いに建てられた群倉は耕作地に隣接してはいないが、かつては集落外に耕作地を切り開き、そこまで舟で通っていた地域で見られる配置である。また、海沿いの群倉は海風の強い集落では火災を避けるための配置であり、これは強い季節風を防ぐという目的も同時に果たしている。集落内部の広場に設けられた群倉に関しては、かつては集落の外縁部であった部分が、集落の拡大に伴って次第に集落内部に取り込まれていったものであろう。

群倉の群の中にも様々な建物の配置が見られる。建物の妻側を外部に見せて立ち並んでいるものと、平側を見せているものがあるが、実際には両者が交じり合っていることが多い。最も分かりやすい道沿いの群倉を見てみると、出入り口のある平側を道に接して軒を連ねた配置となっており、収納物の出し入れと様々な作業に効率の良い配置となっている。対照的なのは海沿いの配置で、すべて海に妻側が向けられている。これは海から集落への通り抜けに対応したものだが、強い海風に耐えるために面積の少ない妻側を海に向けて配置していると考えることもできるだろう。

群倉という守りのかたち

現在では見られることの少なくなってしまった群倉だが、かつては一般的な配置として広く見られたものと考えられる。群倉が形成された要因としては、耕作地との関係から便利な位置に配置されたことと、災害時に被害を受けにくい場所に配置されたことが主な要因としてあげられた。その結果として集落の外周部にまとめて配置する方式として定着し、現在に至っている。

収納物を盗難から守るためには倉を主屋の近くに配置する必要があり、その際に起こりうる火災を避けるための手段として、倉を土で塗り固める「土蔵」という方式が採用されるようになっていく。群倉の見られる地域は人災よりも天災の影響が大きかったのか、そもそも人災を考える必要のない程に相互扶助が徹底していたのか。いずれにせよ倉は土蔵化されて敷地に取り込まれることもなく、板倉の集団が群倉として維持されてきた。これらの群倉が残されてきた離島や山間部においては、群倉とはリスクを分散し災害から生活を守るための切実な配置形式であり、作業の利便性を確保しながらより広い耕作地を求めた協働による労働の営みをも示すものである。

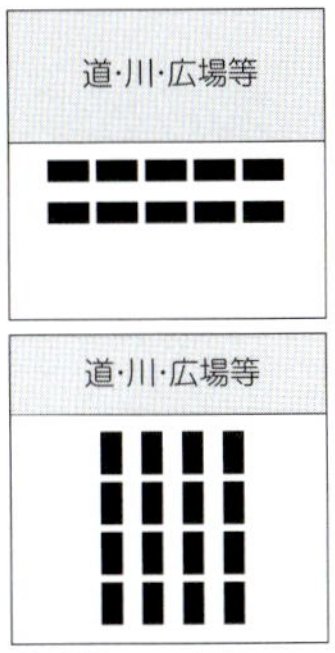

❻群倉のかたち
建物の長手方向が川などに対して、平行なものと垂直なものがある。数が多くなるとそれらが複合した配置となる。

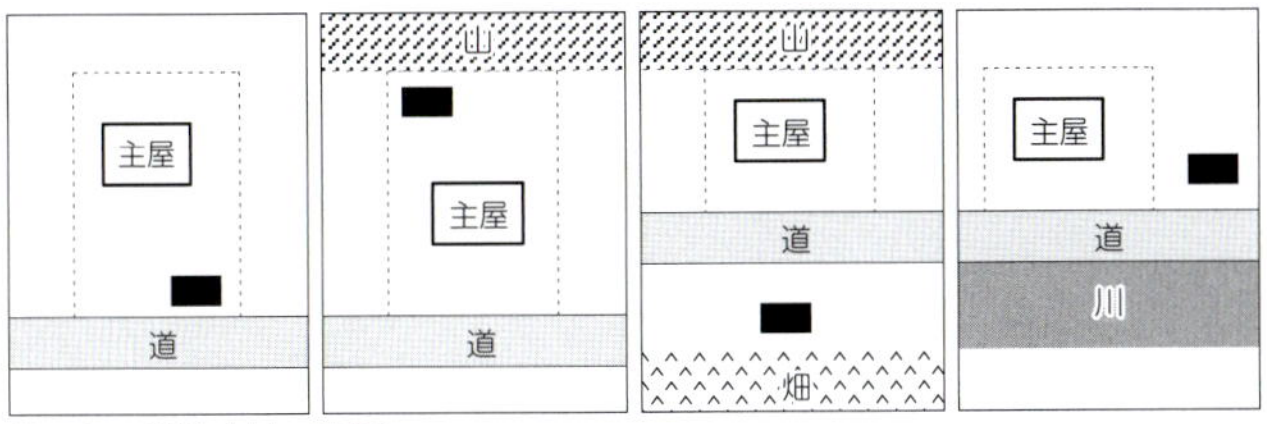

❹コヤの単独立地の配置
比較的平地が広く敷地に余裕のある地域では、倉は敷地内や主屋の近くに配置される。

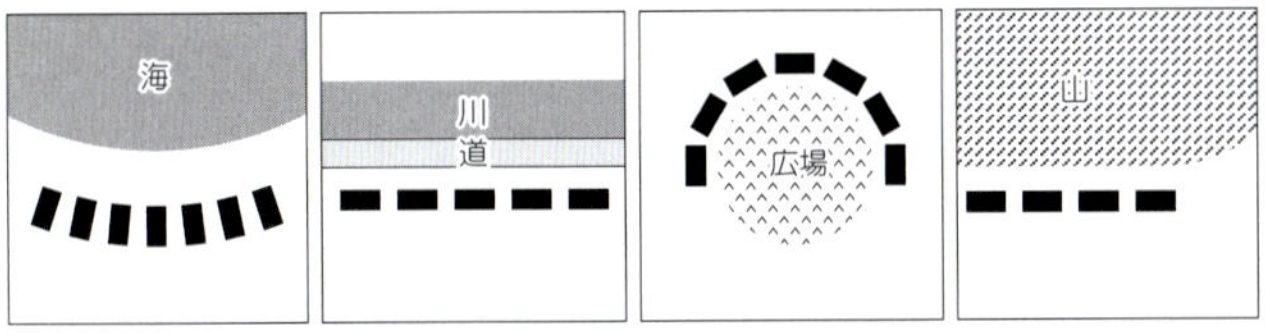

❺群倉の配置
群倉は集落の外周部に配置されるが、地形に応じて立地が異なる。

白川村平瀬集落の倉およびハサ小屋
かつては群倉が見られたと言われている地域であるが、現在では多くの倉が取り壊され、群倉の体をなしていない。集落のはずれにいくつかの建物が残されているが、これは倉に加えてハサ小屋が残されているものである。この地域では収納のための倉と、作業のためのハサ小屋が集落外周部にまとめて建設されていた。(岐阜県)

粟島釜谷集落の群倉
集落後背の山上の木立の中に倉がまとめて建てられている。島の反対側の前浦集落においては山裾に群倉が配置されており、近隣の集落であっても様々な条件に応じて群倉の配置は大きく異なる。(新潟県)

09

守る

富士山麓の板倉

森に守られた離れ倉

Storehouse in Fuji mountain area

倉の立地にはその地域の生業や暮らしの歴史が刻まれている場合がある。倉は災害や飢饉に備えて食糧や家財を貯蔵する装置であり、それを守るために安全な立地を選び、強固な構法が工夫されてきた。あるいは立地で守る場合と、構法で守る場合の二通りあるとも言える。立地に選択の余地がある場合は安全な立地を選び、選択の余地がない場合は強固な構法を工夫する。倉と主屋の位置関係については、災害や盗難にあった場合そのリスクを分散するという意味では離すことがむしろ原則であるが、日常的には近いほうが便利であるから、切り離すことが必ずしも一般的とは言えない。また農村においては、倉が脱穀や乾燥等の農作業場を兼ねている場合があり、その場合には宅地よりも農地に近い場所に立地することもある。穀物を宅地に運搬せずに農地の近くで乾燥、脱穀、収蔵できるという利点があるからである。このような理由で倉の立地と構法は相互に関係しながら、地域によって様々なかたちが見られ、そこに地域の歴史が刻まれているのである。

山梨県の富士山麓の地域では、板倉と土蔵が入り交じり、山辺の集落では板倉をもって離れ倉とするのに対して、平地に近いところでは敷地内に土蔵をつくる傾向がある。それぞれ、森林資源に基づく山の暮らしに由来する集落と、稲作農耕を糧とする平地の暮らしのかたちを表しているのである。

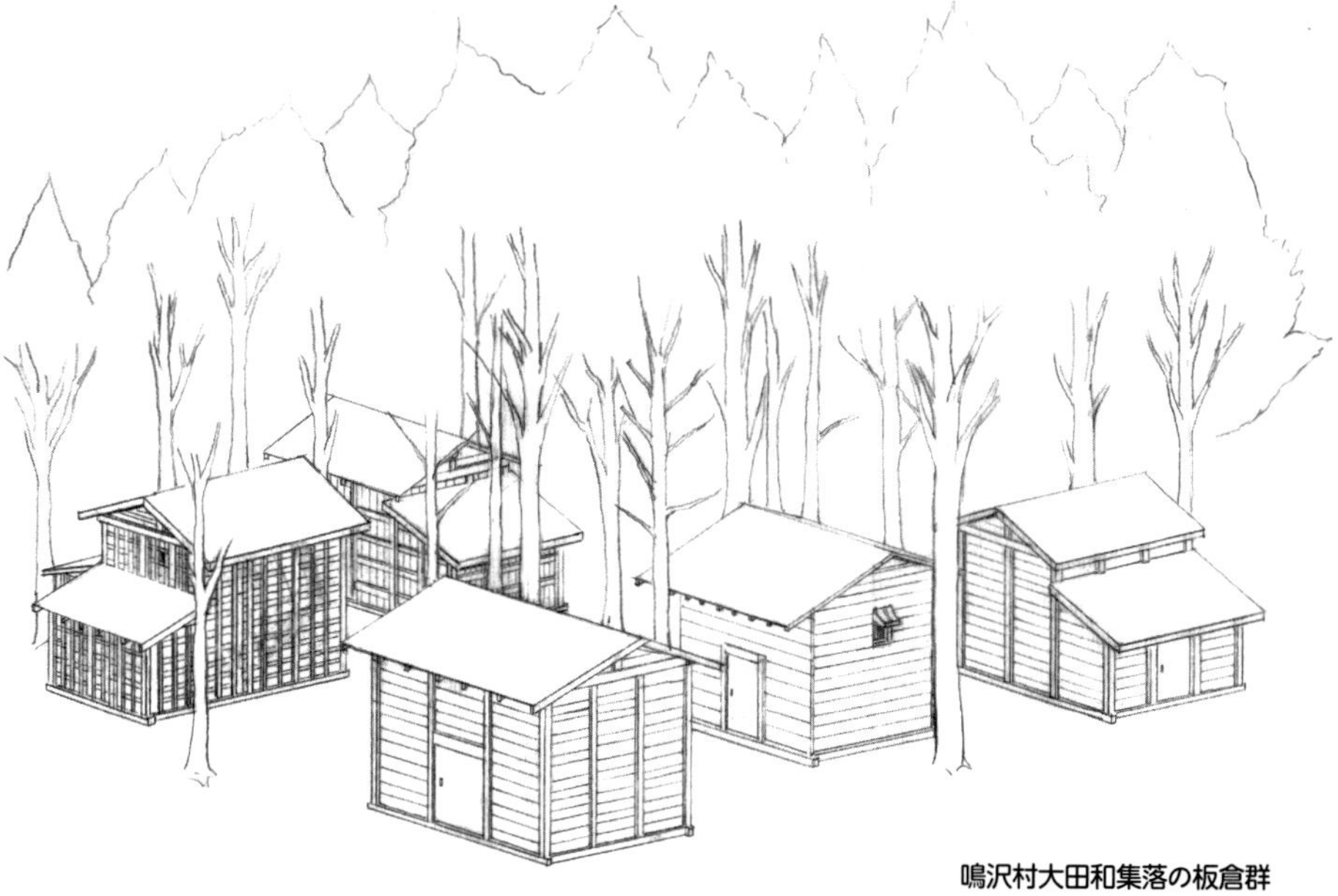

鳴沢村大田和集落の板倉群
主屋から離れた家々のクラが集まり、木々に囲まれ立ち並ぶ。

立ち並ぶ板倉には、それぞれ異なる構法的特徴がみられる。なかでも最も古い構法とされる、壁が井桁に組まれたクラ。

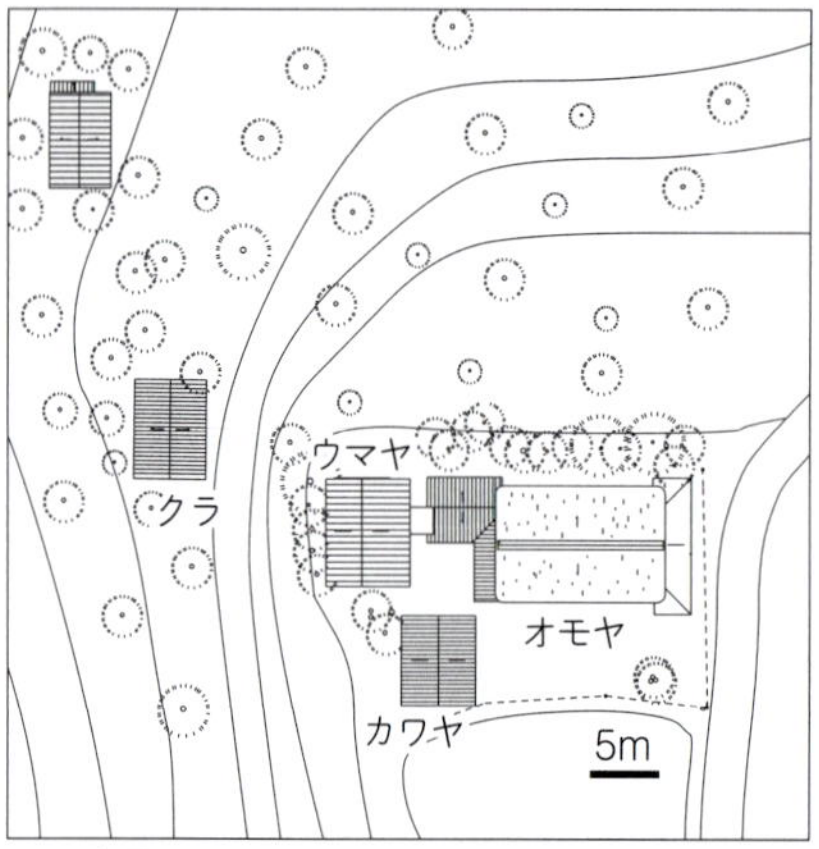

クラと主屋の配置
主屋の周囲は厩や厠が置かれ、その背後はスギ林となっている。クラはそのスギ林の斜面に建てられる。このクラは平屋で布団をしまう部屋と食料を貯蔵する部屋に分けられていた。この家の家族は必要に応じて斜面を上り下りして貯蔵を行っていた。

災害以前の根場集落
谷間の扇状地に立地する集落の家々。主屋の多くは2階造りで、養蚕用のために通風をとる開口部が設けられた、甲造りの屋根となっている。石を積んで平らにした家々の敷地にはモロコシ等が植えられ、畑として使われた。クラはそのような敷地の片隅に建てられていた。（参考文献「ふるさと」2006年10月富士河口湖町発行）

離れる板倉

富士山麓西湖のほとりの根場集落は、昭和41年（1966）9月、上陸した台風による豪雨を受けて、集落の背後の山が崩壊し、その土石流が扇状地に立地していた集落中央を直撃したため、壊滅的な被害を受けた。沢からはずれた山際の民家だけが、災害を逃れて現在も当時の面影を残している。災害以来、山際の家々では漬物や布団を、主屋から離れた山の斜面に建てられたクラにしまってきた。災害以前の集落のクラは、集落の中に建てられていた。山の斜面は災害後に植えられた樹木に覆われ、クラは森の木々に守られている。

木々がクラの周りを取り囲むのは、林の中だけではない。鳴沢村大田和では主屋から少し離されて立つクラが、木々によって囲まれている姿が見られる。この辺りでは屋敷や建物を囲む木々を「ヘダの木」と呼び、屋敷やクラの周りに植えて、火事や強風に備えてきた。「ヘダの木」にはイチイが多い。イチイは本州や九州の標高の高い寒冷な山地に自生する枝の多い常緑樹で、夏から秋にかけて赤い小さな実をつけ、集落の子供たちはおやつがわりにそれを食べていた。家に子供が生まれるとイチイの木を植え、その子が成人して分家する際には、その木材を建材として用いたり、新たな屋敷のまわりに移された。大切なものは木でできたクラが守り、それをまた木が守っていた。

上／味噌や布団をしまうクラ。民家の背後の山の中に建てられている。
下／茅葺き屋根の主屋。山際にあり昭和41年の災害を逃れた民家。

貫（ぬき）構造の板倉。クラは2室に仕切られ、穀物と布団等の家財に分けて収蔵される。下屋には味噌や漬物等の保存食が仕舞われる。

森の中に散在するクラ。集落の背後の斜面、スギ林の中に散在してクラは立っている。昭和41年の土石流によって集落が壊滅したときにもクラは残り、村人の命を守った。こうしてクラは村の記憶を刻み、生き延びる知恵を伝えるのである。

集まる板倉

鳴沢村大田和集落では、集落の中心部にあるJA大田和支店の隣地に、5棟の板倉がまとまってみられる。以前はさらにもう1棟が同じ敷地の中に立っていたが、現在は近隣の民家の敷地に移された。これらの板倉は、「ゴウクラ」と呼ばれる1棟をのぞき、もともとこの敷地の周辺に立地する数家族によって1棟ずつ所有され、穀物や味噌、衣類や客用の布団などが仕舞われていた。この場所にクラを建てた家々がこの集落の最初の入植者で、火事や盗難からクラを守るために、それぞれの家の中心に集めて建てたと言われている。大正から昭和のはじめにはこの板倉が集められた場所まで鉄道も敷かれていた。車掌ではなく、御者《ぎょしゃ》がいて牛が引くその列車に乗って、この地の産物や人が運搬されていた。大田和のような富士山麓の樹海のそばの集落は、地層が火山質のため、地味が貧しく水資源も少なく、さらに寒冷な気候のため稲作には適さず、江戸中期頃から近代までは樹海の木々を切り出す林業が中心的な産業であった。また薪炭が一般的な家庭燃料であった昭和初期までは、近隣には30カ所以上の炭焼場があった。集落中心部に建てられた板倉には手斧《ちょうな》ではつった厚手の板を組んだせいろう倉や、大鋸《おが》で挽かれた薄手の板を柱の溝に落とした落とし板倉がみられ、建設当時の木材の利用状況を物語っている。村人に見守られてきた場所は、やがて集落の中心となり出荷や集荷の拠点となった。敷地の隣には農協の支店があり、現在もその役割を引き継いでいる。

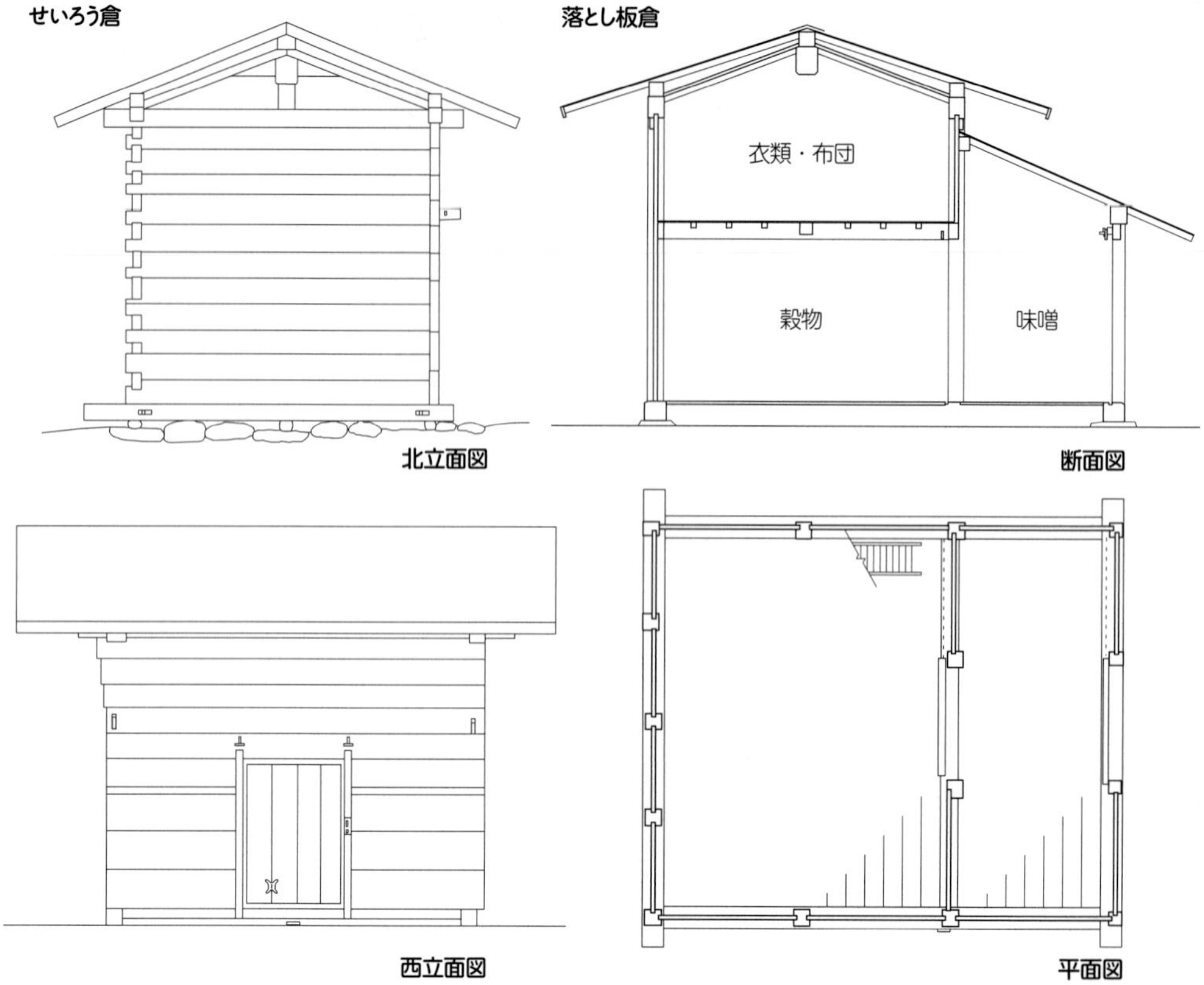

板倉の構法
大田和集落には中心部の板倉を含めて30棟弱の板倉がみられるが、その半数以上が、柱間に一寸五分～二寸厚の板材を落とし込んだ落とし板倉である。また三寸厚程の板材を隅部で組み合わせ、それを積み上げるせいろう倉もみられ、集落中心部にある板倉にも両者が混在している。

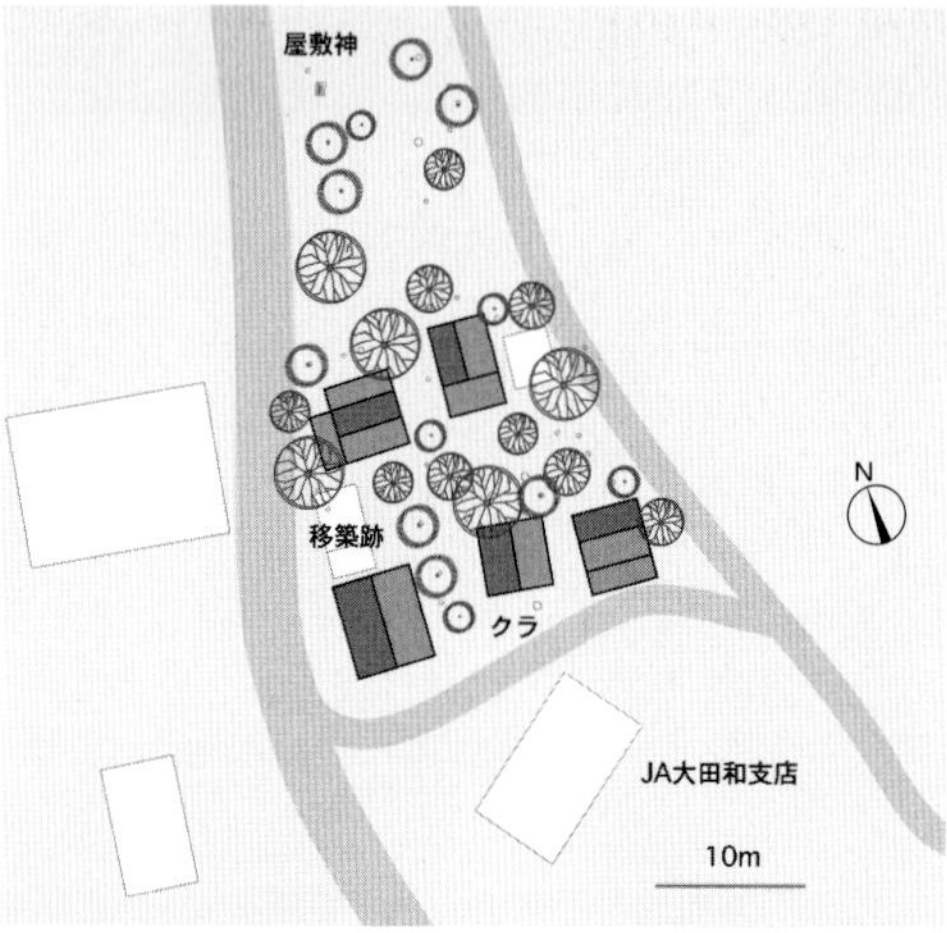

大田和集落の中心部
現在、JA大田和支店に隣地には、5棟の板倉が互いに約3～6mの距離で近接して立っている。さらにそれぞれの板倉の周囲にはイチイ、モチ、サクラ、竹、スギ等が植えられて緑地化している。それぞれの板倉の周囲は道路に接しているが、夏の間は木々のおかげで、常に木陰の中にたたずんでいる。

集落中心部のクラ

イチイ等の木に囲まれた集落中心部の板倉。現在の屋根は金属板葺きに代わっているものが多いが、昔は板葺きでその上に石が置かれていたという。写真の板倉だけが、屋根に石を載せたままとなっていた。１階には味噌や漬物を貯蔵する味噌部屋と穀物を貯蔵するブンコが設けられている。衣類や布団が仕舞われる２階には小さな開口部が設けられている。

木々に守られるクラ

山に建てられた板倉はそれぞれの林の木に囲まれ、集落の中に建てられる場合はイチイに囲まれることが多く、囲み方は多様である。富士山麓では、樹木とクラの結び付きが強く、生木のまま活用され、また建材としても用いられた。

スギに囲まれる板倉

イチイに囲まれる板倉

ミズナラに囲まれる板倉

飛騨の板倉

斜面に立つ高倉

Storehouse in Hida

種蔵《たねくら》は飛騨古川の北方、富山県境に位置する山あいの集落で、棚田と板倉のつくる景観が美しい山里である。種蔵の村名は江戸時代中頃、飢饉が続いた時に、他村に作物の種を分け与えたことに由来すると伝えられている。この地域では、山間の平地の少ない地形に、段々畑を築いて耕作してきたが、昭和初期に政府の奨励で食糧増産がはかられ、用水と棚田が築かれて、稲作の安定した生産が可能になった。板倉は明治期に建てられたものが多く、食糧生産が不安定な時代に、その備えとしてつくられたと考えられるが、もともと豊かな森林資源に支えられた山の暮らしを表すものでもある。

　この種蔵の板倉の特徴は、集落よりも一段と高い斜面や丘に立地することである。種籾の保管にとって大敵の湿気を避けるために、水はけがよく、日当たりと風通しのよい高台に倉を築いたのである。棚田や段々畑の片隅を利用してつくるために、倉の平面は狭く限られ、自ずと背の高いつくりとなり、中には三層につくられているものもある。このようにして高台に築かれた倉は、斜面を利用した高倉といえる。

　種蔵では「住む家を壊すようなことはあっても、家族の命を守る倉だけは残せ」と伝えられ、かつて23戸あった集落が13戸に減ってしまった今も、倉は21棟も残されている。丘の上に立ち並ぶ倉は、村人をいつまでも見守り続けるお社《やしろ》のようである。

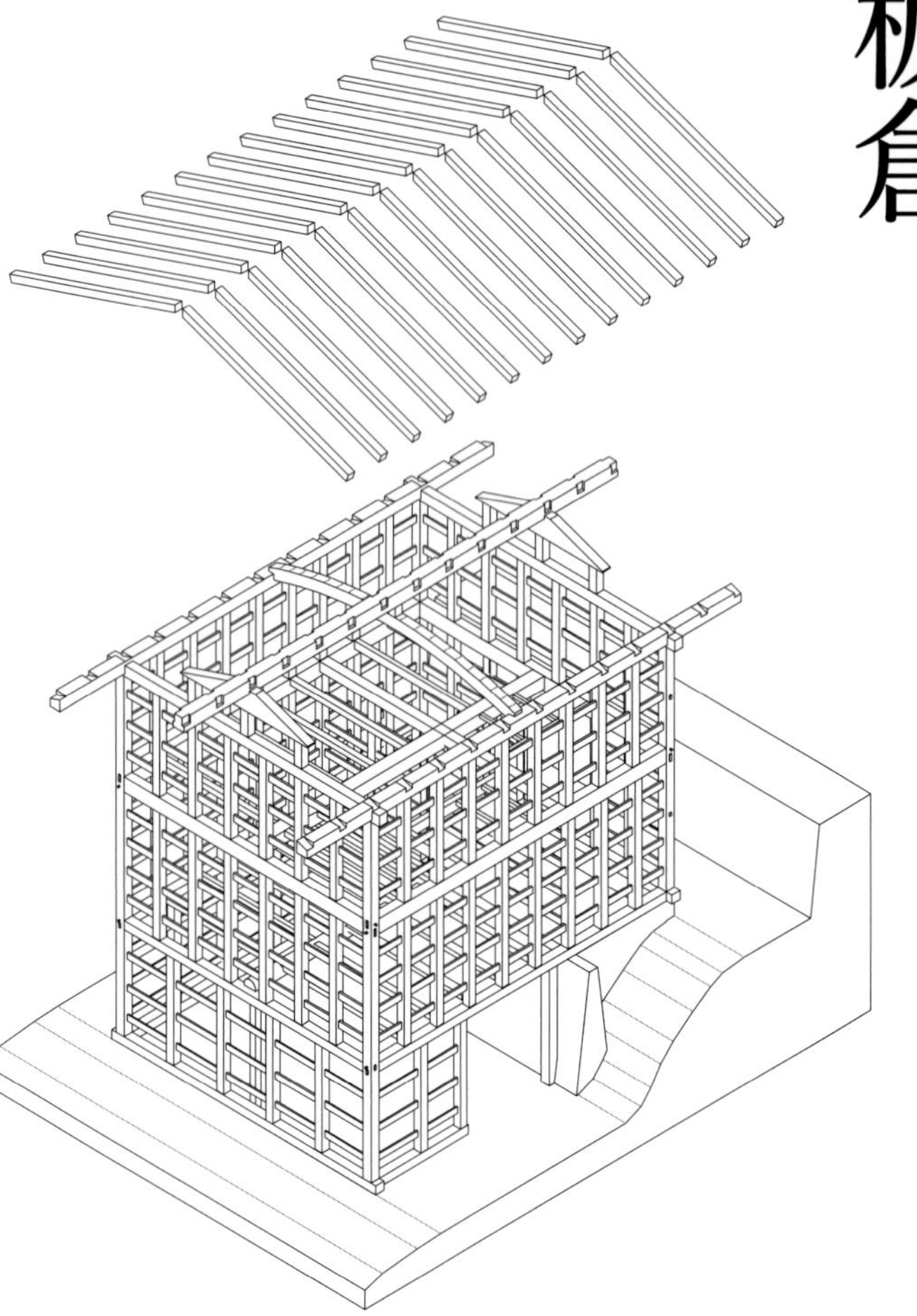

掛造りの板倉の構成
斜面を利用した掛造りの板倉。柱間は二尺、貫の間隔も一尺五寸と狭く堅牢な構造。

梅雨空の群倉。集落西側の丘が日あたりと排水のよい棚田になったのは、昭和初期に山水を引く用水が整備されてからのこと。その急斜面に板倉が群をなして立つ。まさしく種蔵の穀倉を表している。

配置の知恵

種蔵集落は岐阜県北部、飛騨市宮川町の山村である。奥州《おうしゅう》の棚倉集落からの移住者により開拓されたと伝承されており、山の中腹の平坦地に開けた集落である。斜面には段々畑や棚田が連なり、周囲を四季に応じた木々の色づきが屏風のように取り囲み、その中に板倉が点在する風景は桃源郷のような美しさである。

平地の少ない山岳地域で積雪も多いため、かつての農家の生活は厳しかった。『探旧録』によれば種蔵は「地味肥え作物豊穣の土地」とされており、高台の種蔵は谷間の集落に比べると日照時間が長いが、充分な水の確保が難しかったことから水田は少ない。『斐太後風土記（1874年）』によれば米の石高が十六石なのに対して雑穀（稗・粟・大麦・大豆等）が百十二石と記されており、焼畑等による畑作に依存していたことがうかがえる。昭和21年にかけて用水路の新設と大規模な棚田の造営を行い、現在見られる棚田がつくられた。その他には養蚕や炭焼きも行なわれ、明治末ごろからは富山への農耕馬の貸出し（作馬《サクンマ》）などにより収入を得ていた。

倉はほとんどが板倉で、主屋から離して建てられる「離れ倉」と呼ばれるものである。これは火災時に財産を守るための工夫であるのと同時に、耕作

春の種蔵集落全景。集落は山の西斜面の窪地に立地し、その山裾は山水が湧き出るので、中央の窪地とともに古くから田畑として耕作され、村の暮らしを支えてきた。その段々畑の上に板倉が立ち並ぶ。

地での作業の利便性も兼ね備えている。また傾斜地に配された板倉は景観としても美しく、さらに板倉から見た田畑や集落の眺めも見事である。傾斜を巧みに利用した庭園のような趣があり、自らの生活の場を手にとるように見つめ、慈しむことのできる安らぎのある風景をつくり出している。

傾斜地の積極的な利用

板倉は「イタグラ・イタクラ」と呼ばれ、他地域では見られない3層構造の板倉が特徴である。この形式は「掛造り(カケヅクリ)」といい、山間地域の傾斜をうまく利用して、床下部分を有効に使えるように考慮されている。

板倉の内部には穀物の他に養蚕や山仕事の道具や家財道具を収納していた。

上／**集落配置図**
集落中央の窪地は水田で、周囲に主屋が配置され、さらにその周辺には段々畑がつくられている。戦時中に集落の東外れに新たな棚田が拓かれた。板倉は集落の外周部の高台に建っていることがわかる。
下／**集落断面図**

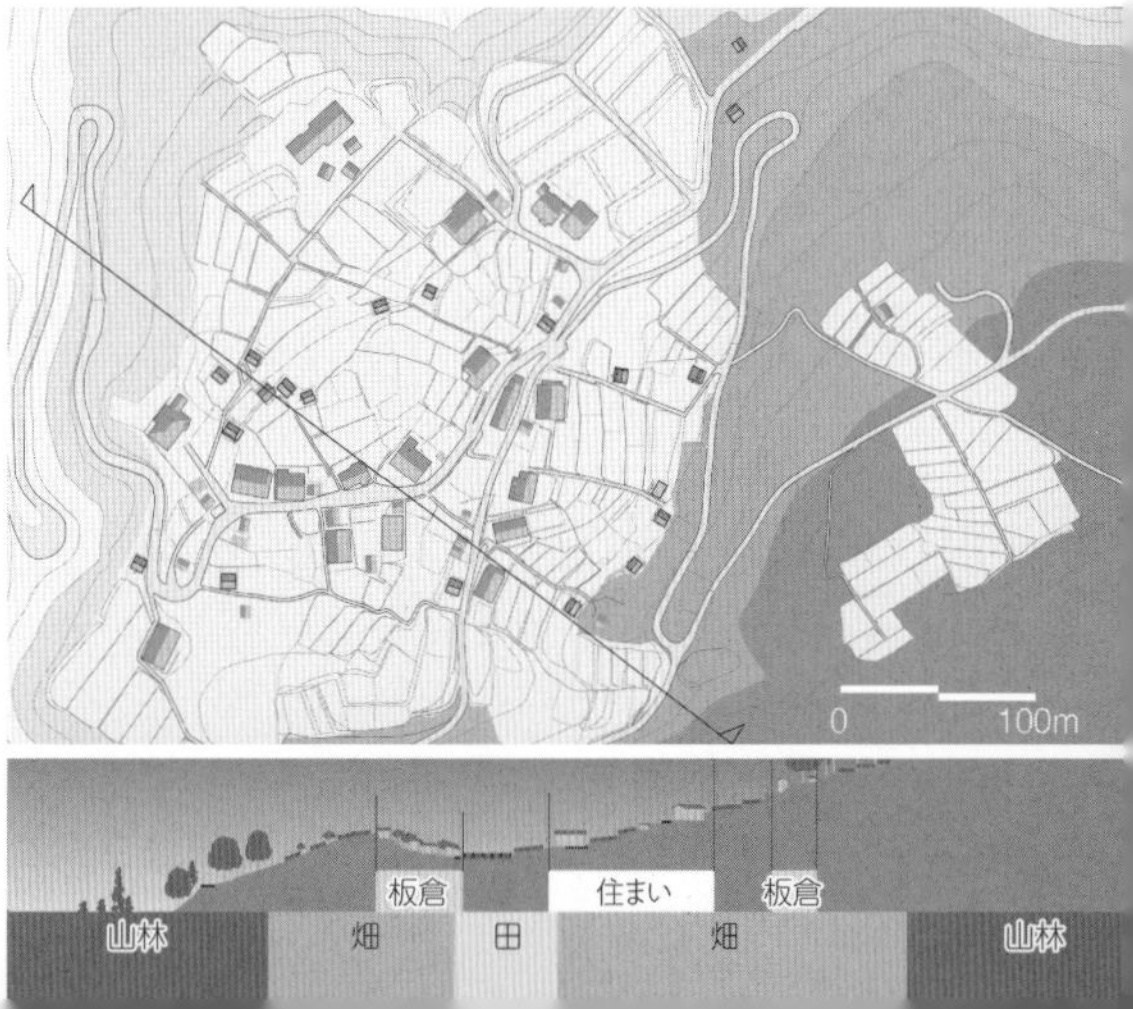

種蔵山裾の雪景色。北陸の豪雪地帯に位置し、雪は深い。板倉の立つ高台は風が強いが、雪が吹きたまることはなく日当たりもよいので，雪解けは比較的早い。

2階には衣類・什器などを仕舞い、床下部分は農具などの物入れとして使用した。1階には穀物が貯蔵され、内部が2～3室に仕切られたものが多い。穀物の貯蔵法としては俵の利用に加え、つくり付けの穀櫃である「ツボ」も用いられた。倉とは別に農作業小屋をもつ家もあったが、倉の1階やサシカケ（下屋部分）で稲こきの作業をすることもあった。

板倉の構造は、「オトシコミ」と呼ばれる落とし板倉も見られるが、ほとんどは柱を半間おきに立てた貫《ぬき》板倉である。使用される木材はほとんどがクリで、柱、梁、板材のすべてがクリ材でつくられたものもある。梁にはヒメコマツ、板材にはスギが用いられることも多く、稀にカツラが使われるが、種蔵は土地が肥えているためアカマツはほとんど育たないといわれている。材木の山からの搬出は冬の積雪を利用し、ソリを用いて運び出した。

板倉の屋根は板で葺かれた「榑《くれ》葺き」が多かった。厚さ1cm程のクリの板で葺いたもので、板を並べ、半割丸太に石を置いて押さえつけて固定した。積雪に耐えるため「ノボリゲタ」と呼ばれる垂木材には大きな材が用いられ、それにより「フキダシ（軒の出）」を大きく確保している。

積雪に耐える構造を備え、山間の傾斜地を活用することで平地の狭さを補い、農林業に密接にかかわる多機能倉庫となっている。

右／山裾の板倉正面。明治23年頃に隣の菅沼集落から移築したもの。この集落では他にも3棟の板倉が近隣の集落から移築され、集落の経済を反映している。
左／板倉胴差仕口。胴差は隅柱に枘（ほぞ）差し鼻栓打ちでしっかり組まれている。

上／山裾の板倉、側面。種蔵の板倉は貫板倉で、木材はクリを用いることが一般的である。貫の間隔が狭く、柱も要所に間柱を立てた堅牢なつくり。
左／柱と貫は楔（くさび）でしっかり固めてある。板は内側から釘打ちで張ってある。

丘の板倉。群倉の中央に一段と大きく立派な
倉が立っている。この倉も菅沼集落から移築
されたもの。材料は総カツラ造りで珍しい。

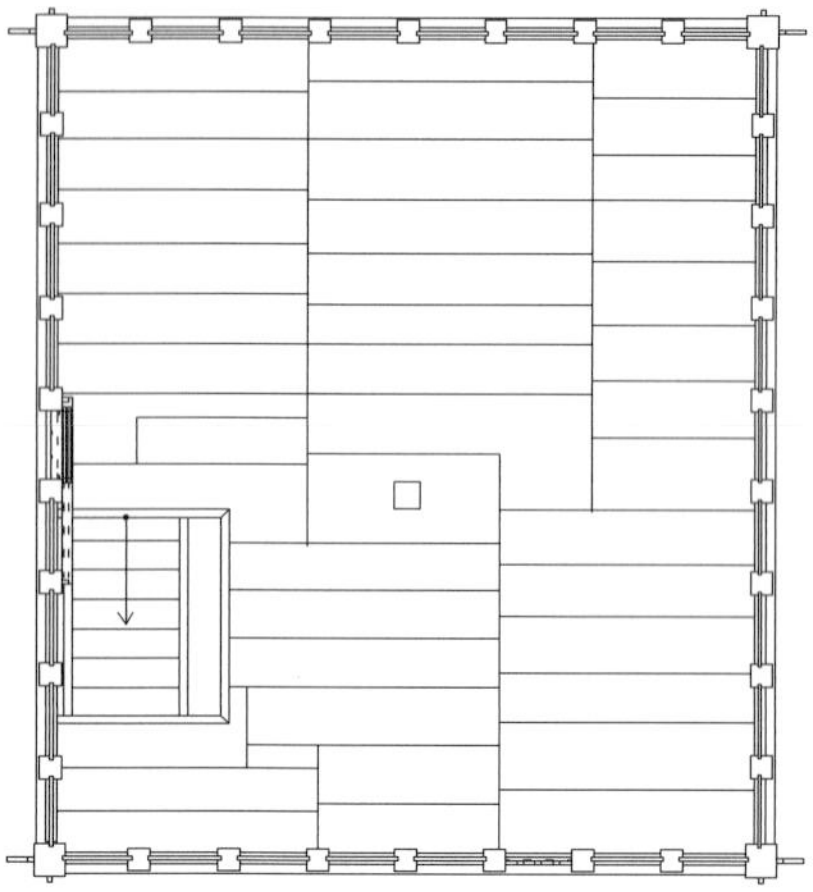

2階 平面図

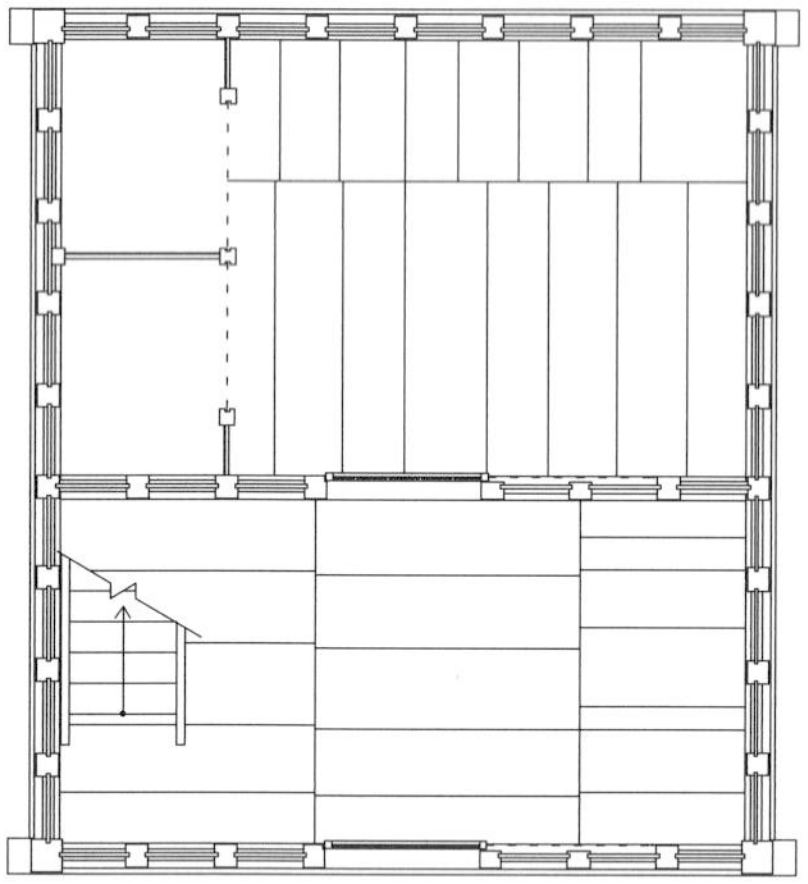

▲ 1階 平面図

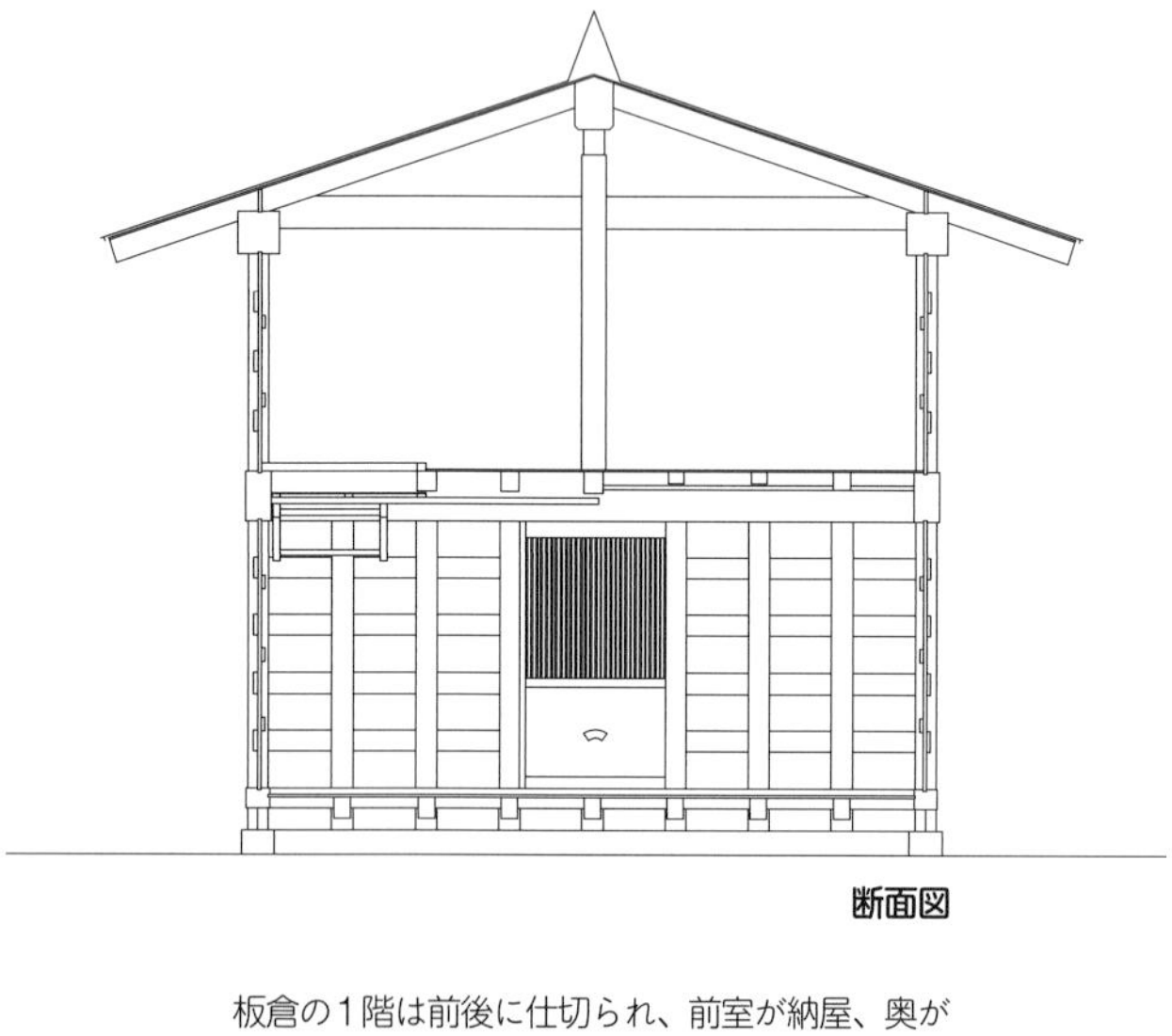

断面図

板倉の1階は前後に仕切られ、前室が納屋、奥が穀物庫で、その一画に落とし板壁で仕切られた穀櫃がある。2階は家財道具の倉庫となっている。

上／丘の板倉正面。急斜面に石垣を築いたその上に立つので、下から見るとそびえるように高い。

中／背の高い構造なので、胴差は構造的な要であり、その仕口には強い枘差し鼻栓打ちとなっている。

下／板倉内部。1階は2室に分かれ、前室は農機具や収穫物等が一時収納され、納屋としての役割も持っている。

3層の板倉。急斜面を利用して、2階建ての倉に半地下を設けた。

板倉内部。1階の前室は納屋のように使われ、山仕事の道具や簑（みの）が掛けられている。

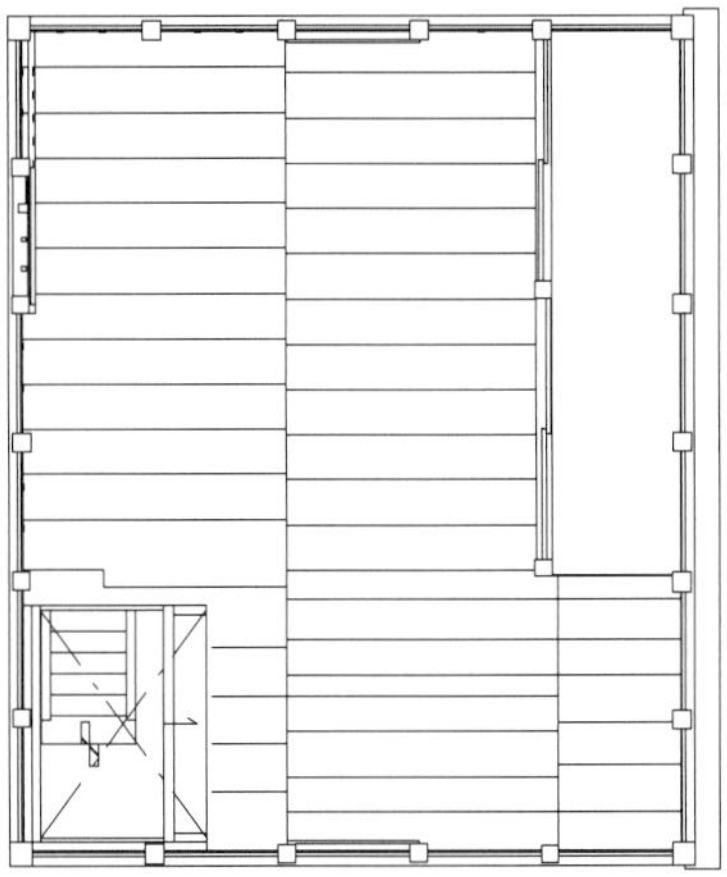

2階 平面図

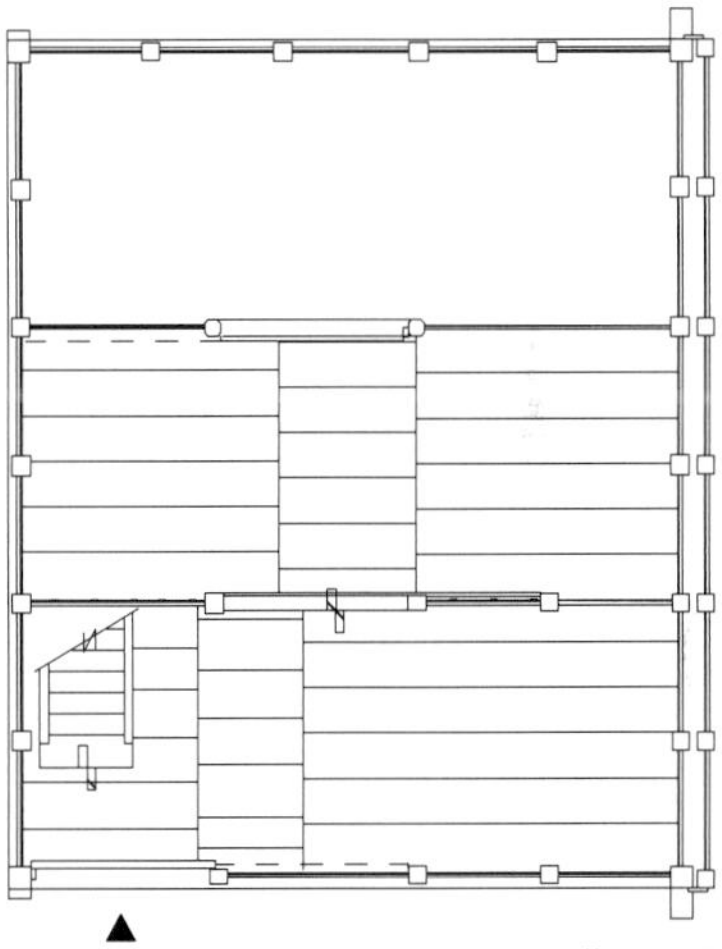

1階 平面図

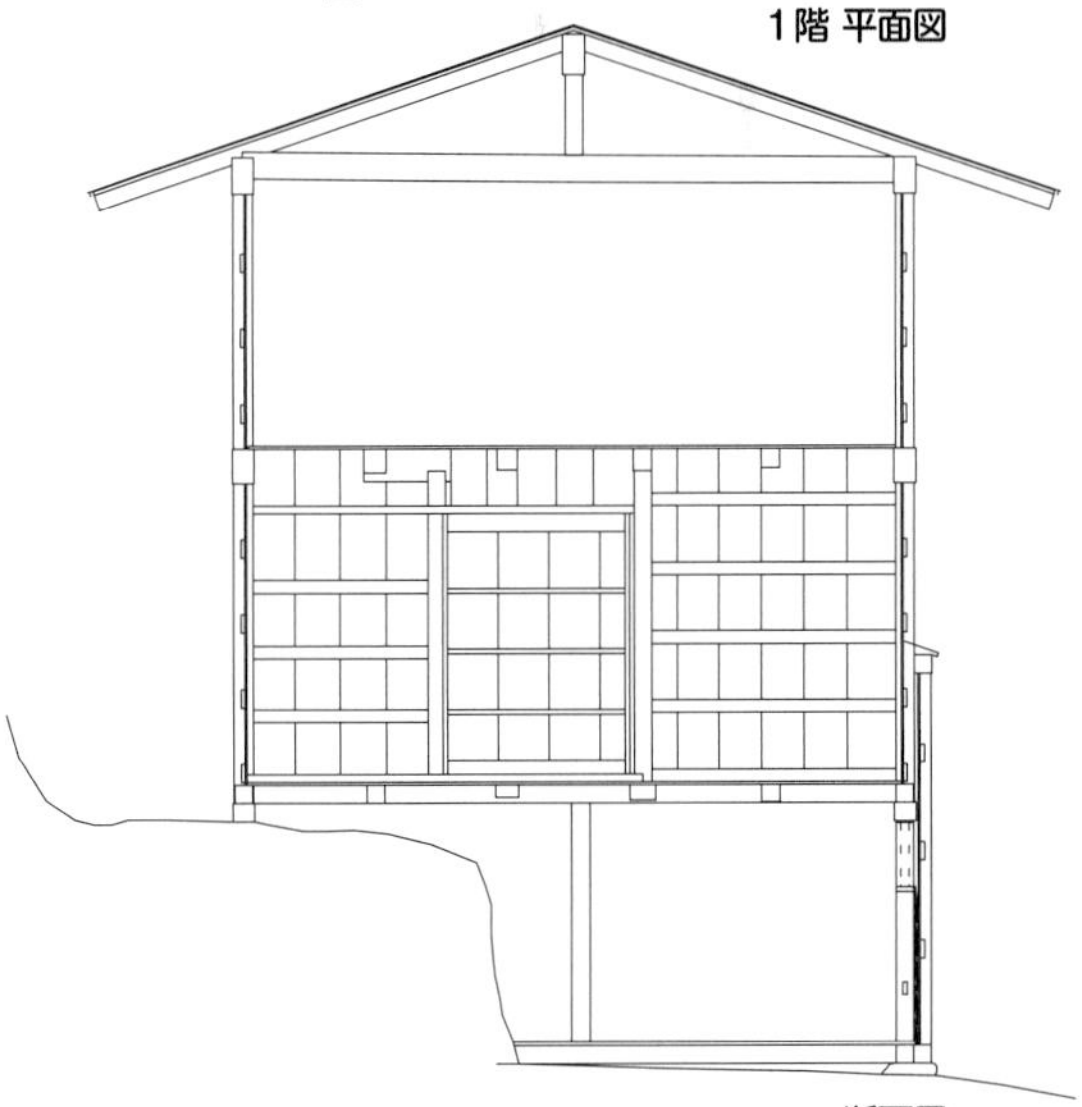

断面図

掛造りの板倉。半地下には農具等が収納され、1階は3室に仕切られ、前室が作業場、次が道具置き場、奥が穀物倉庫となっている。2階は家財道具が収納され、一画に押し入れが設けてあり布団が仕舞われる。

仙北の水板倉

水に守られた倉

Storehouse on the pond in Senboku

東北有数の米どころ、秋田県の東南部にあたる仙北《せんぼく》地方は、その財で築かれた土蔵の町並みが特徴的な農村景観をつくりあげている。一方、盆地の山裾には、沢水や湧水をひいて池をつくり、その中に倉を建てる特異なかたちが見られる。これは水板倉と呼ばれ、屋敷や倉を堀で囲って守る例は日本各地に見られるが、水中に杭を立ててその上に築いたものとしては、舟小屋などの特殊なものは別として、倉には他に類がない。

倉には穀物や家財道具を火災や盗難そしてネズミ等の動物から守るための構造や仕掛けが必要となる。土蔵はその有効な方法であるが、板倉を水上につくることで、土蔵に負けない守りを備えることができる。東南アジアの島嶼部では、海上や水路上に高床の住宅をつくる形式が広く見られる。これは陸地よりも水上の方が涼しく、また外敵や動物から身を守る上ではるかに安全だからである。北国秋田の内陸部にこのような南方文化は無縁に思えるが、稲作農耕は水利と水防の技術の発達を促し、湧水に恵まれたこの地に水で守る倉を生み出したのである。

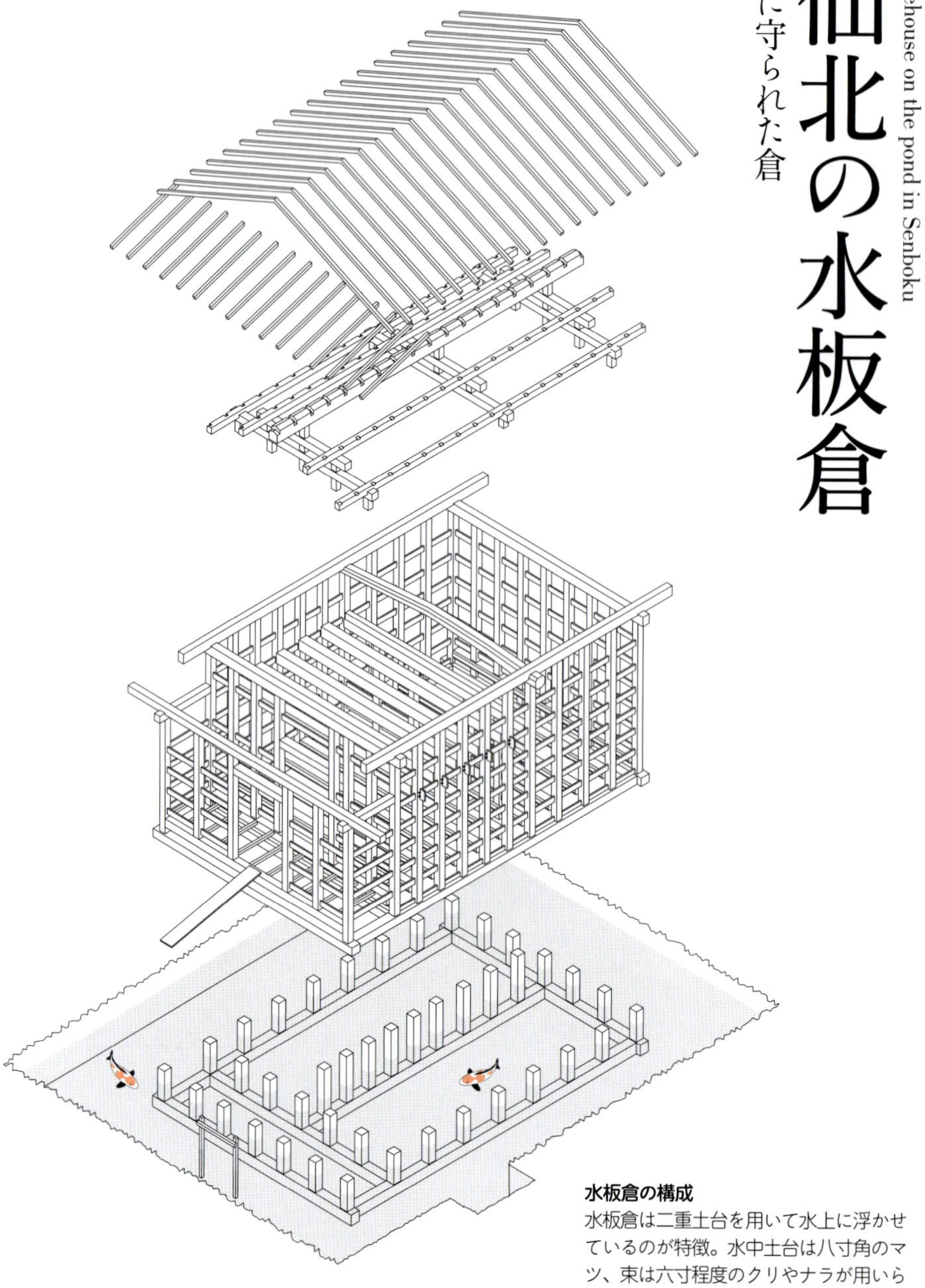

水板倉の構成
水板倉は二重土台を用いて水上に浮かせているのが特徴。水中土台は八寸角のマツ、束は六寸程度のクリやナラが用いられている。狭い間隔で柱を立てて貫で固め、たて板を張り付ける堅牢な構法。池の中では鯉を飼うことが多い。

池の中に立つ水板倉
種池は、倉の内部の穀物の温・湿度の調節、防鼠、盗賊よけに役立つ。また、食料として鯉が飼われ、鯉によって苔などが掃除され清潔に保たれている。

入水屋
入水屋では湧水や沢水を上水として建物の中に導き入れ、食器洗い等に利用する。食器洗いによる残飯の混じった排水は、溜池で飼われている鯉の餌にもなる。

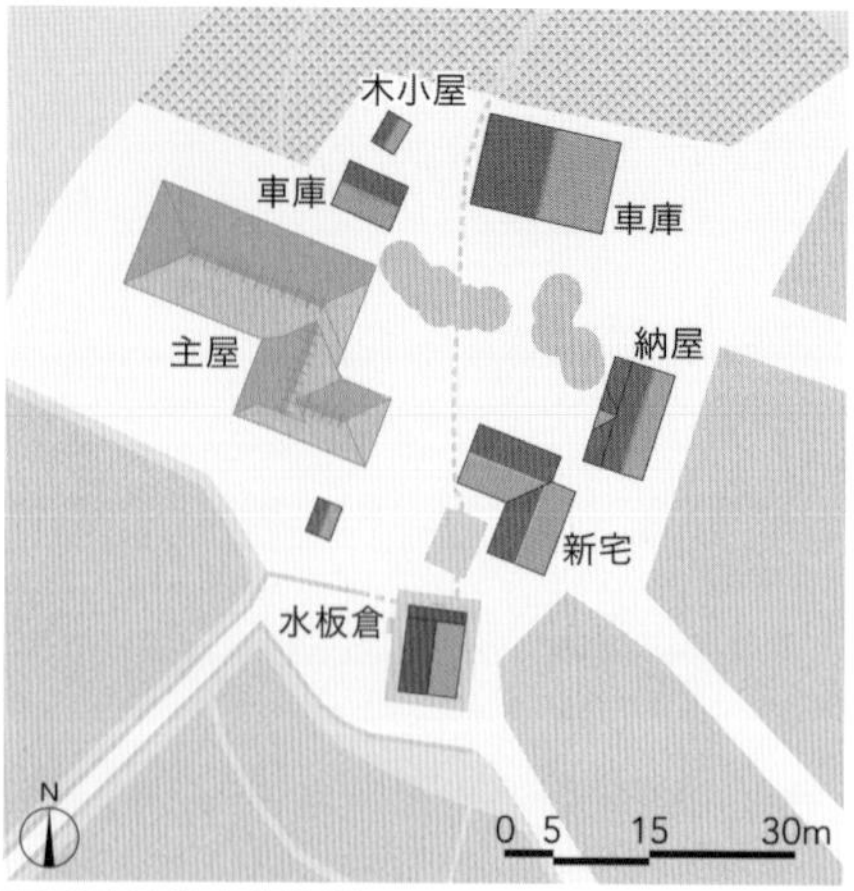

配置図（大仙市大神成）
山を背にした敷地の一番手前に水板倉がある。北には畑、南には水田が広がる。山際の沢から引かれた水は敷地内に埋め込まれた配管を通して水板倉の立つ溜池に注ぎ込み、さらに水田へと導かれていく。

湧水に生かされた暮らし

横手盆地は古くからの稲作地域で、山裾から盆地にかけて広く水田が開かれている。稲作を中心とした社会の中では、水をいかに得るかということは大きな問題だった。米の栽培には大量の水が必要であり、確保できる水量が収穫量と直結したといってもよい。この地域は山裾の扇状地であるため、大河川からの灌漑用水は得難かったかわりに、豊富な水量の湧水に恵まれている。このため湧水や山水を暮らしの中で巧みに利用している様子がうかがえる。

屋敷の配置からみてみると、この地域では春先に種籾を浸すのに使う種池を持ち、湧水や沢水を溜め、鯉を飼うことが多い。水板倉はこの種池の中に設けられる。鯉は冬場の重要な蛋白源であるのに加え、鯉が苔を食べるので池の水をきれいに保つこともできるという。また、湧水や沢水は、年間を通して水温があまり変わらないため、水をそのまま田に引くと水温が低すぎる。そこで一度、種池に水を溜め、天日で水温を上げてから田に入れることで、稲の生育に支障がないように工夫されている。

現在ではあまり見られなくなったが、この地域の多くの民家では入水屋《いりみずや》という仕組みが利用されていた。これは湧水や沢水を生活用水として台所に導いたもので、常に清らかな水が流れ、建物から出ずに洗い物ができる。流された残飯は鯉が食べ、水の浄化と養鯉を同時に成り立たせる無駄のない工夫である。

また、ここでは水板倉の中や屋敷内の水路に水神様を祀る。生活を支えてくれる水に対する感謝と豊穣の願いの現れである。

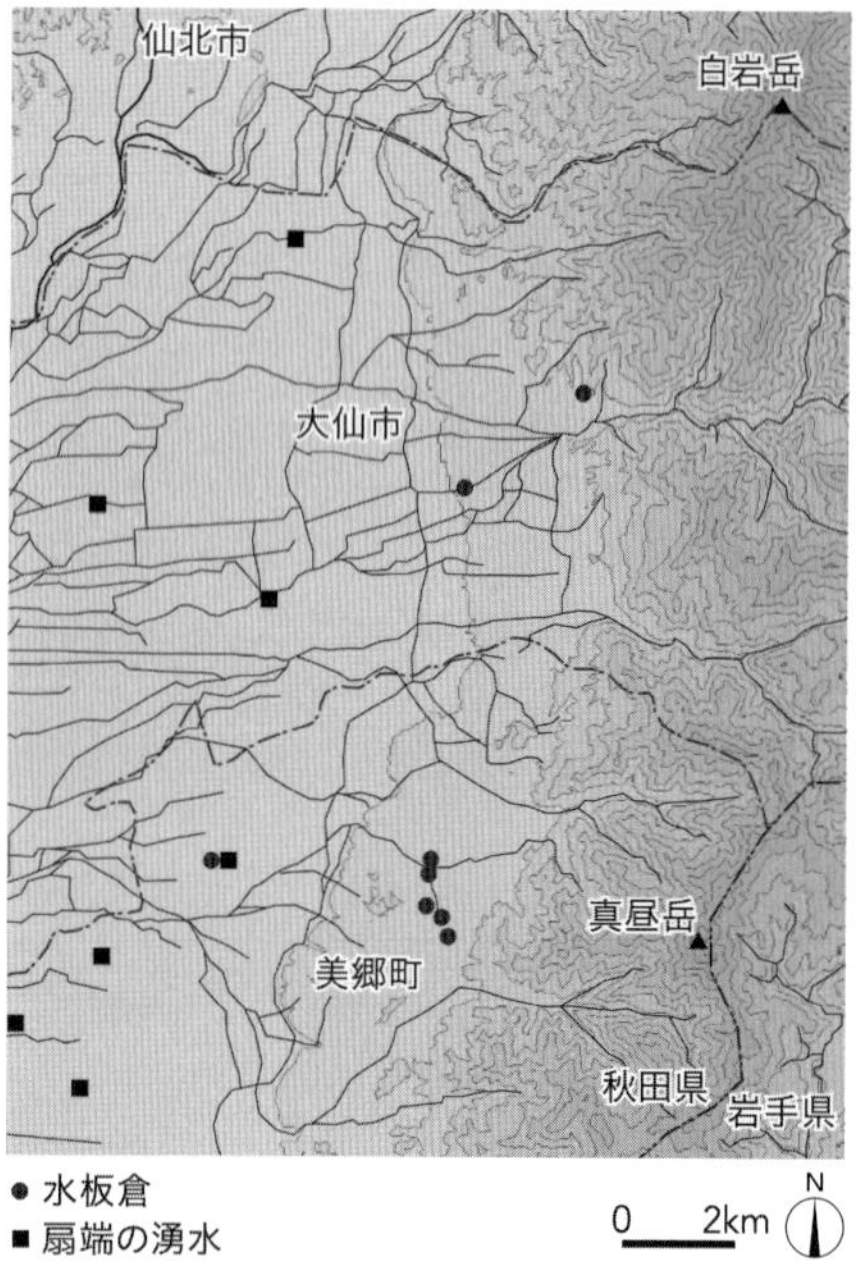

水板倉と湧水の分布
秋田県南部の横手盆地には美しい湧水が数多く存在する。湧水には大きく分けて2種類ある。山間の谷頭、山麓や丘陵地の下などの地形の変節点にあるものと、扇状地の扇端部や砂丘地内の凹地にあるものである。扇端の湧水は、田に張られた水が浸透して下手から再び湧き出したもので、いわば人の手によって生み出された湧水である。（参考文献：肥田登『湧水とくらし』無明社出版、2001）
現在確認できた水板倉は8棟で、山地周辺に多いが、開けた扇状地でも確認されており、かつては平地でも多く見られたと考えられる。

水中の土台
柱は水上の土台で受け止められ、その土台を水面から伸びる束が支えている。水中にも束を立てるための土台が回されている。水と空気に触れる束にはクリなどの硬い木が用いられるが、やはり傷みが大きいため、20年に一度ほど束を新しく取り替える必要がある。

水板倉に祀られている水神様
他の地域では倉の中に神様が祀られることは少ないが、水板倉には水神様が祀られていることが多い。水を治める水神様のところに倉が間借りをしているようにも思えてくる。

水上の倉を支える二重土台

水板倉は1階に穀物、味噌や漬物、2階に什器や書物を仕舞っておくのに利用され、暮らしの中で最も必要とされるものが保管されている。他の地域では主屋から離して建てたり、土蔵壁にしたりすることで、火災や盗難、鼠害に対する構えをもっているが、ここでは倉を水の上に建てることでそれらの機能を満たしている。池の中央に建てられている倉へは一枚板を桟橋のように架けて出入りし、その板は普段は別の場所に保管している。こうすることで泥棒やネズミから収蔵物を守っている。

また、よい状態で穀物を保管するには、温湿度を一定に保つことが必要となる。水板倉は、年間を通して水温の変わらない池の上に建てられているため、天然の保冷庫ともいえるつくりである。特に夏の気温が上がったときには、床板を外して水の上の涼しい空気と湿気が流れ込むような工夫がしてあり、倉の内部気温の上昇を防ぐことができるという。

倉の構法は、狭い間隔に柱を立て貫《ぬき》で固めるこの地域にある板倉と大差はないが、二重土台を使って水上に持ち上げる仕組みが水板倉の特徴である。まず、水中に沈められた土台は脂《やに》の多いマツを用いる。その水中の土台には水に強いクリやナラを用いた束《つか》を立て、上に倉を載せるという構法である。しかし水と空気に触れる束は傷みが大きく、20年に一度は新しく取り替える必要がある。そのため水中からのびる束と倉の土台は枘《ほぞ》で固定せず、束の交換が容易にできるようになっている。水上の倉を維持していくために二重土台が考え出されたのだ。

水に対する信頼と維持するための知恵が、水上に建てるかたちとして水板倉をつくりあげたのだろう。

池に続く水路
沢や湧水から引き込まれた水は、細い水路によって水板倉の立つ溜池に導かれていく。溜池の水は、ここで温度調節された後、田に注がれる。

水板倉の立つ屋敷構え（大仙市大神成）
主屋は茅葺きで厩が突き出た曲屋の形式。水板倉は、もとはクリの木羽葺きであった。背後の山から湧き出た水を池に溜めて、温めてから手前に広がる田に流される。そのぬるめ池に水板倉は立つ。

取り外し可能な床板
天候と必要に応じて床板を取り外し、倉の内部の温度・湿度の調節をする。ここでは外気が30度を越えた場合には床板を外すようにしている。夏に訪れたとき、外は焼けつくような暑さであったが、水板倉の内部は床板を外すと床下から湿気を含んだ冷気が流れ込み、一気に涼しくなった。

水板倉への渡し板
水板倉を利用するときには、他の場所に保管してある板を渡すことによって出入りする。

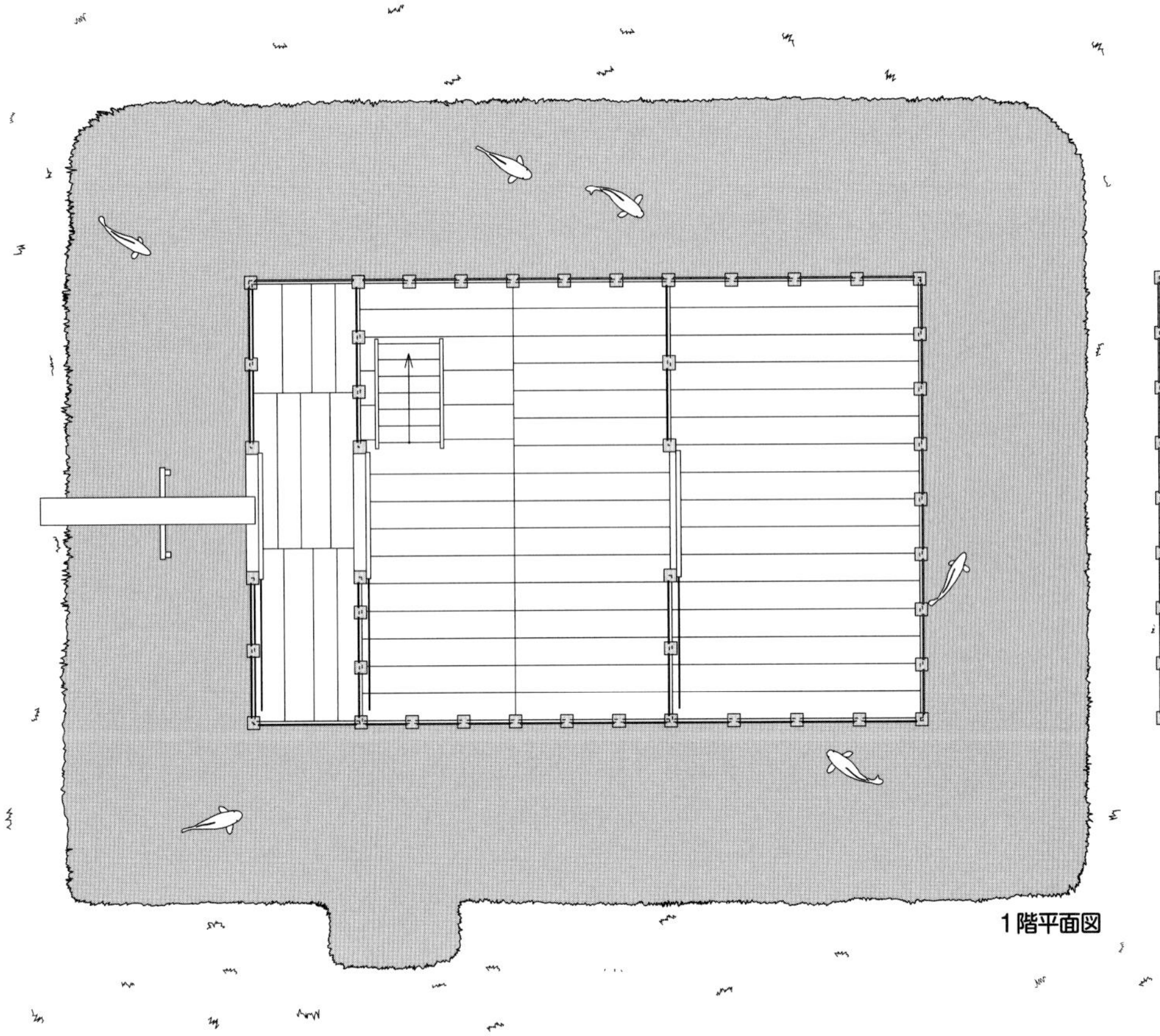

1階平面図

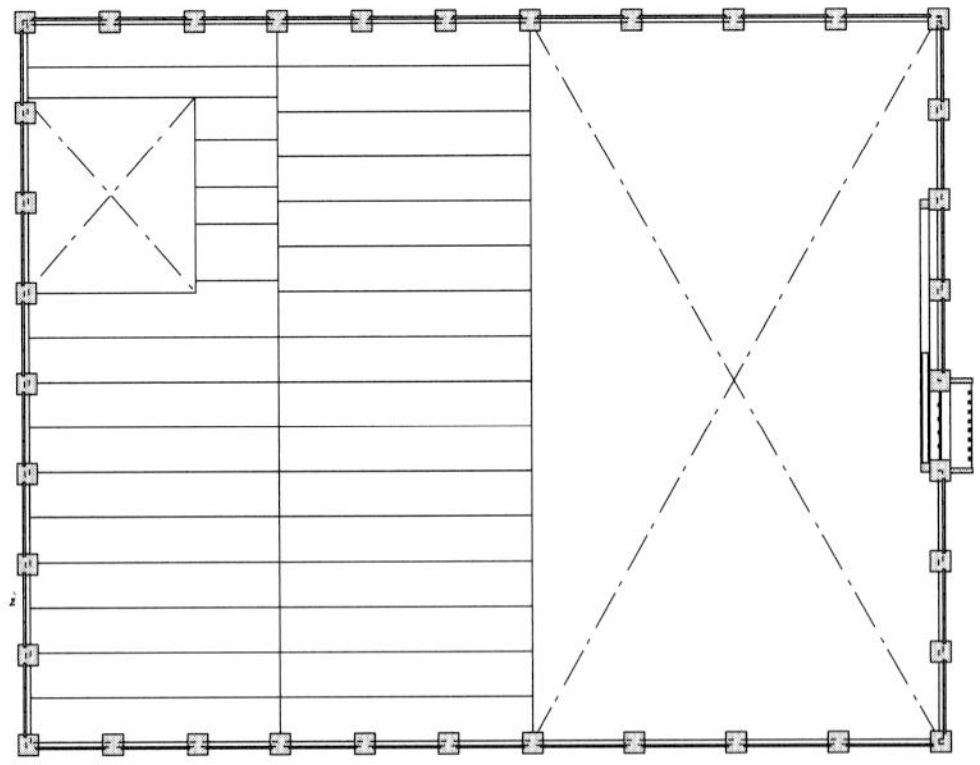

2階平面図

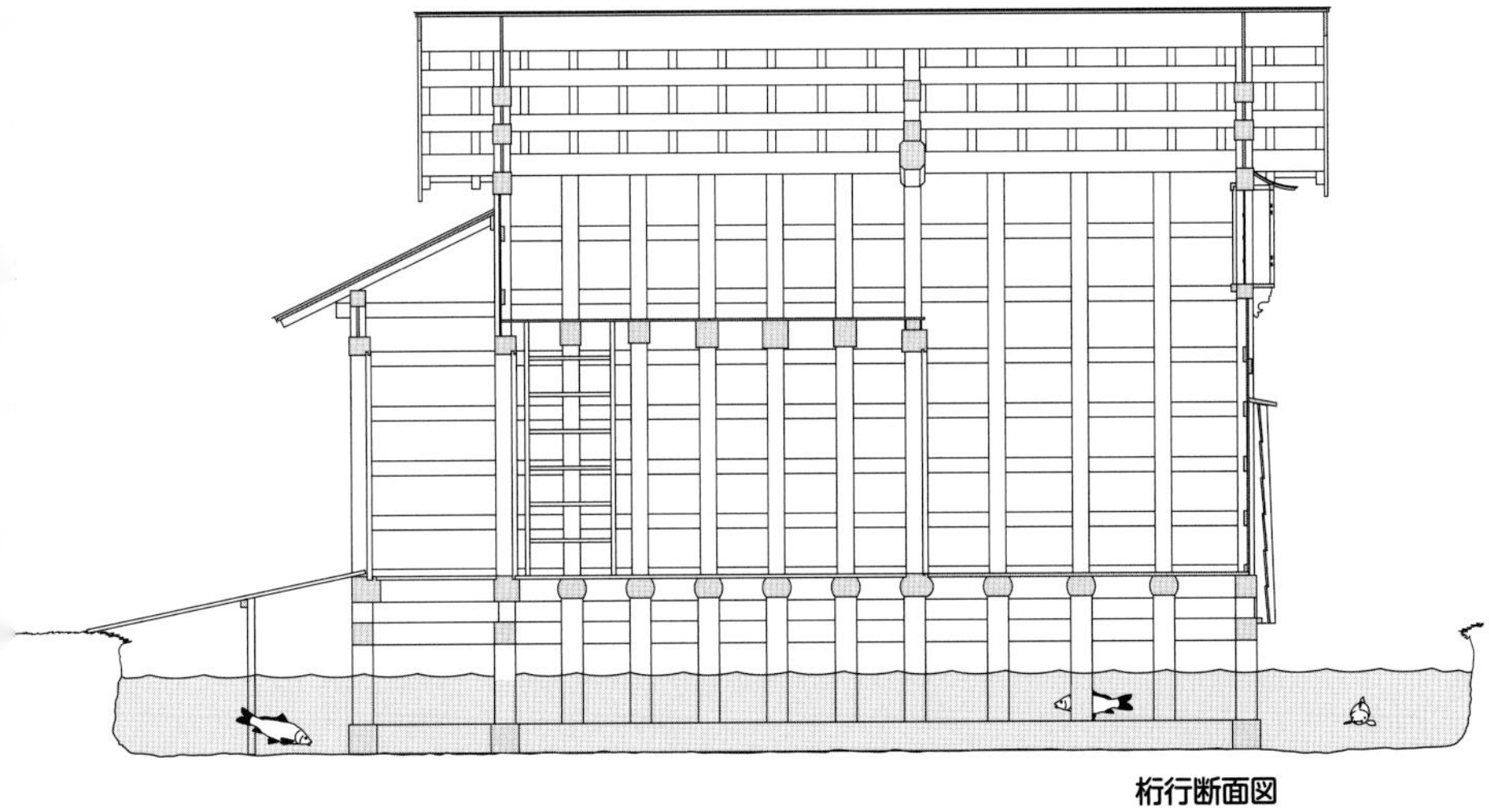

桁行断面図

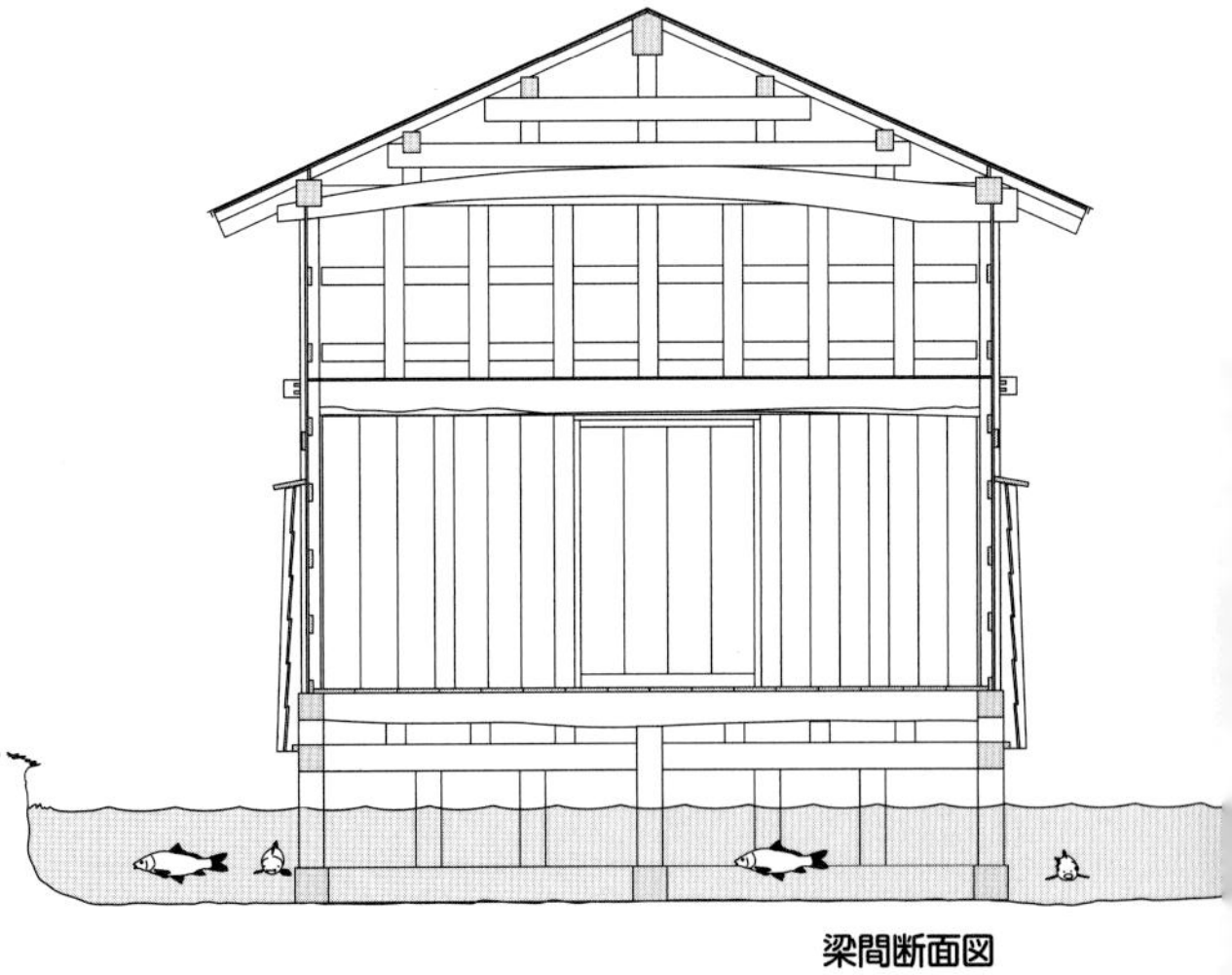

梁間断面図

対馬のコヤ

平柱と石屋根の力

Storehouse in Tsushima

戦時中にはコヤを解体して山中に移築し、そこに逃げ込んだ。そしてそのコヤは終戦とともに元の場所に戻されて今も生き続けている。

長崎県対馬のコヤはその名のとおり、間口二間から三間、奥行き一間半ほどの広さで、軒高もおよそ七尺とこぢんまりした板倉である。中には米や味噌などの保存食料、布団や衣類などの家財が仕舞ってある。それだけあれば、家族が避難し、当座を凌ぐことができる。

台風の時は土蔵に避難してやり過ごすという話は各所で聞いた。倉は貯蔵することの他に避難する場所であったことを思い出す必要がある。その場合、主屋と離れた場所に倉を配置することは、火災や洪水や地震等の災害から身を守る上で有効である。主屋と倉、どちらかが守られれば生き延びることができるからである。それが耕作地や漁場に近ければ食料を得やすいという点でも安心である。

非常時の備えは民家にとって忘れてはならない課題であり、台風や火災のなかで生き延びてきた対馬の民家には、生き延びるための装置としてのコヤに、その知恵が凝縮されている。

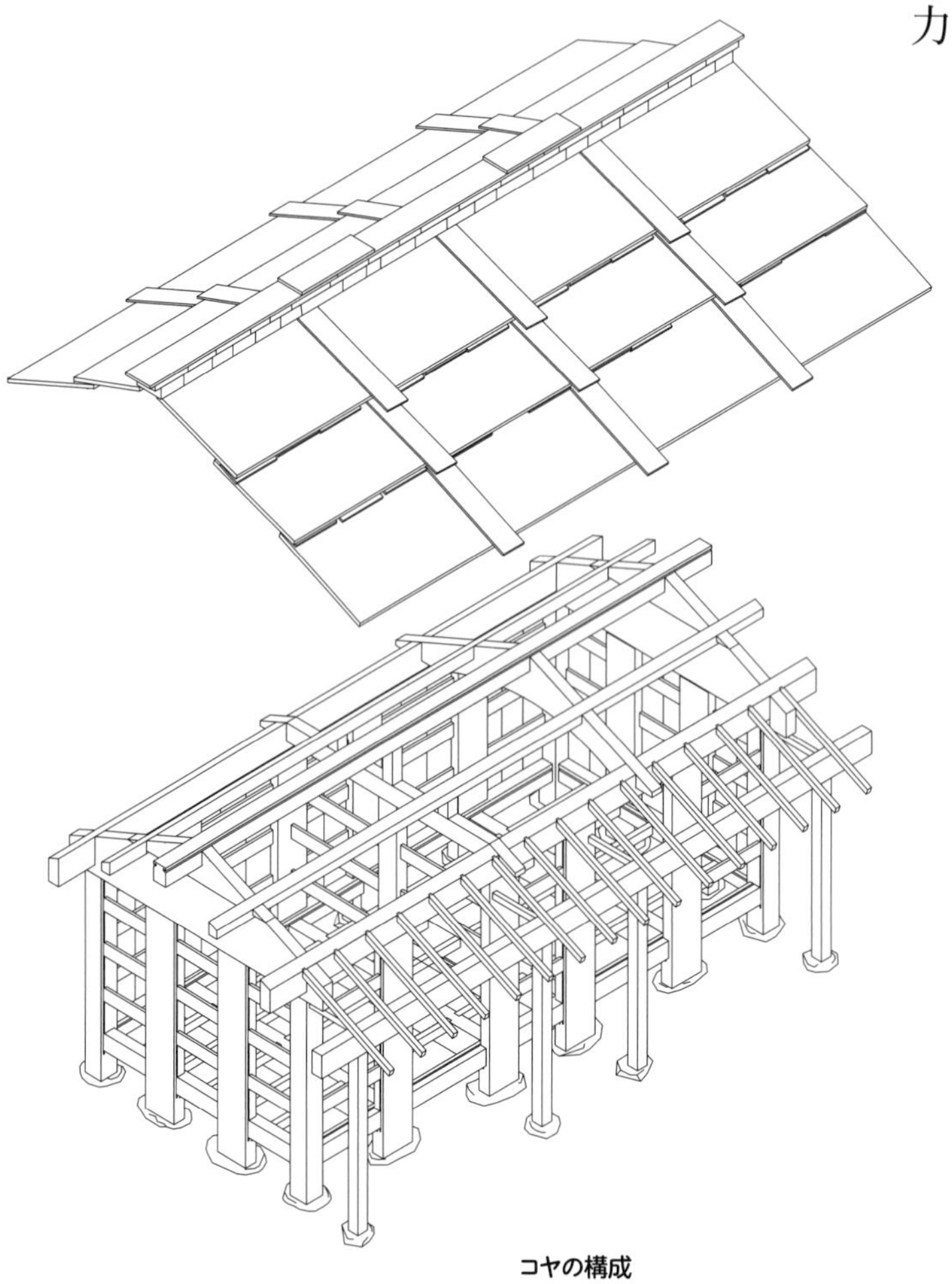

コヤの構成
コヤの基本形式は高床構造の平屋建てで、壁は板張り、屋根は石葺きである。高床構造とはいえ、床高はそれほど高くない。隅柱以外はすべて平柱（断面形状が長方形の柱）が用いられる。妻面は「トモフサギ」と呼ばれる厚板でふさがれ、天井面は主屋の上に直接厚板を縦張りすることで密閉される。このような構法や部材名は船大工の技術との関係を連想させる。

舟志集落の川岸に立つ群倉
川岸やその対岸に耕作地があり、そのための小屋が川岸に直交して整然と立ち並ぶ。狭い路地に、幅の広い平柱が林立する様は見るものを圧倒する。

鰐浦集落の群倉全景
島の北端に位置する鰐浦には対馬最大の群倉がある。総数153棟のコヤが入江に面した三角州に立ち並び、その奥に主屋が設けられている。

鰐浦集落の
コヤが立ち並ぶ景観
小規模なコヤが妻面を見せて整然と連なっている。左側は共同の作業場となっているベードコ。

舟志集落の群倉
正面に下屋をもつコヤ。写真手前の畑とコヤの間にベードコがあり、下屋部分は収穫物の仮置場や味噌倉として利用されている。

群倉の立地

対馬は島全体が山がちで平地が少なく、住まいは河口付近の三角州や、海際のわずかな平地に密集している。

主に穀物や貴重品の収納のための付属屋である「コヤ」は、その狭い集落の端の「コヤヤシキ」と呼ばれるエリアにまとまって建てられることが多い。一般的には「群倉」と呼ばれる配置形式で、奄美大島や奥会津、下北半島などでも見ることができる。

対馬におけるコヤヤシキを見てみると、コヤには「ベードコ」と呼ばれる農作業のための庭が設けられ、さらに田畑に近接している。耕作地近くの効率の良い作業、収納空間である。海沿いに建てられたコヤに関しても、舟で耕作地に通う「通い耕」を行っているこの地では、海岸が耕作地に最も近いエリアと言え、その立地が理解しやすい。

コヤは土地に余裕のある家では敷地内に単独に建てられることもあるが、多くは敷地とは別の場所に密集して建てられている。なぜだろうか。その理由については類焼防止と言われることが多いが、生業の視点から見るとより理解しやすい。対馬は耕作地が少なく、かつては焼畑も行われていたが、近年まで埋め立てなどによる耕作地の拡大が共同でなされてきた。農業生産の拡大に伴い、そのため作業小屋に倉庫と

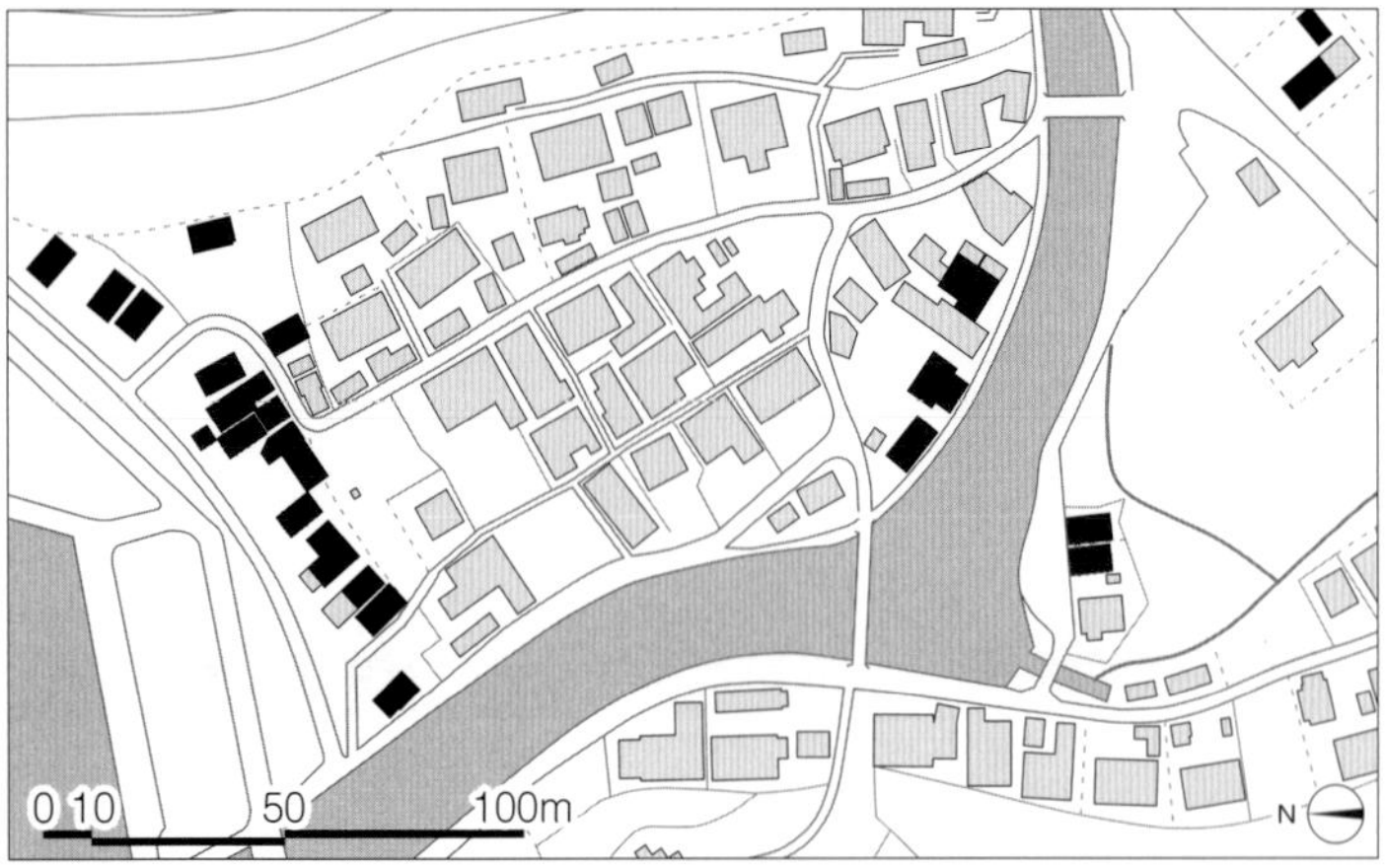

久根浜集落の群倉
海岸沿いに約20棟のコヤが立ち並ぶ。弥生時代の遺跡が発掘されているが、現在の集落は川上の久根田舎集落からの移住者によって形成されたと言われている。田が開けたのは近世のことであり、明治17年の資料によると、浜村でありながら全戸が農家であった。

久根浜集落海沿いの群倉
寄棟の石屋根が多く残されている。妻面を海に向けて立ち並ぶ。対馬の南部ではこのように四方に下屋をもつ形式が多くみられる。

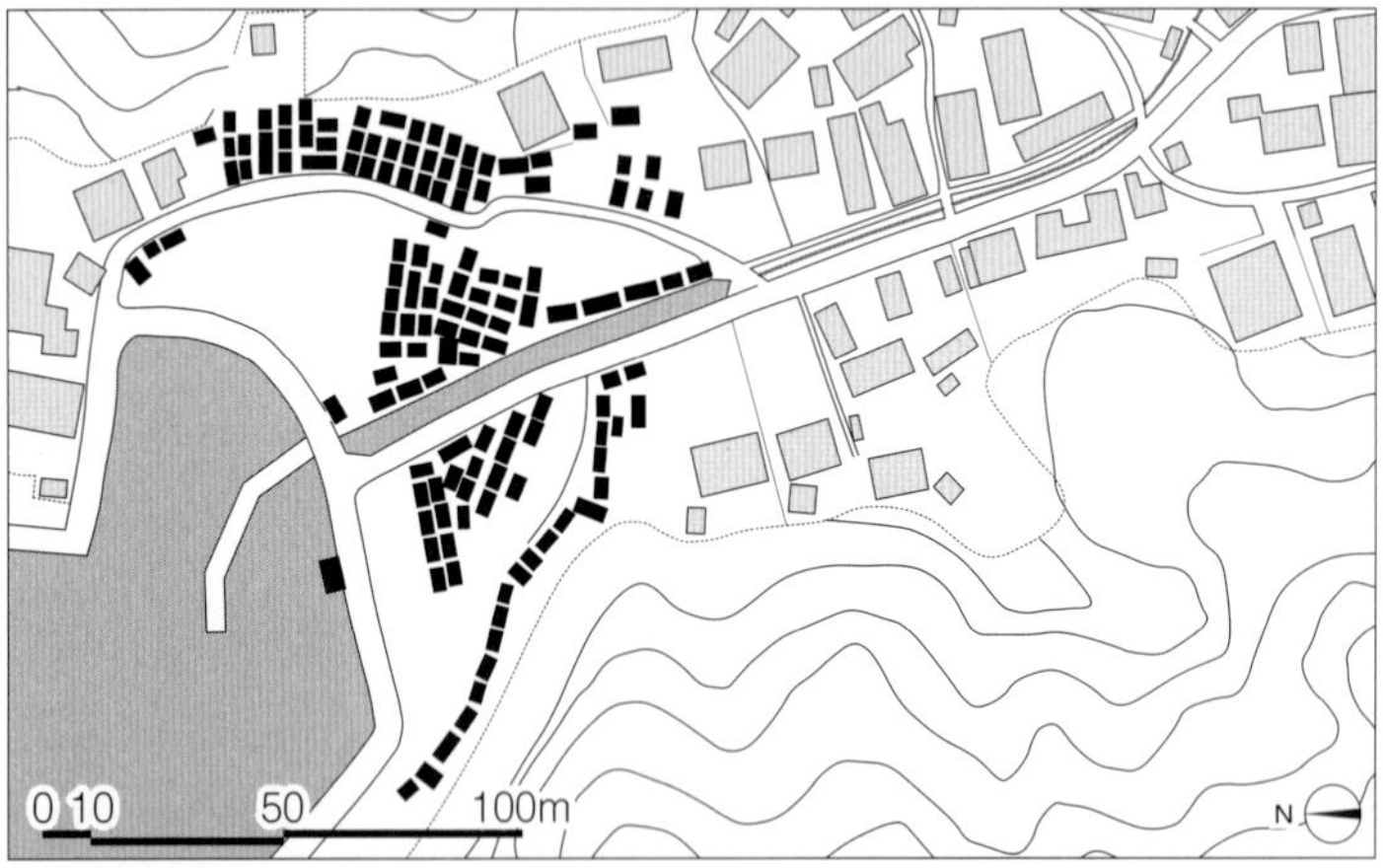

鰐浦集落の群倉
海沿いのベードコの周りに約150棟のコヤが立ち並ぶ。各家が3棟ほどコヤを分散して所有している。古代より朝鮮渡海の関所であり、現在は漁業が生業の中心となっている。平地が少ないが、かつては磯舟を利用して周辺に耕地を広げ、農業が盛んだった。

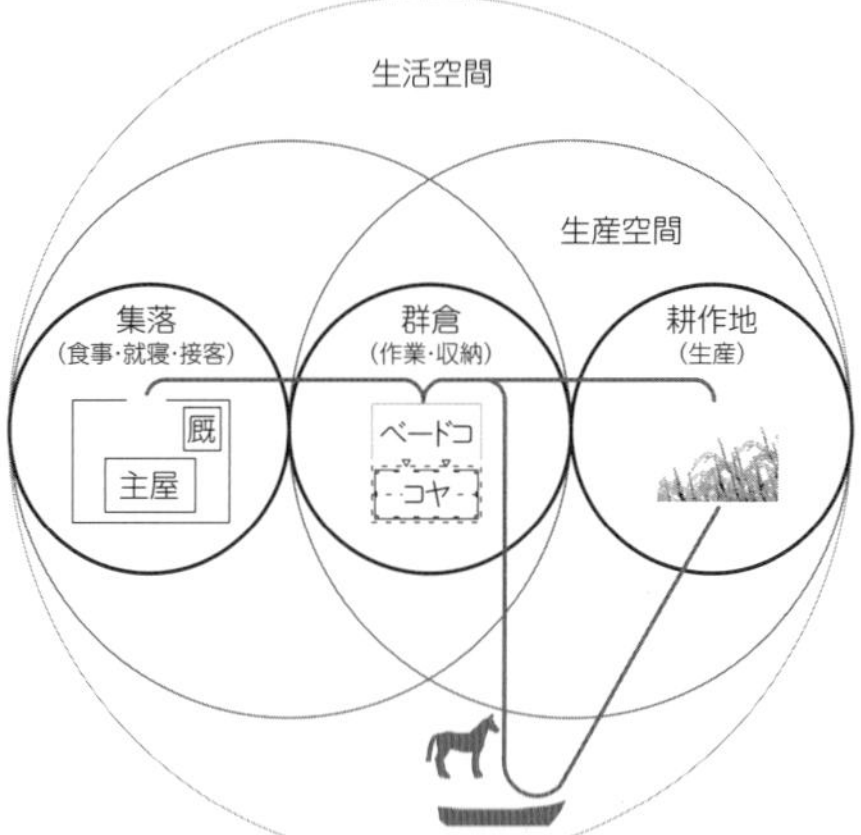

群倉(コヤヤシキ)と集落・耕作地との関係
群倉は穀物などの食料品や家財道具を収納し、日常的に主屋に運搬する点では生活空間の一部と言えるが、耕作地に近接し、農作業を行い、農作物を収納するという点では生産空間の一部である。集落の外縁部に位置するが、耕作地とは離れていることもある。集落周辺に耕作地が少ない場合には、近くの小島や海沿いの平地に畑を開き、舟で耕しに通うこともあった。舟は昔の主要な交通手段だった。

しての機能が加わり、増築され、コヤシキを構成するようになる。主屋から離れていて防火の点でも有利なため、穀物類の他に家財なども収納するようになり、倉としての機能を強化させていく。庶民が苦労して耕作地を切り開いていく過程で生み出された、有事に備えた配置形式なのだろう。

群倉がつくりだす空間

一口にコヤヤシキといっても、集落によってコヤの集まりかたは様々である。まるで板塀のように細長く連なるものや舟屋のように海岸沿いに立ち並ぶものもあり、その迫力に圧倒される。さらに密集すると四方をすべてコヤに囲まれてしまい、路地のような空間が形成される。このような多様性はどのようにして生み出されたのだろうか。

舟志集落においては当初集落の西方に農地が開かれ、それに対応して中央の道沿いにコヤが立ち並んでいる。その後、川岸が埋め立てられるに従ってコヤの列が二、三重になっていき、川の対岸に農地が開かれるようになると対岸に向かってコヤが立ち並ぶようになる。このように、耕作地の拡大とそこへの動線に対応してコヤの配置にも変化が見られる。

作業のためのベードコは個人の所有地であるが、お互いに連続している。各コヤに対応したベードコが連なって

舟志集落の群倉（裏面）
群倉の裏手にも畑がつくられている。川を埋め立てることで耕地は拡大され、群倉はその耕地の際に配置されている。

椎根集落の群倉
川沿いに約15棟のコヤが立ち並ぶ。右ページの久根浜集落の群倉が妻側を海に向けているのとは対照的に、平側を川に向けて配置されている。

いるものや、中央に広場のようにしてベードコを設けているところもあり、共同作業の名残がうかがえる。

かつて農作業や漁労を行ううえでの必要性から生み出された群倉は、生活の機能をうまく分散し、共有するという点で非常に現代的である。そしてその防火性能の高さと保存における信頼性から、現在でも昔と同様に群倉として生き続けている。

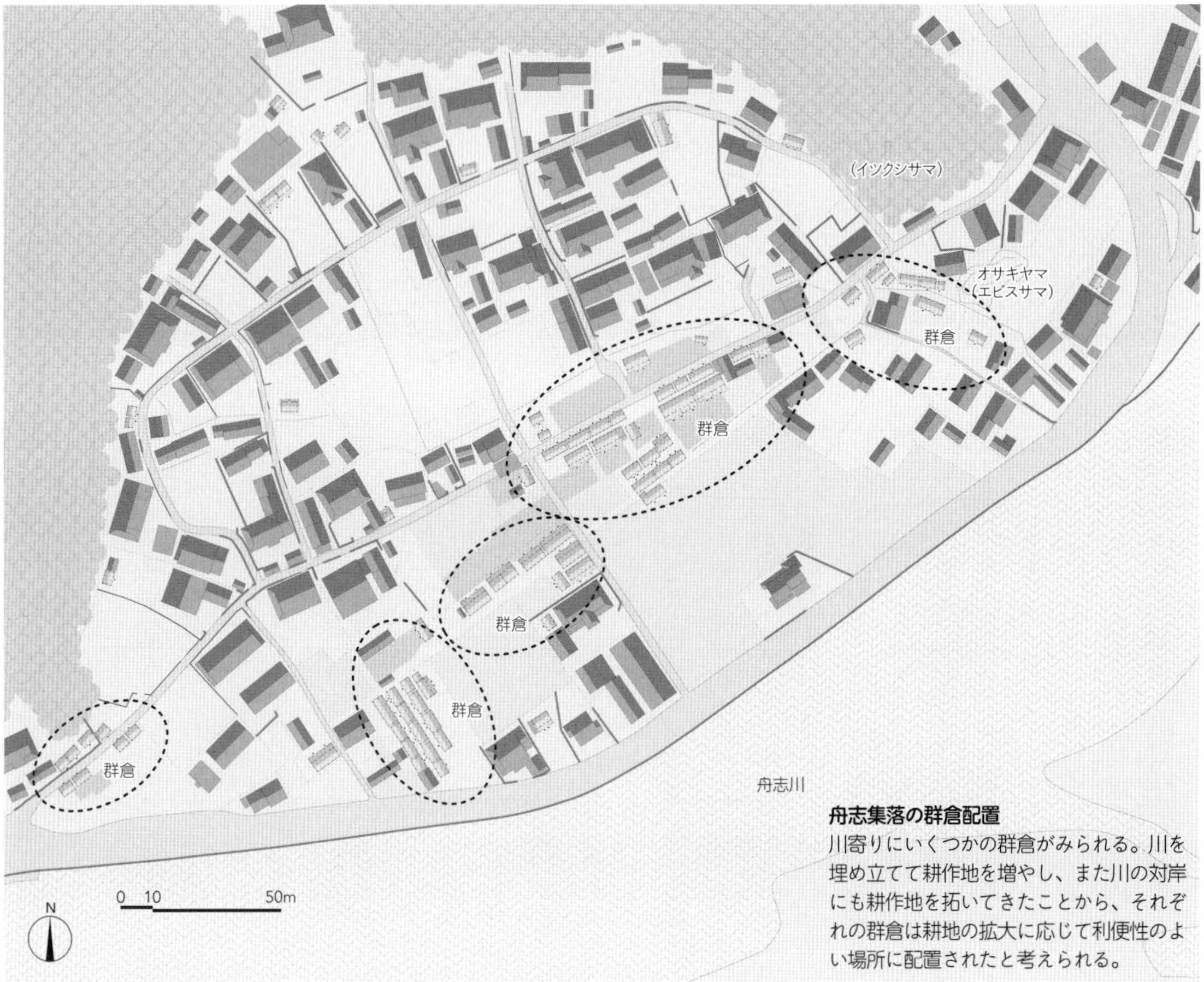

舟志集落の群倉配置
川寄りにいくつかの群倉がみられる。川を埋め立てて耕作地を増やし、また川の対岸にも耕作地を拓いてきたことから、それぞれの群倉は耕地の拡大に応じて利便性のよい場所に配置されたと考えられる。

長崎県の指定文化財となっている椎根集落のコヤ。大正15年の建築。シマヤマイシと呼ばれる厚くて大きな板石で屋根が葺かれ、幅が40㎝程もある巨大な平柱が用いられている。

石屋根と平柱の倉

朝鮮半島と九州の間に位置する対馬は、朝鮮半島と行き来する中継地であると同時に、沖縄で分岐した黒潮すなわち対馬海流に洗われる、南方文化の行き着くところでもあった。離島であるが、山が深く森林資源にも恵まれ、シイやツバキ等の照葉樹林がうっそうと生い茂る。

この木材を利用して家や舟をつくる際に、自ら山で木材を調達して製材するという素朴な方法が近年まで変わることなく続いていた。山で木を伐り倒し、太い丸太を真二つに割って製材すると半円形断面の用材がとれる。それを四角にはつると平角材となる。これが前曳き大鋸《おが》の普及する以前の一般的な製材法である。板をとるのも同じ方法で、これでは丸太から厚板2枚しかとれないが、このような厚板もしくは平角材を用いて家も舟もつくられてきたのである。

平柱を用いた対馬の民家建築の特徴は、このような製材方法に起因するものと考えられる。黒潮の源流である東南アジアや台湾の民家には、厚板もしくは平柱を用いた構造の多様な例が見られる。そして板を相互にはぎ合わせる技術には造船技術との共通性が強い。対馬のコヤにも、平柱を用いる他に、板のはぎ合わせ等にも造船技術の影響が認められて興味深い。

平柱の並ぶ備えの構え

対馬は昔からの民俗文化が色濃く残されている地域であるが、特に地元で「コヤ」と呼ばれている建築物が目を引く。主に穀物を収納するための倉庫なのだが、その他にも衣類や貴重品なども収納され、時には台風のときの避難小屋、死者が出たときの忌み小屋、出産時の産屋としても利用されてきた多目的建築物である。対馬全域の農村集落で見られ、集まって建てられる群倉立地をなしている集落が多い。群倉は数棟から時には百棟以上にもなり、その数の多さと配置の多様さから各集落が特徴的な景観を見せている。

配置だけではなくその外観も特徴的で、まず巨大な石屋根に、そして近寄ってみると幅が30cm以上もある大きな柱に驚かされる。この柱は「平柱」と呼ばれる長方形断面のもので、日本の他の地域ではほとんど見られないものだ。平柱は石屋根の荷重を支えると同時に富の象徴としての意味づけもある。主屋のダイドコ（広間）周りと、畜舎であるウマヤといった対馬土着の生活空間にも平柱が用いられている。

構造材には主にシイなどの広葉樹が用いられる。また構法としては「カワシオオドコ」という特殊で強固な仕口が用いられ、耐久性と強度を確保すると同時に鼠害を防ぐために密閉された

椎根集落群倉内のベードコ
ベードコはコヤの周辺に設けられ、農作業のための広場となっている。コヤの下屋を取り込みつつコヤと一体の作業空間を形成している。常に清潔に保たれ、脱穀などの作業が行なわれる。

軒下空間の利用
下屋を設けることでつくられる広い軒下空間は、農作物の乾燥場として用いられる他、作業場、農具置き場、農作物の仮置き場などに使用される。

右／椎根集落の石葺きコヤ。
左／久根田舎集落の石葺きコヤ。

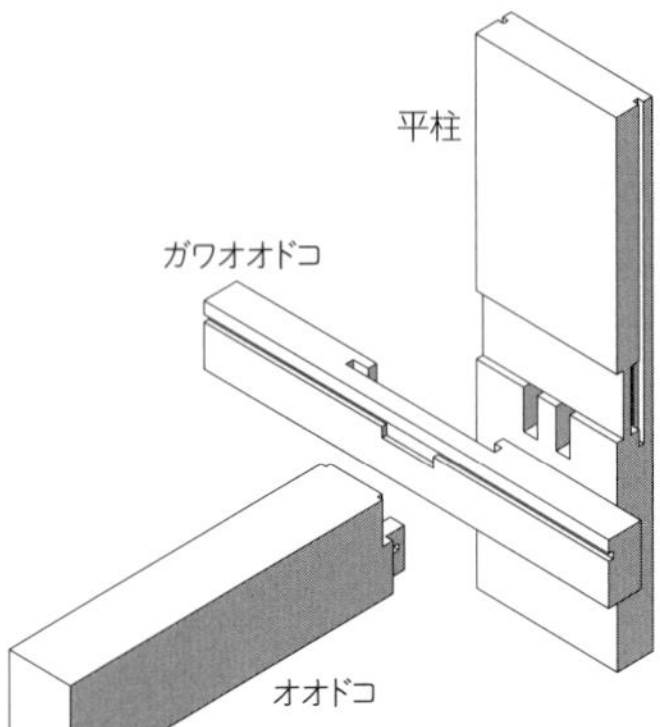

足固めの仕口

平柱と、足固め材である「ガワオオドコ」、大引き材である「オオドコ」との仕口。この仕口は「カワシオオドコ」と呼ばれ、足固め材を遣り返しにしたうえで下から楔（くさび）を打ち込んで固定する。さらにオオドコが差し込まれ、こちらは栓（せん）で固定される。とても強固な仕口で、すべてのコヤに用いられている。

つくりになっている。その他にも厚板でつくられた妻面のトモフサギや、ヤネイタに鋸目を入れてすり合わせ、はぎ合わせる防水技術等に、造船技術と共通性が認められる。

巨大な石で葺かれた屋根

コヤは、全島にわたって巨大な板石で屋根が葺かれていた。大きなもので、およそ長さ6ｍ50㎝、幅1ｍ50㎝のものまであった。文献によると、対馬の石屋根は江戸後期に葺かれ始めたとあるが、その発生についてはまだ不明な点が多い。現在は南西部に40棟程を残すのみとなっている。屋根石は集落ごとに採石されていたため石の種類は異なるが、構法は石の厚みによって厚石葺きと薄石葺きに大別できる。

コヤに石を葺く理由としては、火事の延焼防止、強風への備え、瓦の禁止などが挙げられてきたが、石屋根を完成させる工程には多くのカセイ（対馬の相互扶助の総称）を必要としたために、集落における社会的な意味合いもあったと考える。

例えば、久根田舎では、屋根石は、集落全戸のカセイで裏山の沢石が手掘りで剥がされ、1日に2個ずつ集落ま

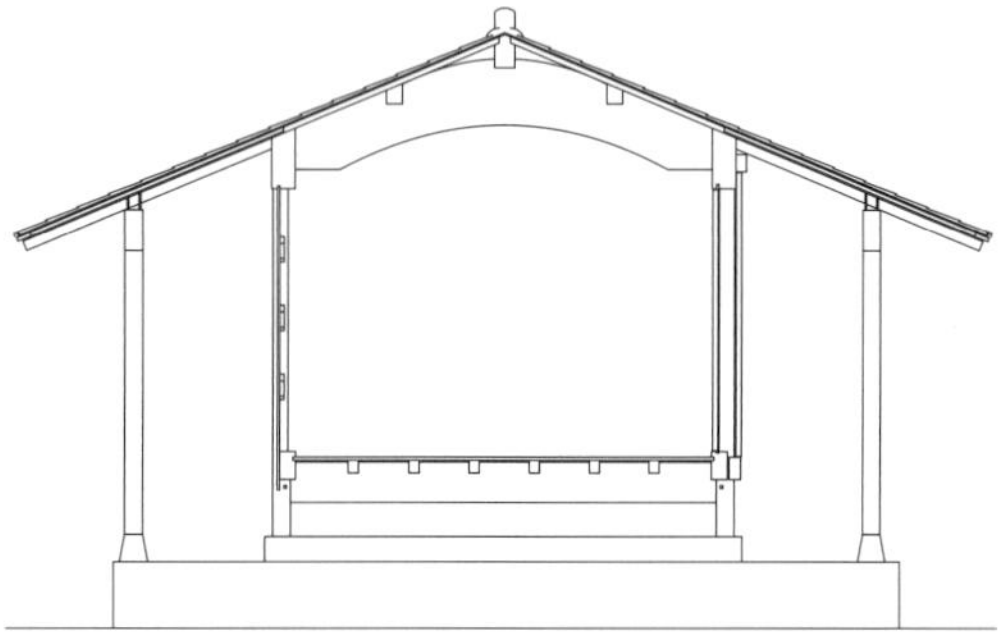

梁間断面図

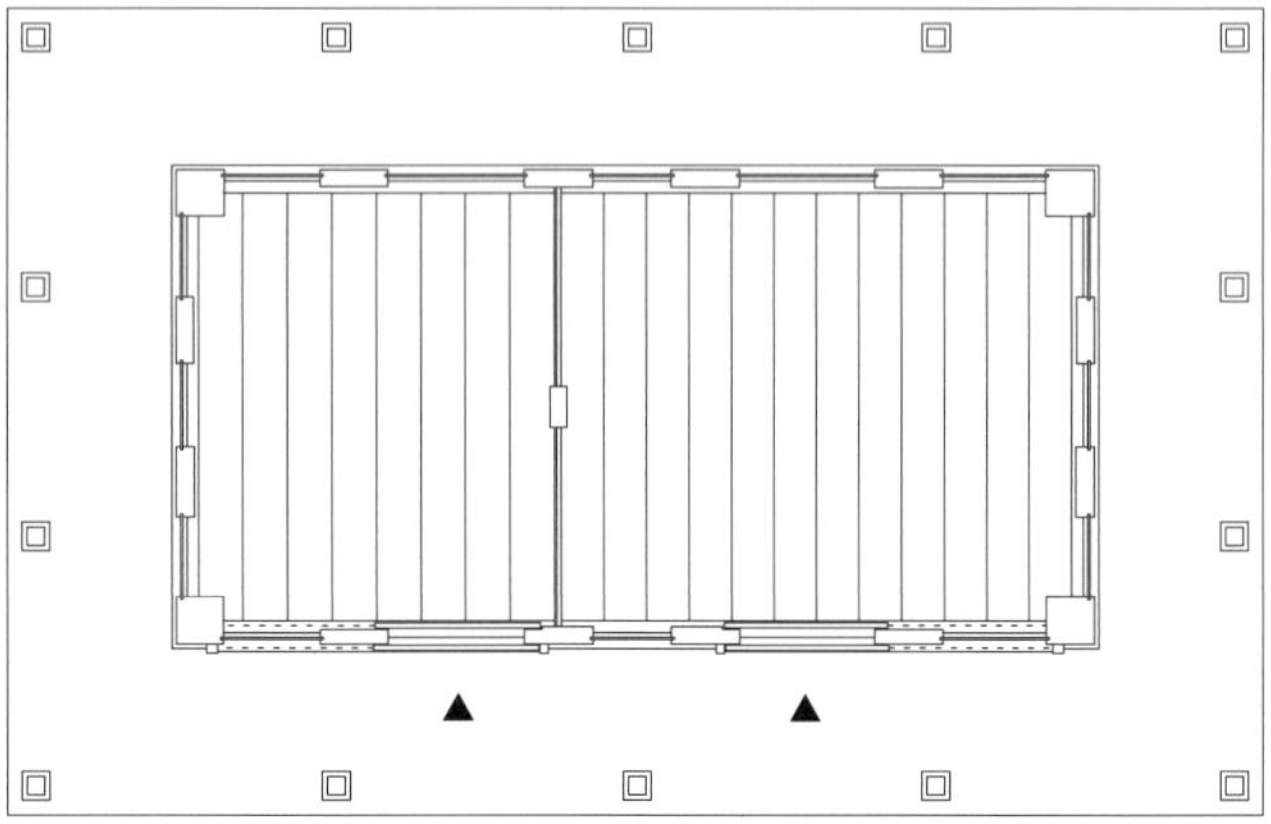

平面図

椎根のコヤ

昭和32年に建てられた椎根のコヤ。伝統的な建築様式をよく示しており、近年までこのようなコヤが建てられていたことに驚く。室内は2室に区切られ、それぞれ「ヒョウモンゴヤ（穀物を収納する部屋）」、「イショウゴヤ」などと呼ばれる。四方に下屋が回されているが、これは南部地域の特徴である。平柱の見付は非常に大きく、460㎜ほどもある。柱の間隔は密で不規則であり、その間に壁板が落とし込まれる。建物の規模は大工と建て主との相談などにより柔軟に決定される。小屋組みは巨大な曲り梁によって棟木と母屋が支えられ、その上に直接「ヤネイタ」と呼ばれる厚板がすり合わせの上、載せられる。ヤネイタは棟木に掘られた溝に差し込まれ、密閉性を高めている。下屋部分のみが垂木（たるき）構造となるのが一般的である。

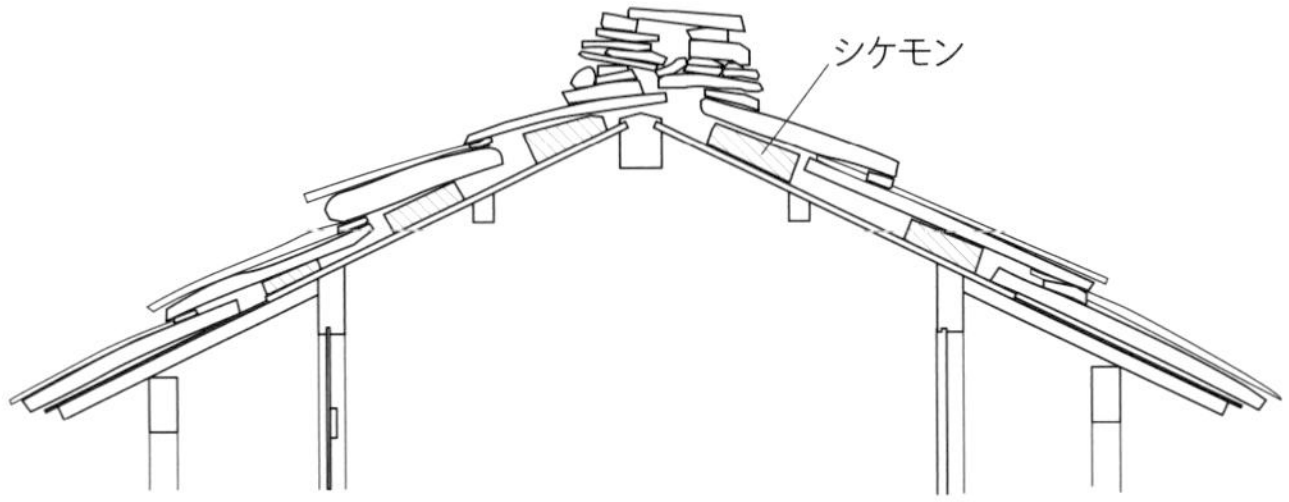

厚石葺き断面図（久根田舎）
厚石葺きは、50～180㎜程の厚石を使用した葺き方で、四～四寸五分の屋根勾配を一定に保つために、シケモン（木の端材や石など）をジイシの下に敷く。各段のジイシの荷重はそれぞれのシケモンが独立して支持しているため、隙間に挿入したメイシの交換だけで雨仕舞の調整や維持管理ができる。

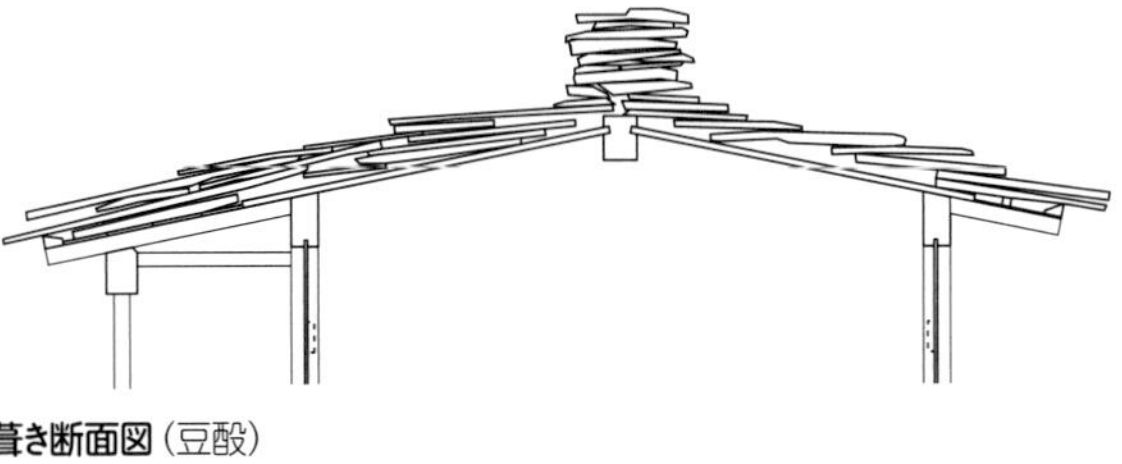

薄石葺き断面図（豆酘）
薄石葺きは、厚さ15～30㎜の薄く軽量な黒雲母ホルンフェルスを主に用いた葺き方である。表面が平滑で滑りやすいため、屋根勾配は二寸程度に抑える。緩勾配で雨仕舞が悪いが、野地板同士をすり合わせて隙間をなくし、屋根石の隙間にシュロ等を挟むことで対処している。屋根石が年々滑るが、軽量で1日で施工できるため、数年おきに屋根石をすべて葺き直すことで維持する。そのためシケモンを用いずジイシを単純に葺き重ねる。

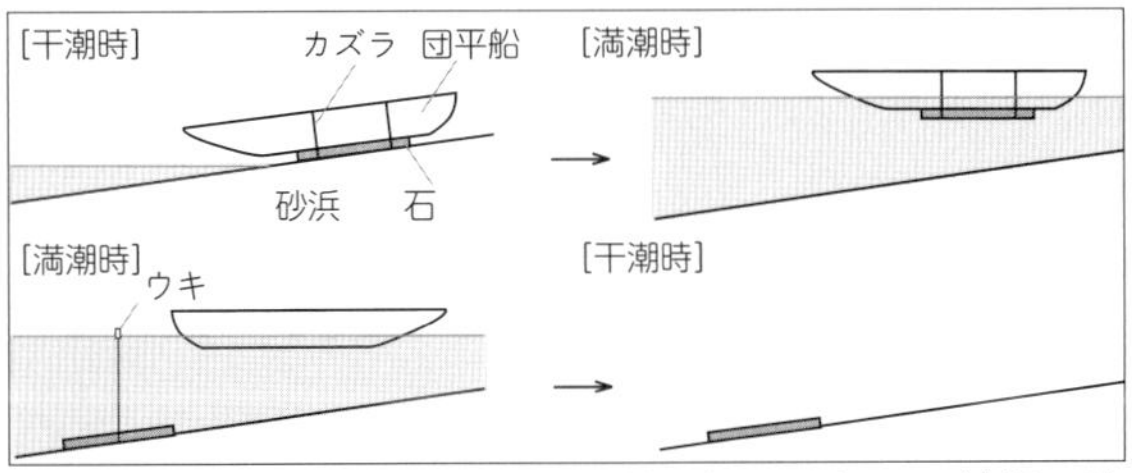

屋根石の海上輸送。干満の差を利用して積み降ろしを行った。（久根田舎）

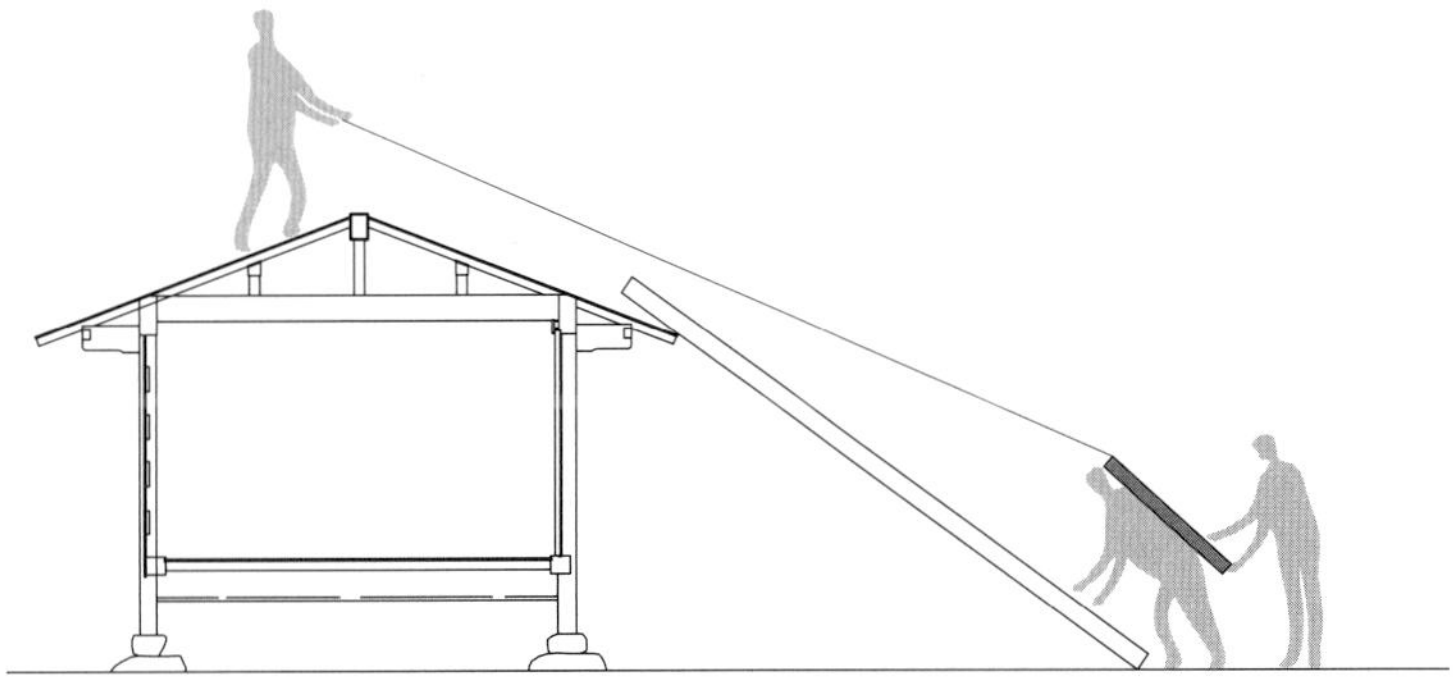

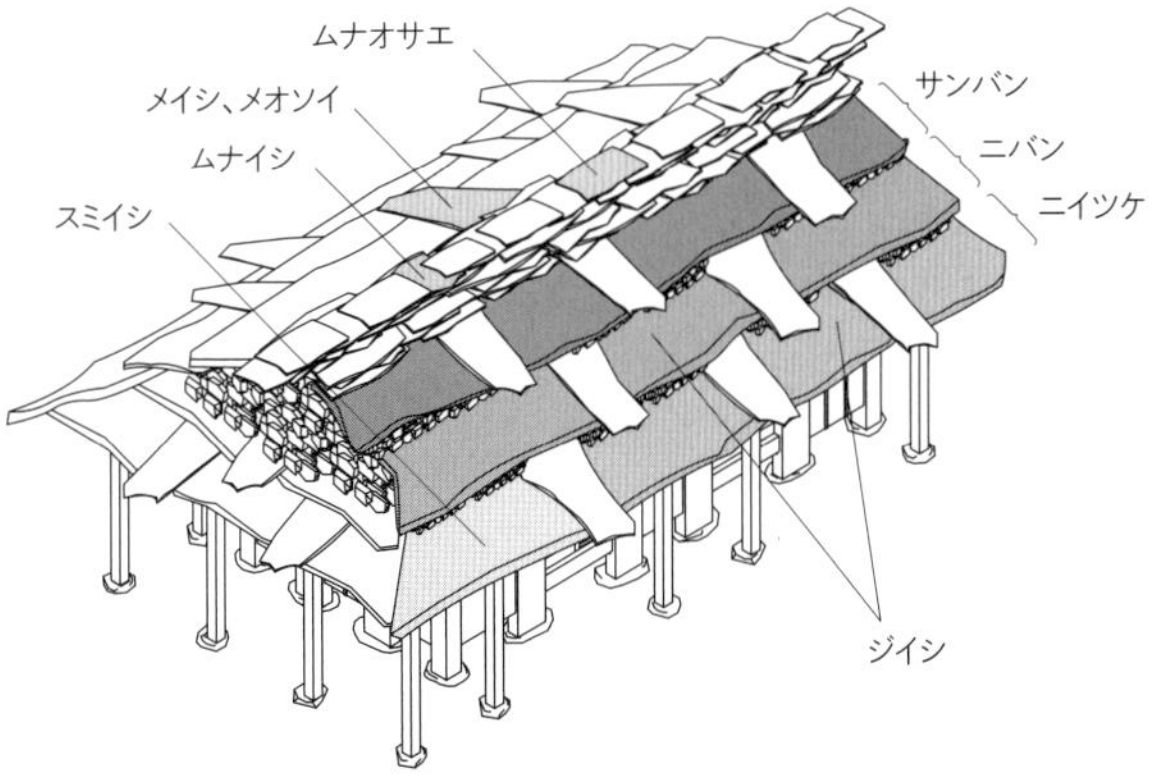

屋根の各部名称。厚く幅の広いジイシとその隙間をふさぐための薄く幅の狭いメイシを主として構成される。

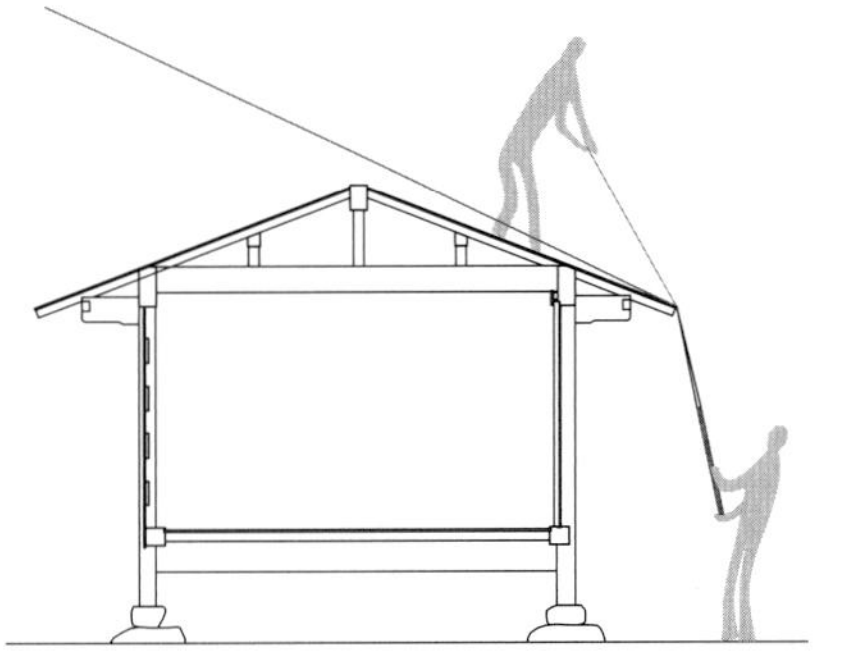

上／厚石葺きの施工方法。軒先に緩い梯子をかけ、数人がひとつの石を担いで一斉に上る（久根田舎）。シマヤマイシは、滑車を足場の上に並べ、牛と人力で上げた。全戸のカセイで約1週間を要した。（椎根）
左／薄石葺きの施工方法。近隣の数人のカセイで、縄だけを用いて1日で施工できた。（豆酘）

ムナイシの納まり。

で運ばれた。さらに、厚い石の施工には、全戸のカセイで約1週間を要した。コヤ1棟に必要な屋根石を集めるには最低1年を要したが、集落中の全コヤの石屋根の完成まで続けられたという。一方、大正期には、シマヤマイシ（島山石）と呼ばれる厚さ12～18㎝の巨大な整形の屋根石が石屋によって発破で採石され、金銭で取引、流通するようになる。これによりシマヤマイシに葺き替えることは富の象徴としての意味も持つようになっていった。しかし、なおも施工は大規模なカセイで行われたのである。

近代化の中にあっても、集落のカセイによって初めて可能となる石屋根が、集落のまとまりを再確認させる大きな仕事であり続けたことがうかがえる。

各論3

「守る」木の組み方

……樋口貴彦

5つの板倉

戦前に八ヶ岳山麓の倉を調査して著書『草屋根』にその記録を残した今和次郎は、その構法上の特徴から、板倉、校倉《あぜくら》という2つの形式を分類し、さらにその中間に半校倉という第3の形式を見いだしている。戦後の伝統建築の研究者たちもまた、呼び方はまちまちでありながら同様の分類を行ってきた。特に三角形（ないし六角形）断面の校木をもつ社寺建築に見られる建築を校倉造りと呼ぶことがあるが、民家の倉では正方形や長方形の断面の校木が一般的で、セイロウとかせいろう造りと呼ばれることが多い。また板倉も、板材を落とし込む建設の工程から、オトシ、落とし板倉と呼ばれる。倉の所在地における一般的な呼称としては先の2つはせいろう倉と落とし板倉と呼ばれ、半校倉はせいろう倉と区別されてはいない。しかしここでは、板倉構法の変遷について説明しやすいように便宜的にせいろう中柱倉と呼ぶ。また、落とし板倉には壁板の他に柱間をつなぐ3つの横架材がみられ、それぞれの特徴に合わせて貫《ぬき》板倉、胴締め板倉、胴差《どうさし》板倉にわけられる。（❷）

現代の別荘建築には、意匠的な理由から校倉造りが選択されることがあるが、八ヶ岳山麓ではこの5つの形式が混在し、これらすべての形式において、板壁の外壁に土が塗られる傾向が見られる。また民家の倉は、いずれも1階にブンコと呼ばれる板で仕切られた穀物用の収蔵室をもち、2階建てとなる場合は、下層が穀物庫、上層が衣類や書物を納める物置きという使い方が共通して見られる。そのため構法の選択は、意匠や機能によるものではなく、建築部材を加工する技術に大きな要因があったと考えられる。

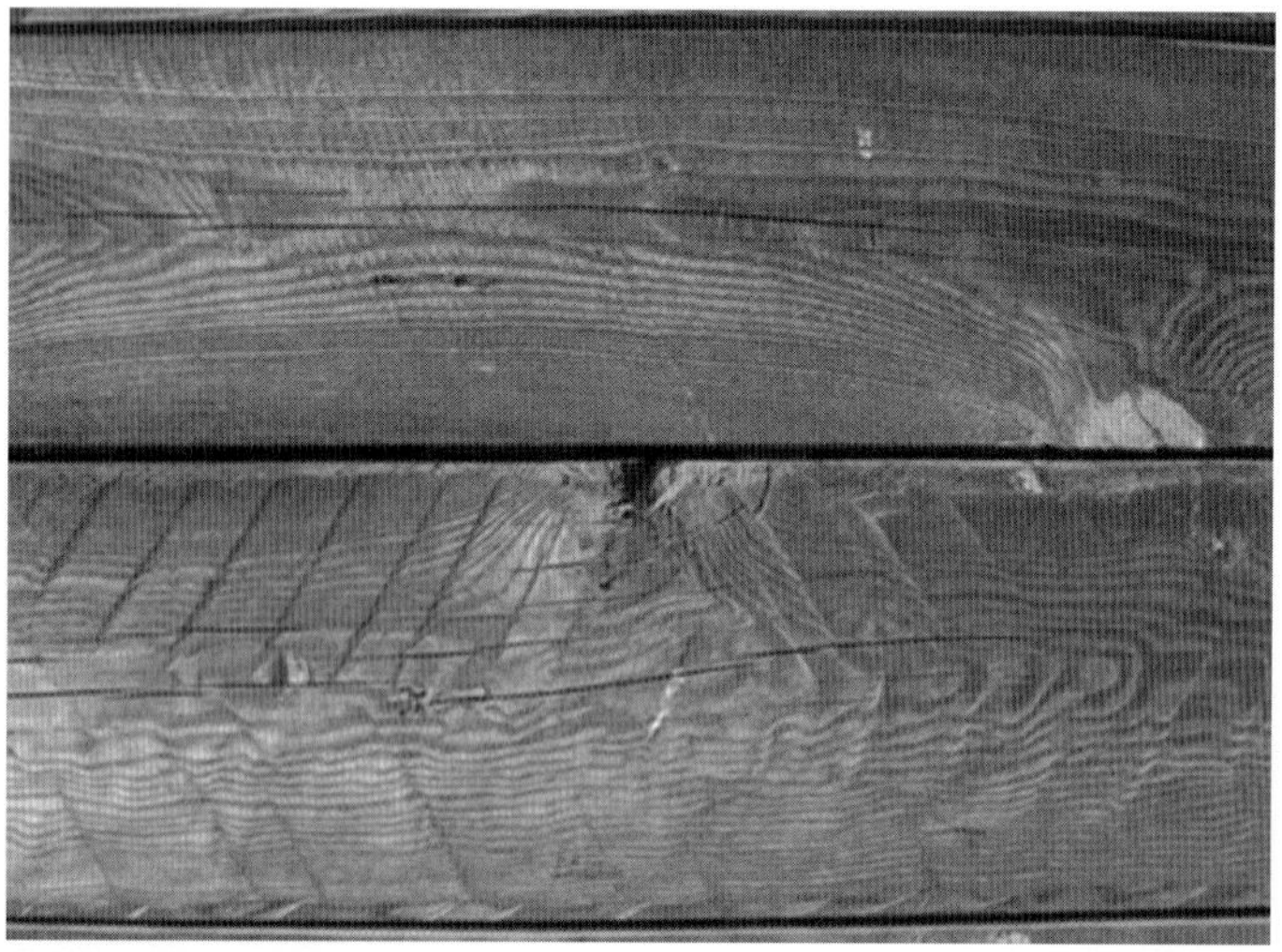

❶壁材の表面に残る製材痕
杣が丸太をはつって角材としたものを木挽が半割に挽いた壁材。上は大鋸を用いて挽いた木裏側、下はハビロなどの手斧を用いてはつった木表側。

3つの製材痕

八ヶ岳山麓では、倉の更新や分家に際して集落内や近隣の集落の間で板倉のやり取りが頻繁に行われていた。倉を移動する際は、一旦壁に塗られた土が落とされ、解体・移築が行われた。頻繁に移築が行われたためか、経済的な理由からか、移築後に土が塗られずに使われていたり、当初から土が塗られず使われている倉も多い。そうした倉に近づき、板壁をよく観察すると、板倉に用いられた木材の表面に3つの異なる製材痕があることがわかる。

1つは木材の木表側をVの字型または斜線状に荒々しく刃物で、はつり落としたもので、ハビロやヨキ、チョウナ等の手斧類を用いて製材した跡である。他の2つは、木材の表面に波形上に湾曲した細かな筋が見られる、鋸によって挽《ひ》き出されたものである。一方はその筋の間隔がまちまちで一定ではなく、人の手により製材された跡だとわかり、もう一方は筋の間隔が均一に並ぶため、機械を用いて製材したことがわかる。これらの製材痕に注意しながら幾つもの集落を歩いて回ると、先ほど述べた3つの板倉の構法の形式ごとに、それぞれの製材痕が異なる頻度で見ることができる。❶

はつってつくる

八ヶ岳山麓の板倉にはツガやシラビソなどの亜高山帯の樹木が使われることもあったが、主にはカラマツやアカマツが使われていた。カラマツはねじれがひどく、アカマツは曲がりがある。いずれもスギのように加工しやすい材種ではない。楔《くさび》を打ち込んで割ろうにも、思うように分割するのが困難な材種だといえる。このような材種を、面をもった材として加工するために、最も簡易な方法は、丸み、曲がりを削り落す方法だ。校木を組み上げてつくるせいろう倉には、芯を残したまま木表側をはつった材が多く見られる。芯を残したままであるから、三寸程度の厚みがあり、そこで太いダボを使って接する校木同士を垂直方向に連結し、渡り顎《あご》や蟻落としの仕口で直行する校木同士を水平方向に緊結することが可能となっている。木材をはつるための手斧類は、現在も林業関係者が使う道具として残っているが、古くから杣《そま》が使って来た最も原始的な道具だといえる。そのためこのせいろう倉が板倉の原型とも考えられている。実際にこの地域の中世の集落跡の発掘調査から、焦げ付いた穀物と燃え落ちた柱のない、壁に特徴のあるせいろう倉と思われる建物が出土している。

挽いてつくる

一本、一本、校木を加工して積み上げて行く工程は、木材を加工する上では容易であるが、それを組み上げるためには多くの労力を必要とす

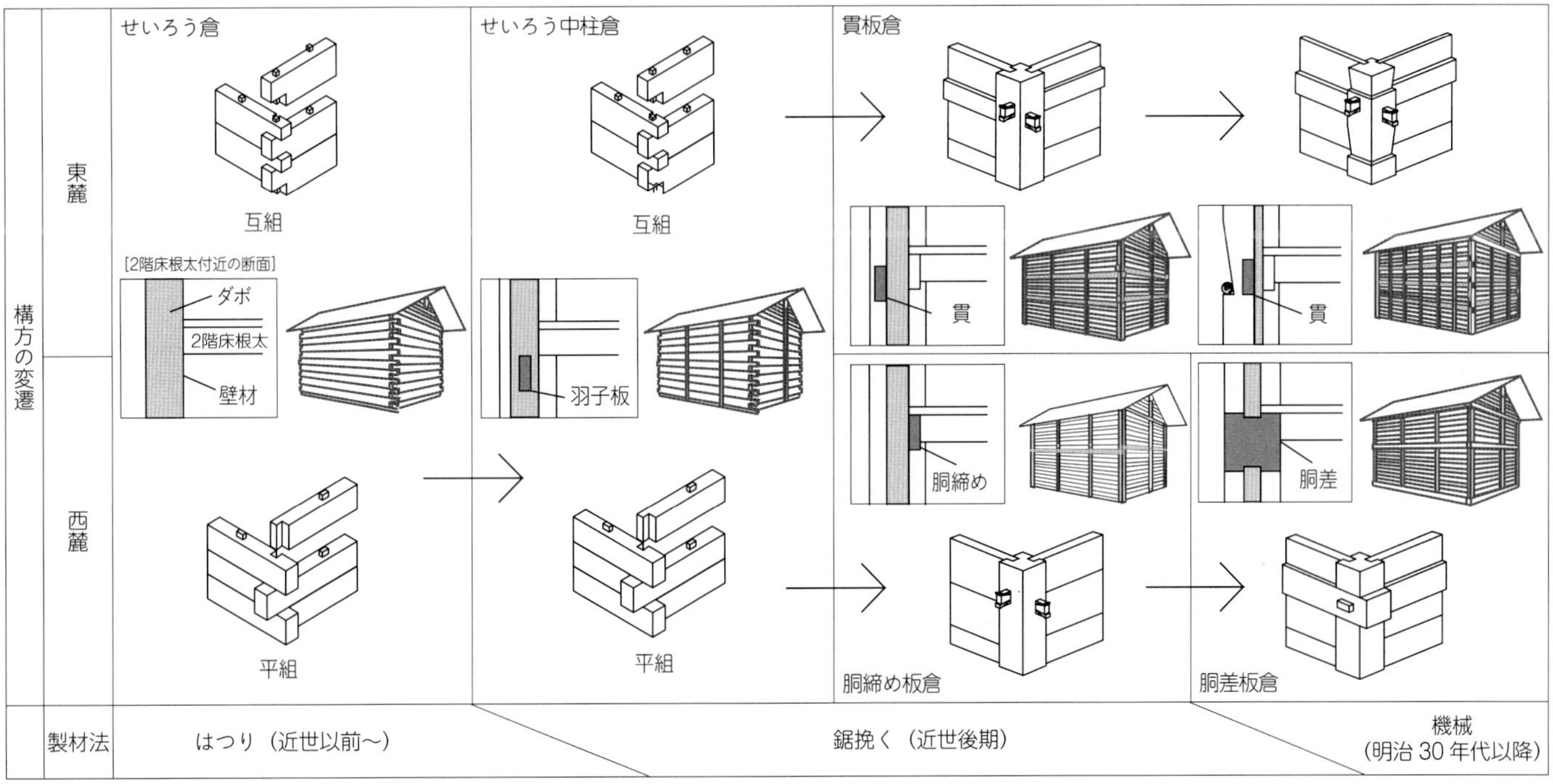

❷各類型に見られる製材痕の特徴

る。一般的に近世になるまではマツを分割して用いることは困難だったといわれている。なぜなら、大鋸《おが》と呼ばれる広い刃をもった鋸が地方にまで広まったのは、近世の後半になってからだからだ。桐生の彦部家のように、近世初期から繰り返し改修が行われた民家の部材に着目しても、近世の初期ではつってつくられていた板材が、近世の後半になり鋸で挽かれるようになっているのがわかる。挽くことが可能になると、木材を分割することが容易になる。芯から半分に木材を分割することが可能になれば、木材をはつって加工する手間も半分で済むようになる。柱を介して余る半分の木材を積んでゆけば、それまでの倍の大きさの板倉を建てることも可能となる。せいろう中柱倉には木表側がはつられ、木軸から半分に分割された半割材が多く用いられた。

さらに挽いてつくる

大鋸の普及によって大径木の木材からの板材の加工がより容易に行えるようになると、芯から二分割するだけでなく、芯を中心に二寸程度の板に三分割、四分割と加工することが可能になる。また一方で、二寸に満たない厚みでは、校木として仕口を加工することは困難であるため、壁材は専ら柱の溝に落とされるだけ

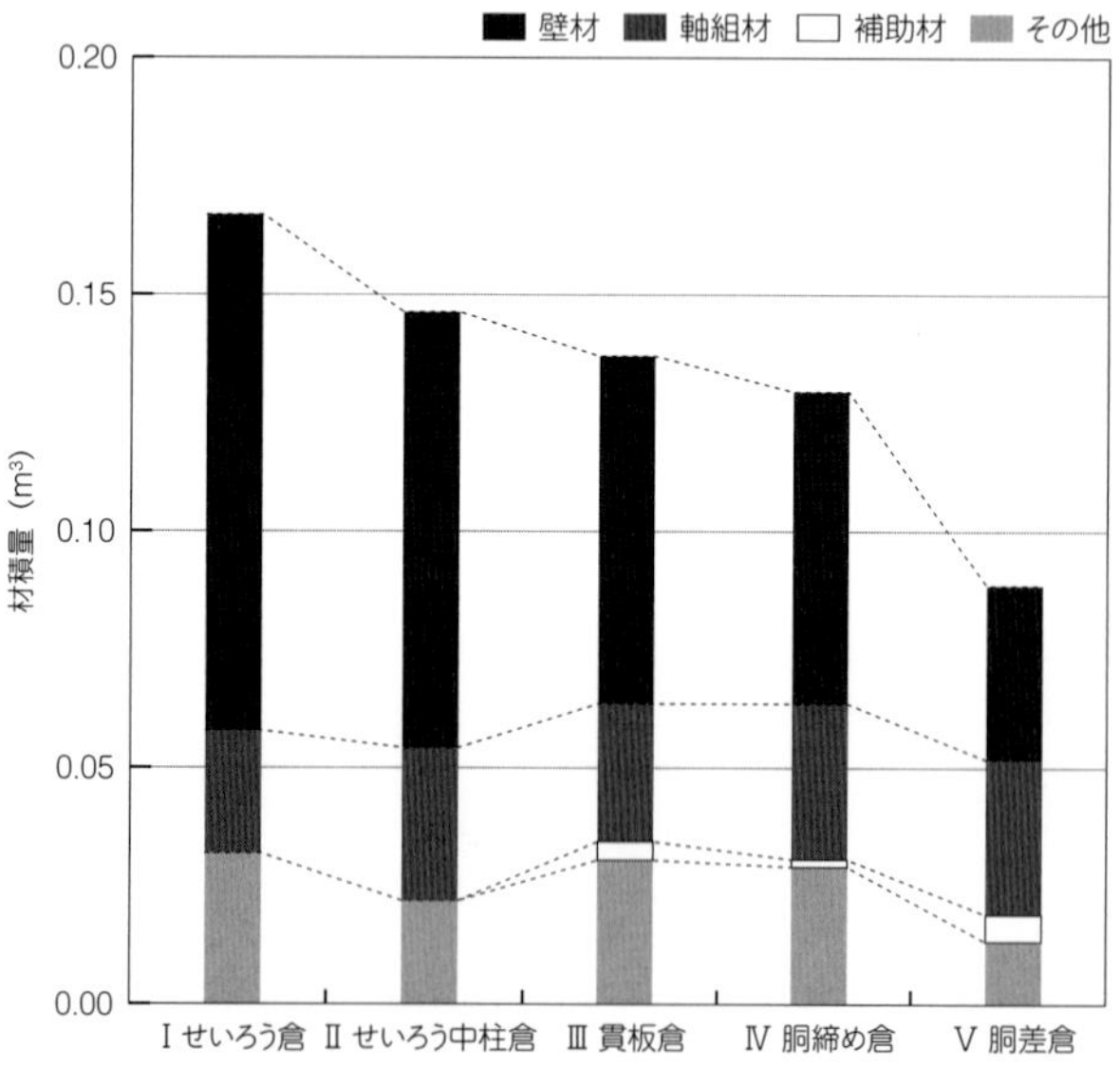

❸各類型における単位面積あたりの材積

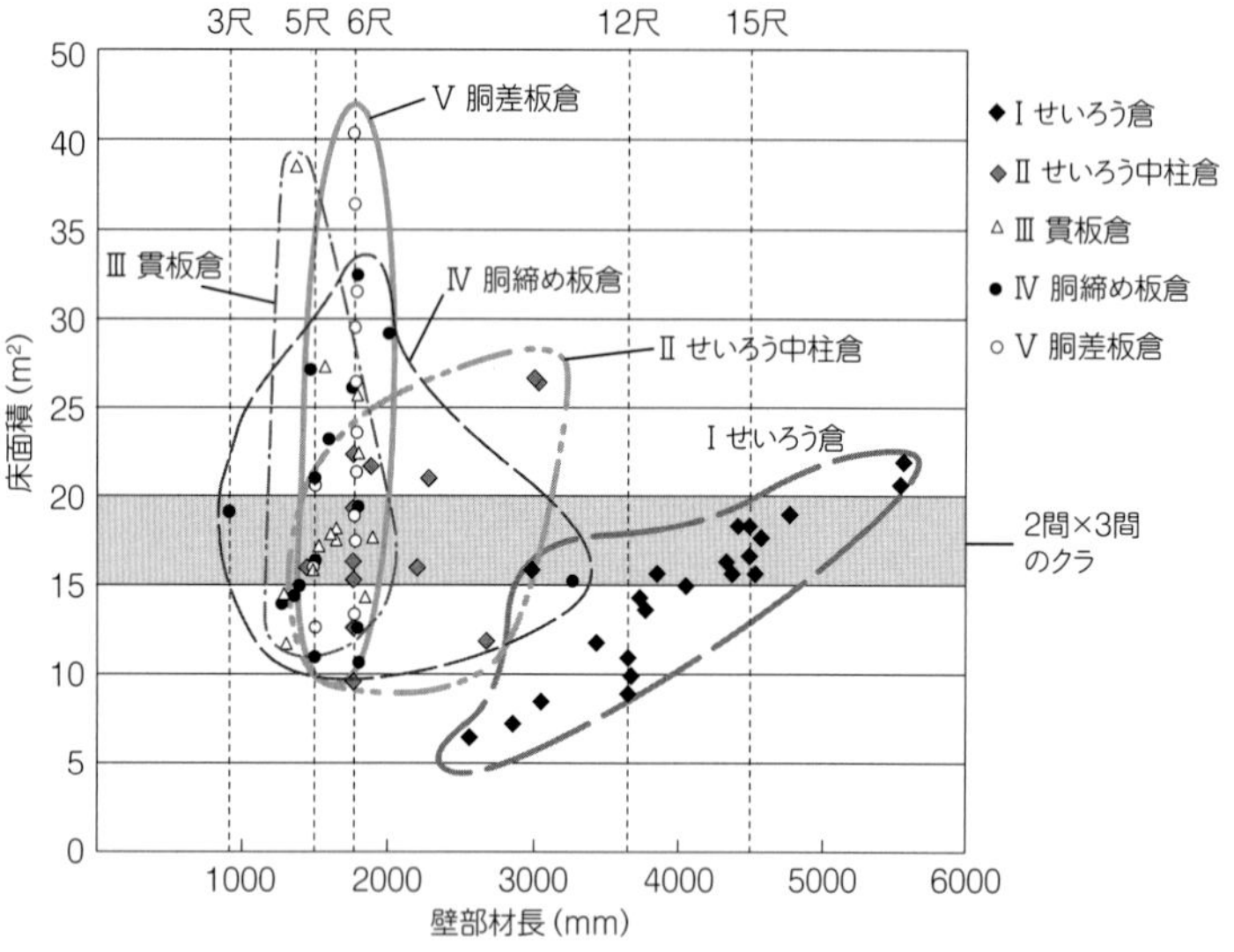

❹各類型における床面積と壁部材長の特徴

になる。また柱と壁板を継いで壁体が組み立てられるのであれば、壁材が水平方向に長くとる必要はなくなり、柱の数を増やしたり、柱間に2階の床根太を受ける胴差が入ると、壁材が鉛直荷重を担う必要がなくなるので、むしろ面材として外部からの侵入や、内部の環境を保つ上で必要な範囲の厚みでありさえすればよくなる。厚み二寸程度の落とし板倉の壁材は、大鋸によって挽かれているものが多いが、それより薄い壁材は、機械により加工されている場合が多い。明治時代には水力をエネルギー源とした動力付きの製材機が導入されるようになり、昭和に入って建設された板倉ではその傾向が特に強い。機械を用いることで、手間のかかる薄く均一な板材の加工が可能になっている。稀に、製材機で挽かれた板とはつられた板が同じ壁面に見られることがある。製材機が使われるようになっても、山から挽き出す際に、軽く運びやすい形に整えるために木ははつられ続け、その面がそのまま使われることもあったのだろう。

板倉の普及と木材の節約

このように板倉に見られる、複数の形式は、木を加工する製材方法の変化と関係が深い。それぞれの製材方法の普及した時期から板倉の形式

を見れば、せいろう倉、せいろう中柱倉、落とし板倉へと、製材方法の変化に応じて、より簡便に効率よく組み立て可能な形式が選択されてきたことがわかる。構法の簡略化は現代にも通じる潜在的な需要であるが、製材方法の変化によって、木材をより薄く大量に加工することが可能になったことは、使用木材量を抑えようとする、もうひとつの潜在的な需要と結びついている。一定の大きさの空間を、木材を用いて組み立てるために必要な木材の量を板倉の形式ごとに比較すると、落とし板倉の壁の厚みはせいろう倉の半分程度であるため、間に入る柱材を計算に含めても、二分の一近くの材積に抑えられることになる。(❸)材積が半分であれば、同じ木材から倍の大きさの板倉の建設が可能となる。(❹)
江戸時代中期には、日本の他の地域と同様に、安定した社会を背景に、人口増加に対応した新田村の開拓が行われ、集落間で管理する山林に関する闘争も増えている。当然ながら板倉の需要も増えるが、その建築資材は制約を受けることになる。そうした中、より薄い木材で、また短く木材を使った形式が社会的背景と製材技術の変化の中で生まれていったのであろう。

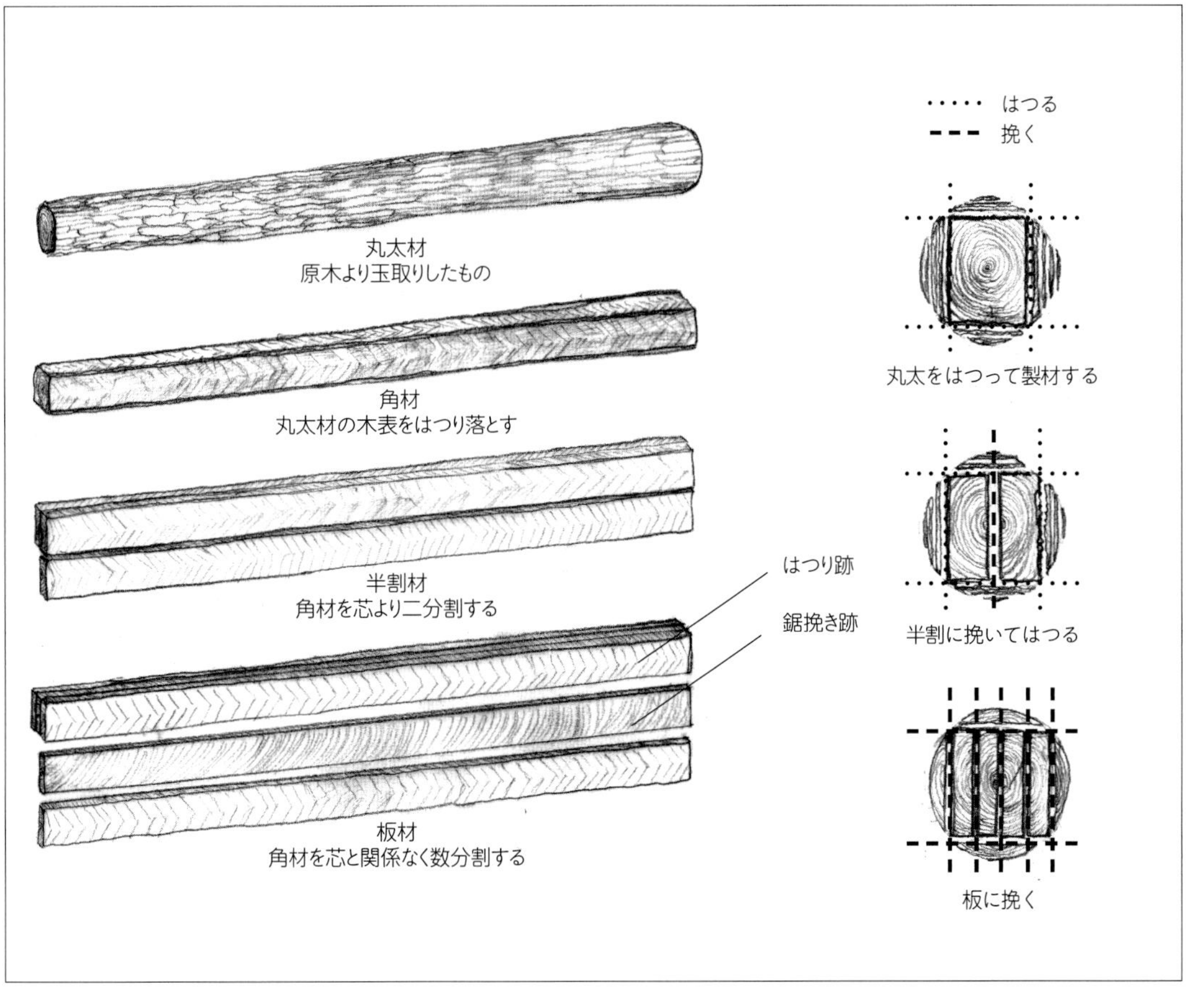

北上の板倉

繁柱に表した守りと備え

Storehouse in Kitakami

北上川は岩手、青森県境に源流を発し、岩手、宮城両県を縦断して、仙台湾に注ぐ、東北第一の大河である。奥州《おうしゅう》藤原三代の都、平泉はこの川の中流に位置し、その繁栄はこの流域の豊かな資源と早くから発達した水運に基づくものであった。このころの北上川は下流の宮城県北において大きく東に向きを変え、三陸海岸に注いでいた。三陸の豊かな海産資源もまた平泉を潤すものであった。

　この大河の流れを、真っ直ぐ南下して仙台湾に流れるように変えたのは、伊達政宗であった。米沢を居城としていた伊達藩は秀吉の天下統一を期に、新開地仙台に新しい城下を築くが、財政の基盤としてまず着手したのが、この大河の改修事業だった。北上川の下流域は、沃土ではあっても、一度洪水に見舞われると、水没する低湿地帯であり、耕作の困難な荒地であったからだ。政宗は県北の北上、迫、江合の三河川を合流させて、仙台湾に流すという一大治水事業を完成させる。これによって、下流域の湿地帯が広大な沃土に変わり、舟運も格段に整備され、伊達六十二万石繁栄の礎となるのである。

　この穀倉地帯の米は、北上川の舟運で集荷され、さらに河口の石巻から江戸深川に廻船されて、江戸の食料を支えた。伊達藩はこの江戸への米穀廻船で、莫大な利益を納めたのである。

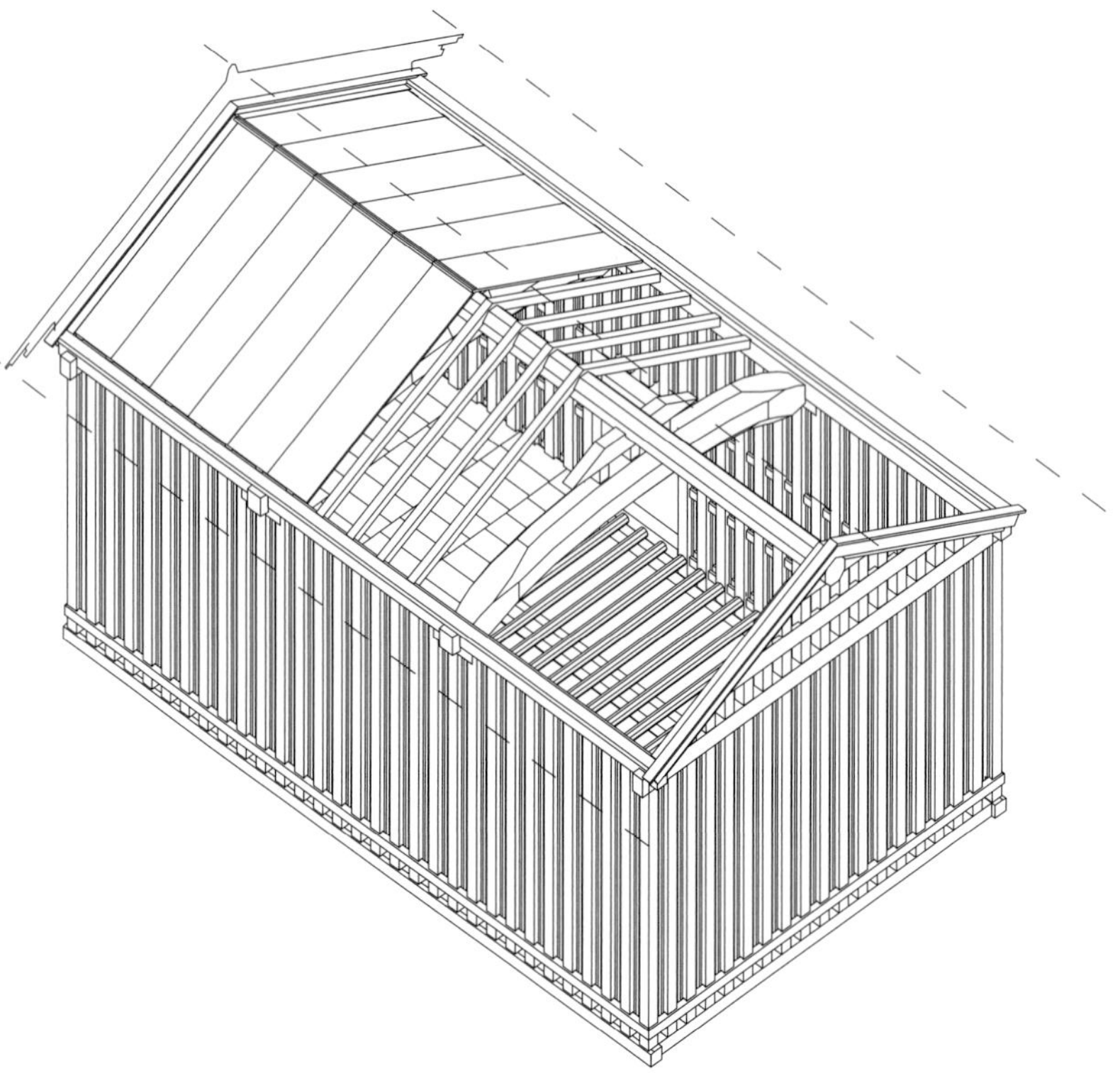

板倉の構成
柱を繁く林立させた堅牢な骨組み。その間隔が狭いほど丈夫で立派な構え。

四脚門と並ぶ板倉。柱が林立する板倉の壁は立派な塀の役割も果たす。屋根はこの地域特産の玄晶石スレート葺き。（宮城県石巻市／旧河北町）

このような農業基盤整備を進める一方で、伊達藩は、御買米制と貯穀奨励という独自の農政によって、米穀生産の増大と安定化を図った。御買米制とは、毎年春先に食料に困る貧しい農民に、反別と収穫高に応じて無利息で資金を貸し付け、秋にその農家より租米とは別に米を買い上げることで返済させる制度で、米穀生産の増大を狙いとしたものであった。

また、貯穀奨励はこの地域の特性である度重なる冷害と水害に備えたものである。とくに三陸からの冷たい東風「ヤマセ」の対策はこの地域の米作の最大の課題であり、農業技術の改良とともに、それに備えて貯穀が奨励された。農民は藩の助成のもとに、郡単位または村単位で共同の備蓄倉庫である郷倉を建設し、そこに籾を積み立てて凶作に備えたのである。郷倉は北上川を制した治水事業の象徴であると同時に、ヤマセへの怠りのない備えを表すものであった。

気仙大工の板倉——祈りのかたち

明治時代、地租改正により租税の金納化がすすめられると、この地域の地主の規模が急速に拡大する。藩政時代の御買米制によって利益を上げていた米穀商人＝地主は、明治政府の徴税代理人として特権的地位を得て蓄財し、農民への金穀貸し付け＝高利貸しとしての性格を強めていく。

そして零細な農家は高利負債を返済しえず、土地を失う。こうして地主層への土地集積が急速に進み、50町歩を越す大地主層が形成されたのである。

この地主層の普請に活躍したのが気《け》仙《せん》大工である。岩手県の南三陸沿岸の気仙郡は旧仙台藩領であるが、古くから北上川を通じて平泉に結びつき、豊かな海産物と林産資源を基盤として独自の文化が形成されていた。ここを本拠地とする出稼ぎ大工集団、気仙大工の成立は謎に包まれているが、平泉建設の大工に由来すると考えられている。

上／繋柱の板倉、木材だけで土蔵に負けない豪壮さと倉としての性能を持つ。(宮城県石巻市／旧桃生町)
右／出入り口の庇を支える雲肘木（くもひじき）。凝った装飾からは、社寺建築を得意とした気仙大工の優れた技術が見て取れる。

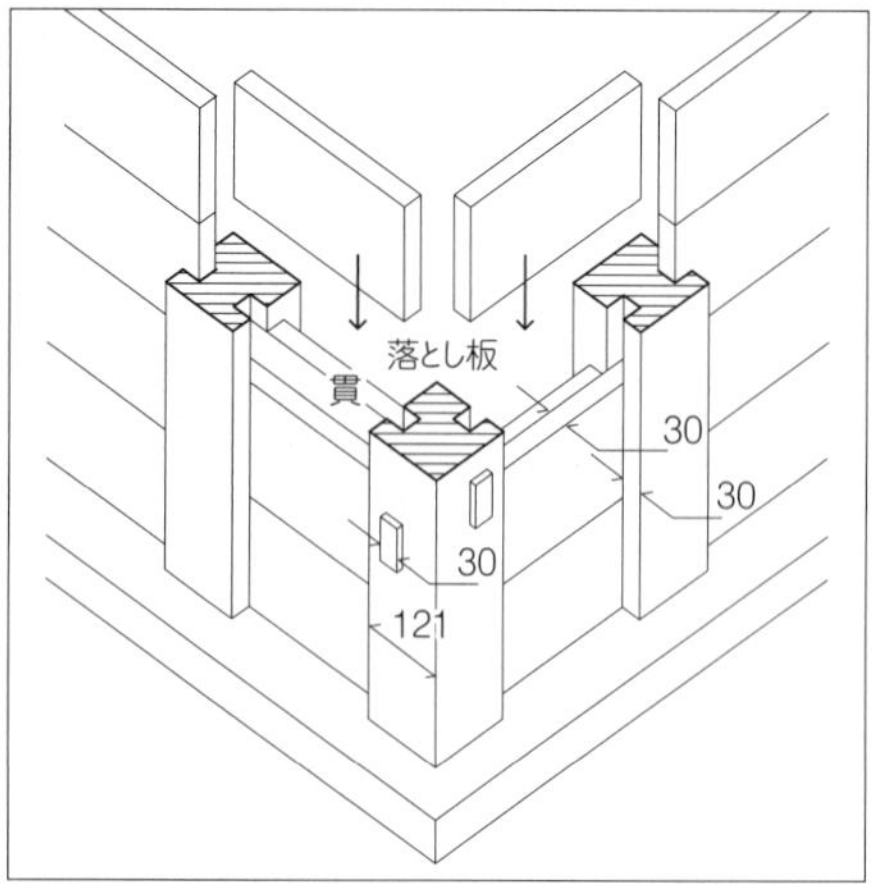

壁詳細図
落とし板の接ぎ合わせの形状は不明。

政宗の仙台築城にも重要な役割を果たしたとされ、仙台藩の社寺仏閣で気仙大工の手になると伝えられるものは少なくない。明治になると北上川下流域に形成された大地主層の普請はすべて気仙大工の仕事と言っても過言ではないほどに、この地域を舞台としてその技量が発揮されたのである。

地主の家の豪壮なつくりの主屋もさることながら、その財力を表すのは板倉であった。農家というよりは金穀の貸し付けが主たる生業となっていた地主層にとって、板倉は単なる米の貯蔵庫を超えて、いわば店の看板としての性格を備えていた。本来社寺建築を得意とする気仙大工の技量は、板倉の構造はいうに及ばず細部の装飾にもいかんなく発揮される。とくに倉の出入り口は、小さなお堂そのままの造作で包まれているのが特徴だ。

北上川下流域の板倉は、米作単作地帯の繁栄と不安定のその両面を反映している。藩政時代の郷倉は凶作への備えであった。板倉の持ついわば備蓄倉庫としての性格は、明治以降も基本的に変わることはなく、地主層の板倉には郷倉として提供されたものも少なくなかった。地主自ら基本籾を提供し、貯穀を推奨したのである。

冷害や水害による飢饉に備えがなければ、この地域社会の安定は築けなかった。気仙大工の装飾には、災害と共存する社会の祈りが込められているのである。

立派な懸魚を持つこの倉（p.112～113）は明治16年の建築。立ち並ぶ柱は鉄格子のように盗難防止の役割も果たす。（宮城県石巻市/旧桃生町）

上2点／桁、主屋の木口を保護するために取り付けられた、軍配（上）と扇（下）の形をした飾り。大工の遊び心によるものだろうか。

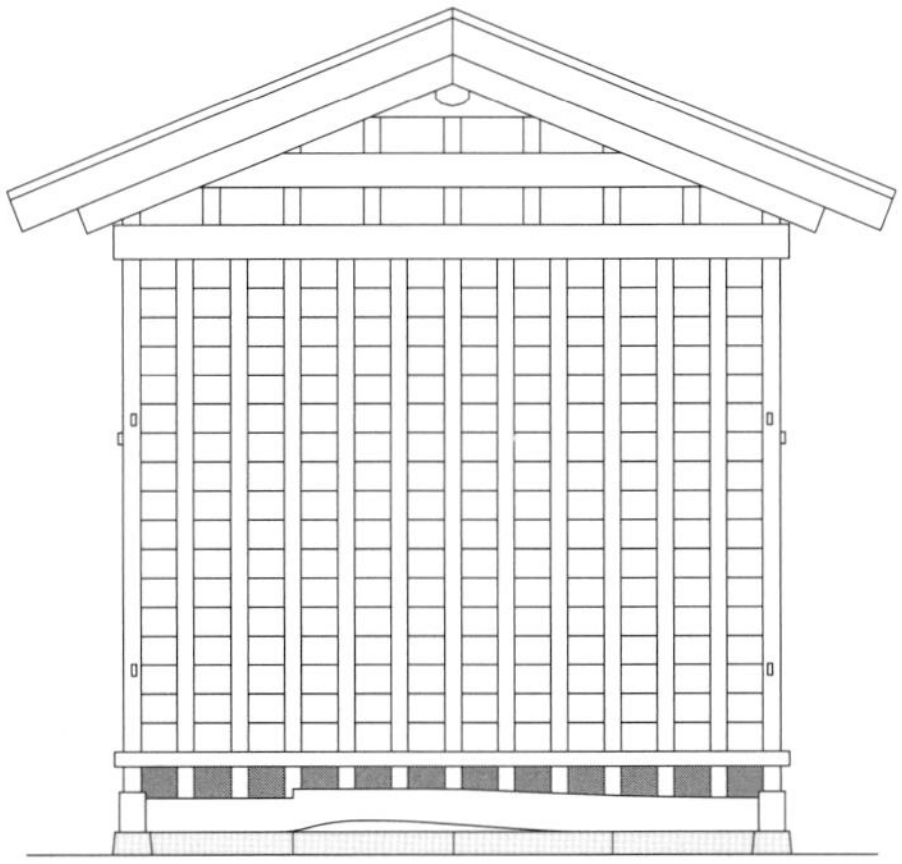

立面図

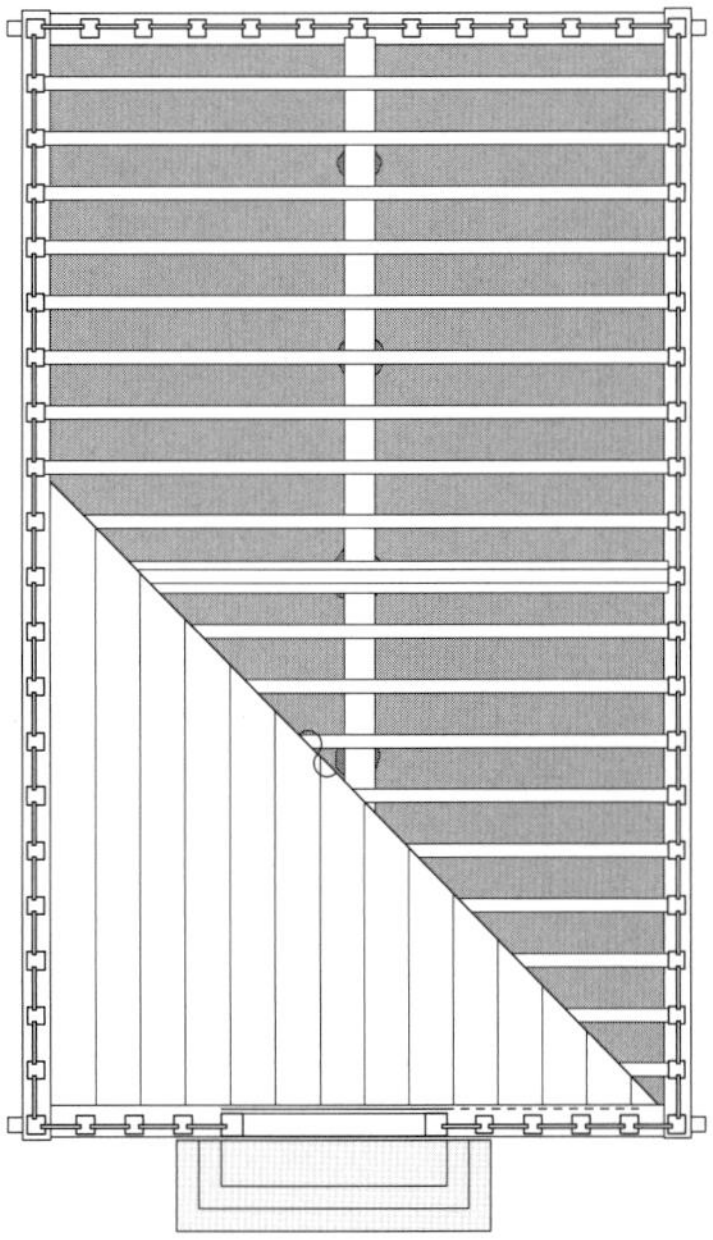

平面図

間口二間半、奥行き四間のこの倉は、四寸角の柱を柱2本分の間隔をあけて立て、厚さ3cm、幅20cmほどの薄板を落とし込んでいる。柱は貫と長押（なげし：柱を両面から挟み付けて大釘で打ち留めて固定した横材）、さらには落とし込んだ板で固められている。柱の数は60本を超え、入り口周りの彫り物とともに木材をぜいたくに使った倉である。懸魚（げぎょ：妻側の棟木や桁の端に取り付けられる装飾的な操形のある板）を2枚持つが、これらは棟木と牛梁（和小屋において小屋梁が長大にわたる場合、その途中で受ける断面の大なる梁）の木口を保護している。

足元は板を落とし込まず通風を確保する。

上／出入り口の庇のデザイン。この辺りの倉にすべて共通しており、気仙大工の仕事を示している。
左／土台に立てられた柱は、長押で足元をそろえる。

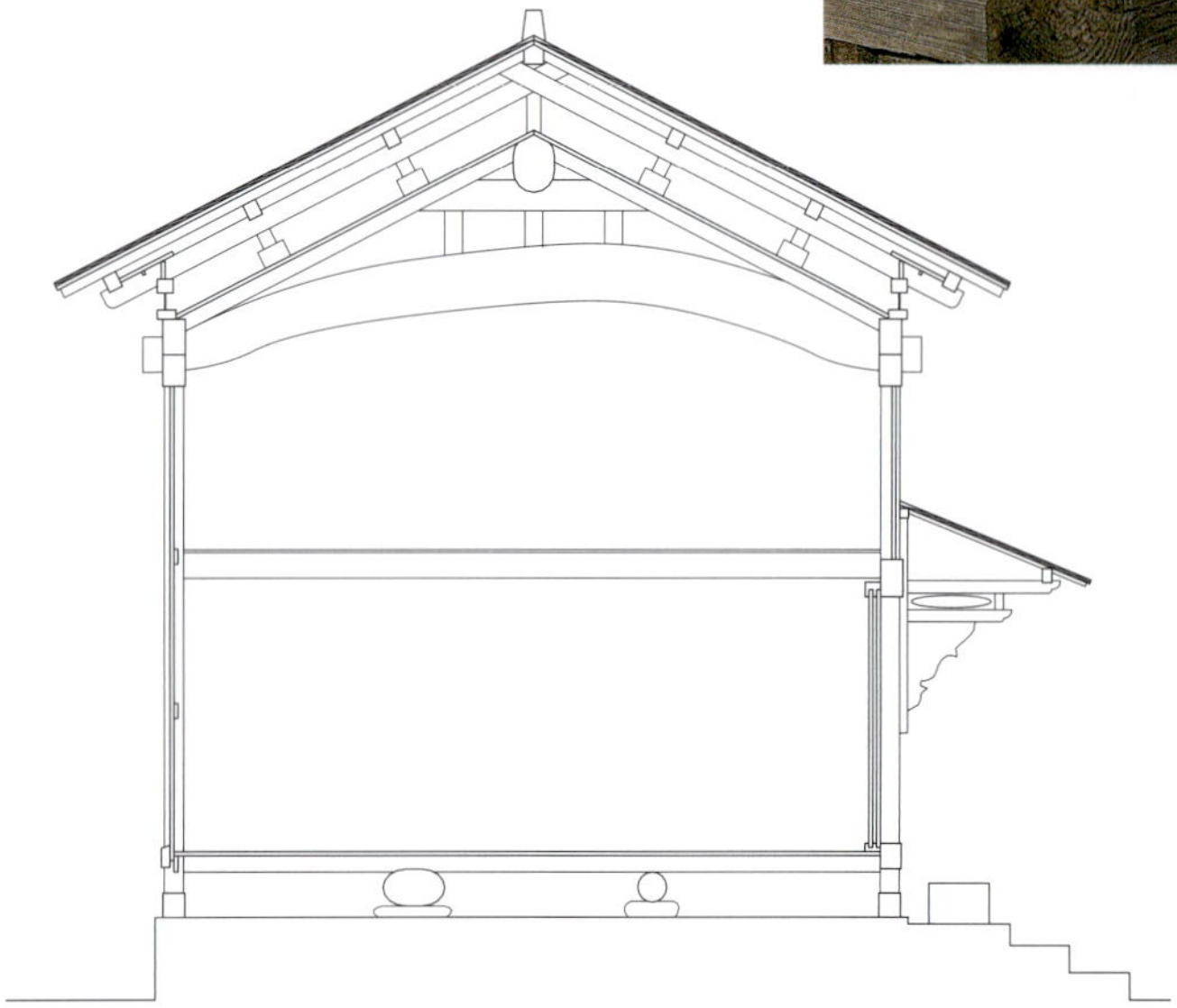

断面図

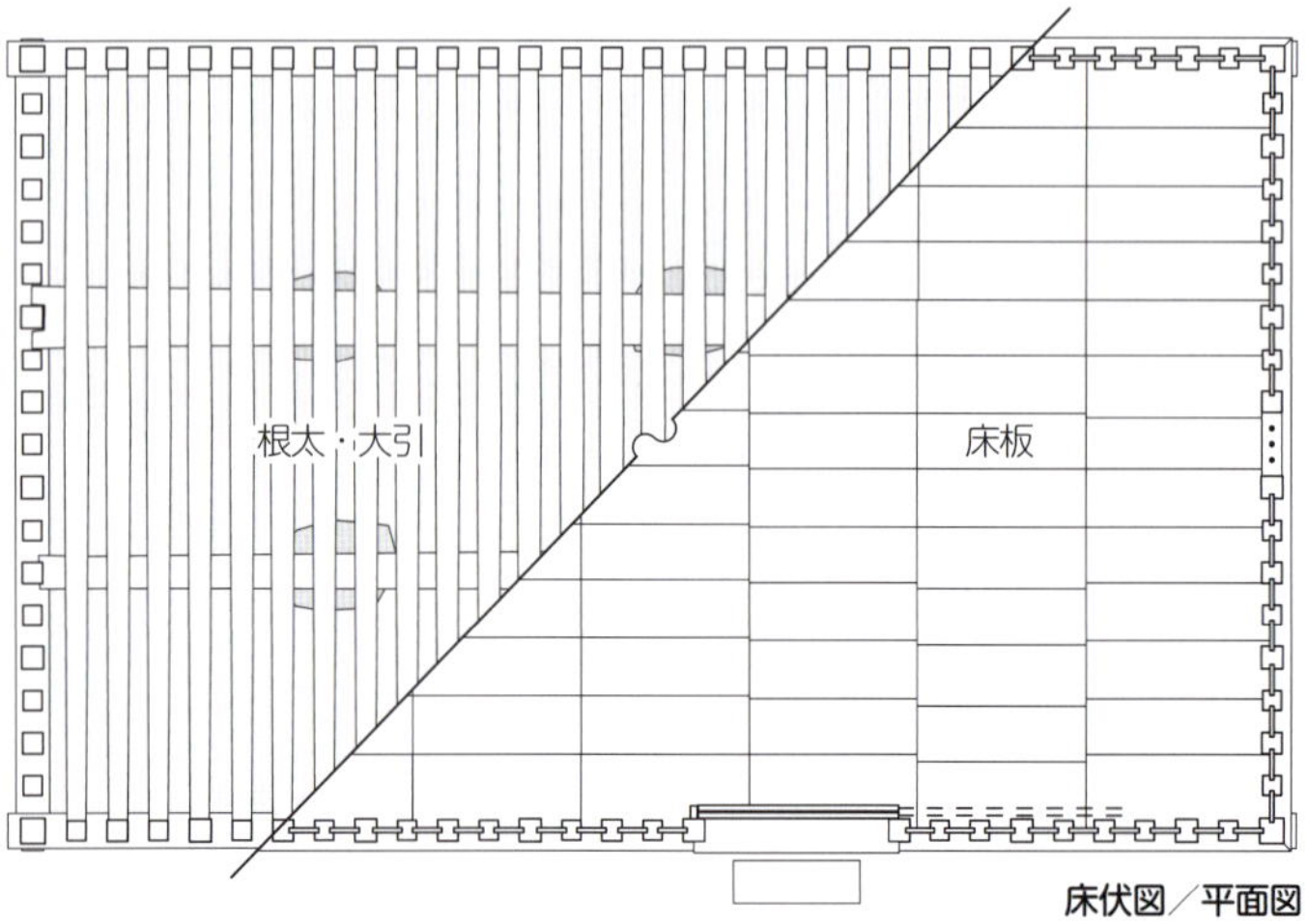

床伏図／平面図

四脚門と並んで立つこの倉は、棟札から明治14年築と判明している。屋根は当初はクリ木羽葺きだったが、天然スレート葺きに替えている。規模は五間×三間、平入り（建物の長手側に入り口があること）である。四寸五分～五寸の柱を五寸間隔で立て、一枚板を落とし込んでいる。柱の長さは十三尺、一部中2階となっている。この倉の立つ屋敷内には、他にもう1棟の板倉を含めて多くの付属屋がある。そのうち四脚門、板倉、土蔵から棟札が見つかっている。四脚門は明治20年、もう一棟の板倉は明治25年である。土蔵の棟札には年代の記載はないが、明治25年の板倉の棟札とこの棟札には、女性の道具(ハサミとカミソリ)が添えられていること、さらに大工が同じことから、ほぼ同時期に建てられたと考えられる。この大工の出身地が、岩手県気仙郡と記されていることから、この類の倉と気仙大工との関わりが推測できる。

上／屋根は二重に架けられるが、その隙間を彫り物で飾っている。
下／柱が林立する正面は、さながら牢屋のように堅牢。入り口の庇にはクリの木羽葺きが残っている。

北上川下流域の農村風景。主屋と納屋を挟んで表と裏に2つの板倉を持つ。裏は自家用の籾倉で、表は小作の籾倉。表の倉は特に立派で、前面に広がる水田と相俟って稲作単作地帯の独特の風景をつくりだしている。（宮城県石巻市／旧河北町）

せいろう倉から落とし板倉、そして土蔵へ　クラの構法と変遷

木の倉の構法として、木材を横にして井桁《いげた》に組んだせいろう倉と、柱を立ててその間に板を落とし込んだ板倉の2つのつくりかたがある。せいろう倉のひとつとして、よく知られているものに正倉院の校倉《あぜくら》がある。板倉は民家の穀物や家財の貯蔵庫として用いられてきた。民家においてせいろう倉は、あまり一般的ではないが山間部の民家に残されている。伊勢神宮は落とし板倉構造であるが、古くは厚板を井桁に組んだ構造であったことが知られている。神社建築が大型化するなかで、柱が構造的に必要となり、今日見られるような板倉に変遷したと考えられている。

このようなせいろう倉から板倉への変遷は、民家の倉においても認められる。せいろう倉は構造的に単純で、比較的小さな建物をつくるには向いているが、長くて真っ直ぐな木材を大量に必要とするので、大きな構造をつくるには不向きだ。その点、落とし板倉は柱を立てて短い木材をつないでつくれるので、大きな建物をつくることができ、使用する木材も少なくてすむ。

せいろう倉の素朴なかたちは丸太をそのまま組んだ構造で、製材技術の未発達な時代には、もっとも簡単に建物をつくる技術として世界中に見られる。正倉院の校倉に見られるような三角形の断面の部材は、丸太を四等分あるいは八等分に引き裂いた時にできるかたちで、古代の製材技術がもたらしたかたちと考えられている。古代において板は丸太を二等分に引き裂いたものから削りだしてつくられ、材料、手間ともにかさむ、ぜいたくなものであった。工具と製材技術が発達して、板が簡単に製材できるようになって初めて、板倉が普及するのである。また、森林資源に恵まれていた古代においては、木材をぜいたくに使ったせいろう倉がつくられ、農耕の普及で森林資源が不足してくると、木材を有効に活用する製材技術と建築技術が発達し、落とし板倉へと変遷したということができる。

森林資源の枯渇がさらに深刻になると、倉の構造は土蔵へと変わる。木材は柱や梁などの骨組みだけとなり、木に代わって土が主役の構造となる。農耕は西日本に早く普及し、それにともなって西日本の山から自然林はほとんど姿を消し、二次林としての松林や雑木林に変わっていく。農耕は森を切り開くことから始まるので、その普及自体が森林破壊を意味する。その急速な破壊の進行は燃料としての森林伐採が原因であり、家庭燃料はもとより焼物製造やたたら製鉄によって西日本の山は切り尽くされていたのである。もっとも温暖多湿な日本では森は比較的早く再生するので、薪炭林として20～30年のサイクルで伐採するような森林利用に変わったのであり、はげ山になってしまったわけではない。しかしながら良質な建築材料になるような大木が枯渇してしまったことに変わりはなかった。

倉の構造はこのような日本の森林の変遷をそのまま反映している。民家の主屋の構造にも基本的には同じことが

右2点／窓の装飾、妻側に飾られる懸魚、彫り物、吹き寄せの化粧垂木など、細部の装飾に大工の技量がいかんなく発揮されている。

上／床下。柱だけではなく、根太にもかなりの木材が使われている。
下／出入り口の回りの様子。その暮らし振りは、代々、木とともに生きてきたことを伝える。

小屋組（上）と内部（下）の様子。梁に取り付けられた小さな箱には、棟札が入っていた。大きな破魔矢は、災害に見舞われないようにという祈りの大きさを表しているようであった。

いえるのであるが、その他の要因も絡まっているので現れ方が単純ではない。農耕の普及とともに西日本の森は松林や雑木林に変わり、倉は土蔵になった。一方、農耕の普及が遅れた東日本では、森林破壊の速度は比較的緩やかで、木の倉はせいろう倉から落とし板倉へと変遷してきたのである。

柱の林立する風景の誕生

このような日本の倉の構造の変遷のなかで北上川流域の繁柱《しげばしら》の倉はどのような過程で成立し、発達してきたのだろうか。仙台藩領に残るもっとも古い板倉である旧我妻家住宅の板倉は１８０５年の建設とされている。この板倉は籾倉としてつくられたもので、梁間一間半、桁行三間の小さな倉であり、90㎝間隔に柱を立て、その間に厚さ35㎜の板を落とし込んである。板は横にして使ってある。内部は外部と同様に柱を立てて板を落とし込んで4室に仕切られており、それぞれ手作米、買入米、おむし米、稗が分けて収蔵されていた。この板倉には出入り口はなく、それ自体が巨大な米櫃《こめびつ》のようなもので、籾を直接それぞれ仕分して入れていた。一番上の落とし板が取り外せるようになっていて、籾を入れながら順次板を落とし込んでいく。この我妻家には土蔵の穀物倉があり、その内部の一角に板倉と同じ構造で籾筥が設けられてい

板倉と同じ構造で籾筥が設けられていて、籾の出し入れは同様の構造になっている。

　この板倉が繋柱の倉の原型であるとすると、はじめは籾を直接入れていたのが、俵につめて収蔵するようになったことで、板倉は大型化し、柱が繋く立てられる構造に発達した、と考えることができる。横板を落とし込む方式は籾を直接出し入れするのに都合の良いものであったが、柱の間隔が狭まると、作り方が煩雑なうえに、板が短くなって割れやすいので、一枚板を縦に落とし込む方式に改善されて、繋柱の倉は完成する。柱の間隔は板を割られても泥棒が侵入できない幅に狭められ、さらにその間隔が狭いほど立派な倉となり、財力を誇示するものとして、柱が林立する倉の風景が生まれた。それは東日本になお根強く残る森林文化の象徴と見ることもできるのである。

これほどの大きな繋柱の倉（p.116～117）は、現在ではほとんど見ることができない。水害、飢饉に備え、多くの米を蓄えることができた。（宮城県石巻市／旧桃生町）

間口七間、奥行き三間という巨大なこの倉は、大正4年の建築。明治37年にこの辺りで起きた水害で、米の貯蔵に困って建設されたという。周囲に比べて小高い場所に建てられていることからもそれがうかがえる。柱はすべて五寸角以上の太さであり、その数は100本を超える。床組は丸太の大引きを二段に重ね、根太も丸太を使い、柱ごとに入れている。小屋組は四段もの和小屋組であり、妻側には懸魚を飾っている。ぜいたくに木材を使ったこの建て方は、当時、この辺りがいかに木材資源に恵まれていたかを今に伝え、倉の規模の巨大さは広大な稲作地帯であるこの地の当時の様子を想像させてくれる。

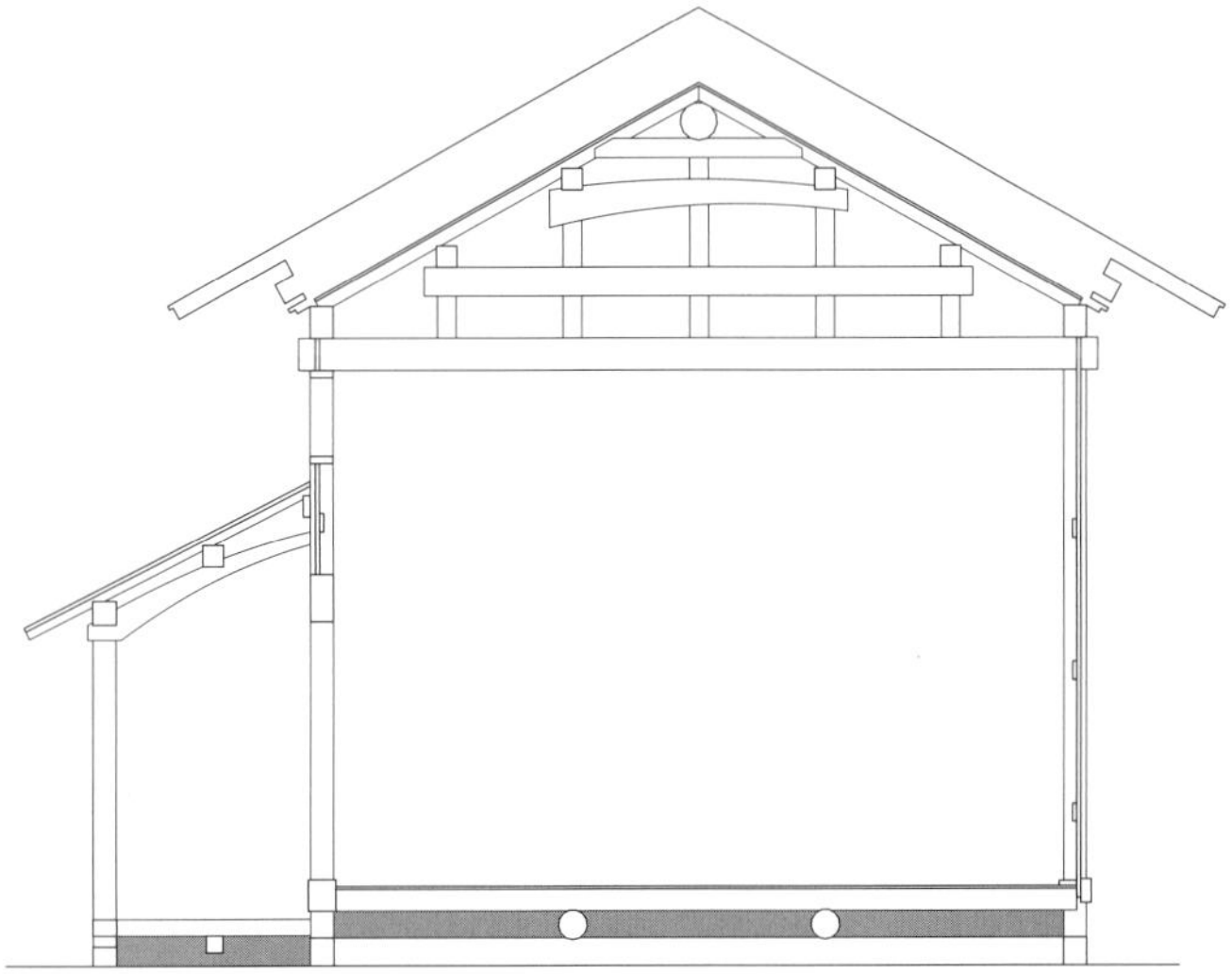

断面図

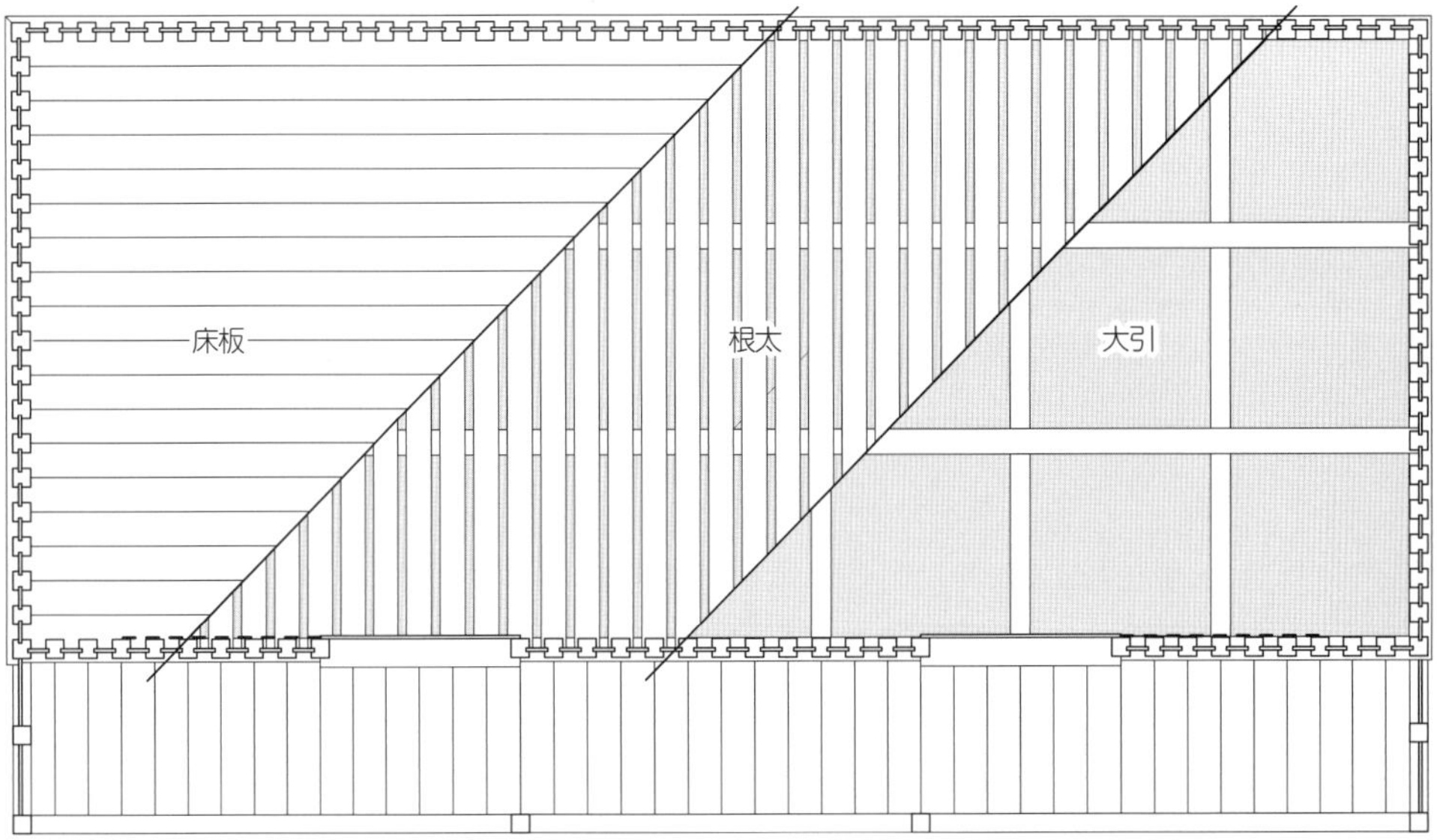

平面図／床伏図

2棟立ち並ぶ繁柱の板倉（p.118〜119）。右側は赤い顔料、左側は青い顔料で塗装されており、かすかに色味が残っている。入り口は板戸と格子戸の二重扉になっていて、これは内側の格子戸。（宮城県涌谷町）

右／赤の倉、屋根裏の通気層に設けられた格子。
左／長押を用いない、青の倉の足元周り。

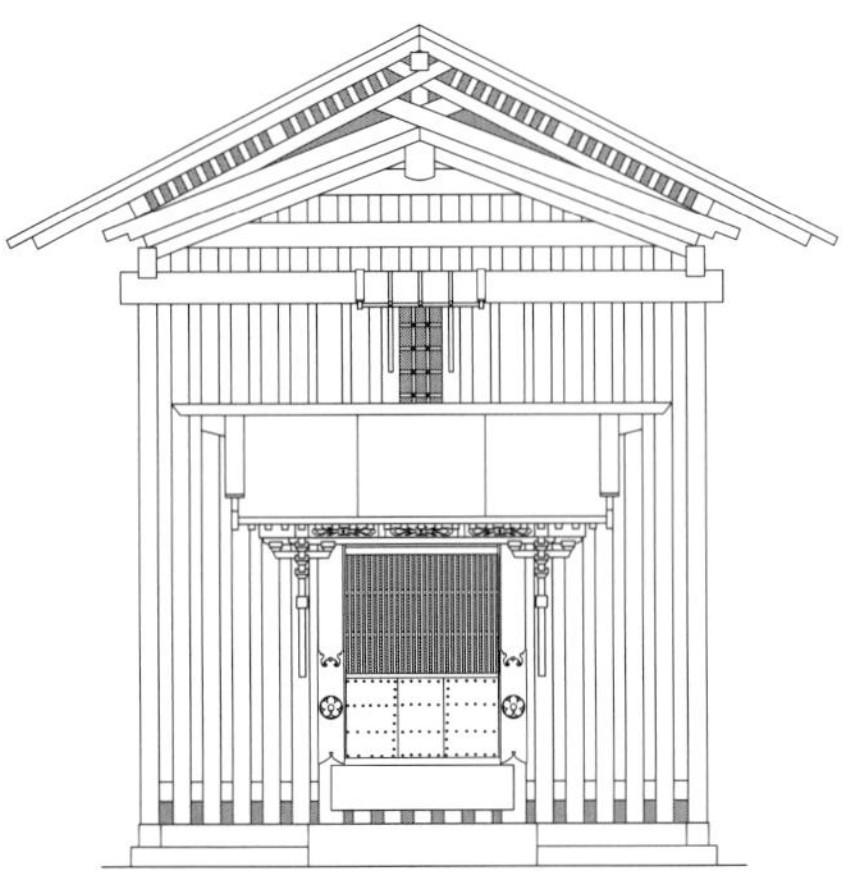

立面図（左／青の倉）

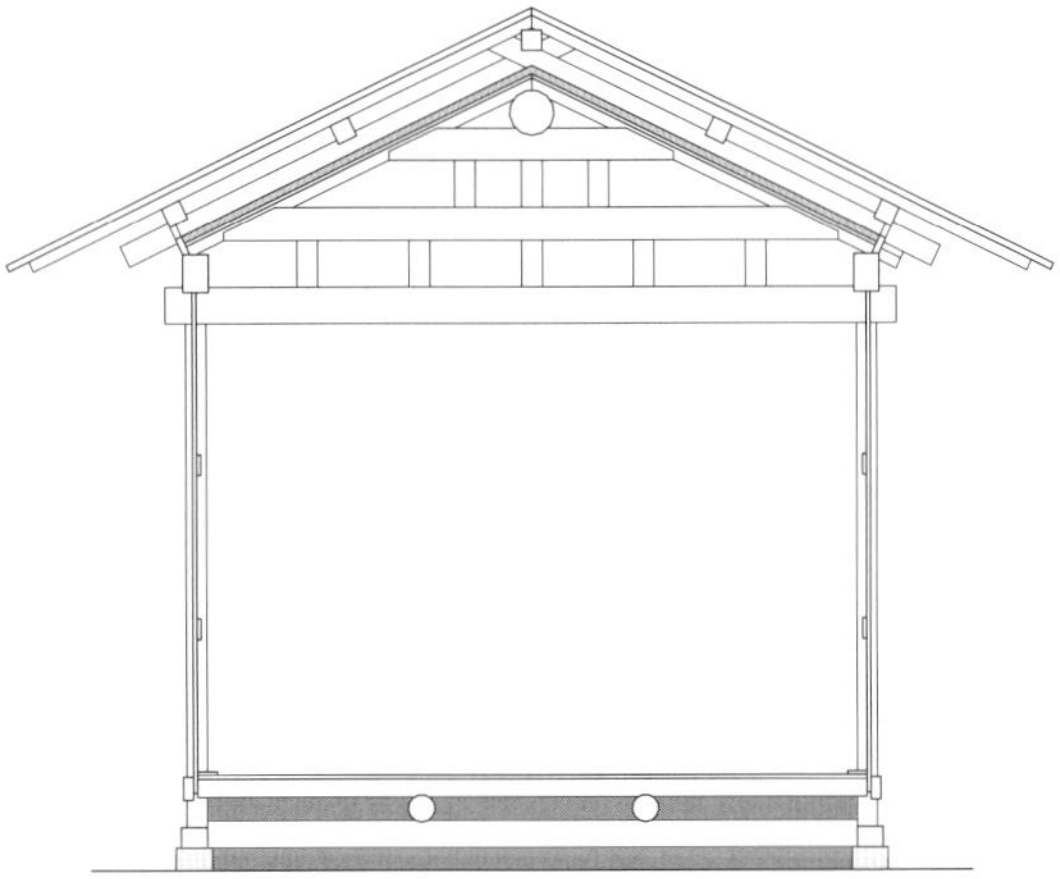

断面図（右／赤の倉）

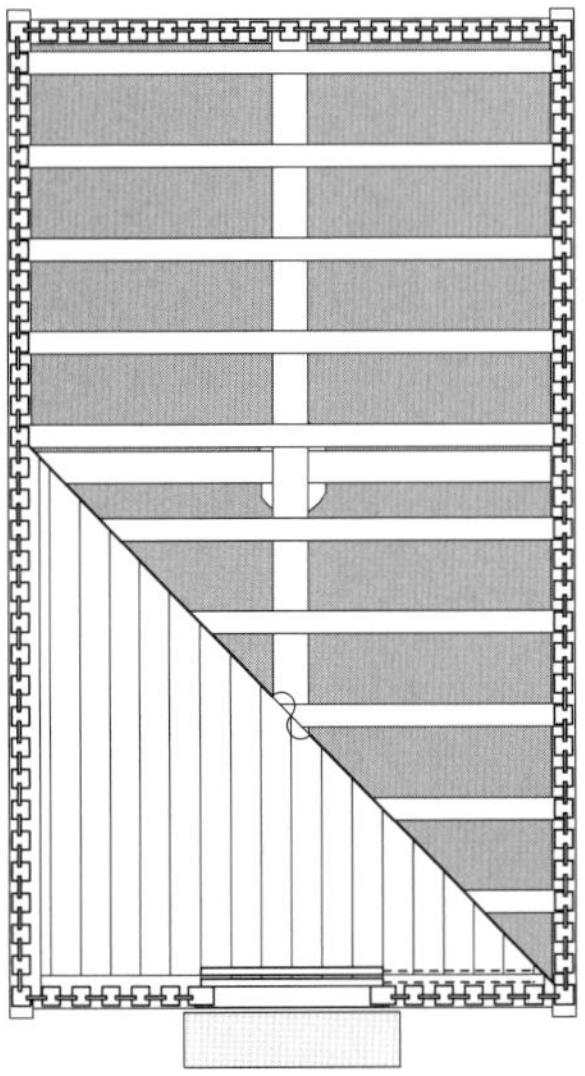

平面図（左／青の倉）

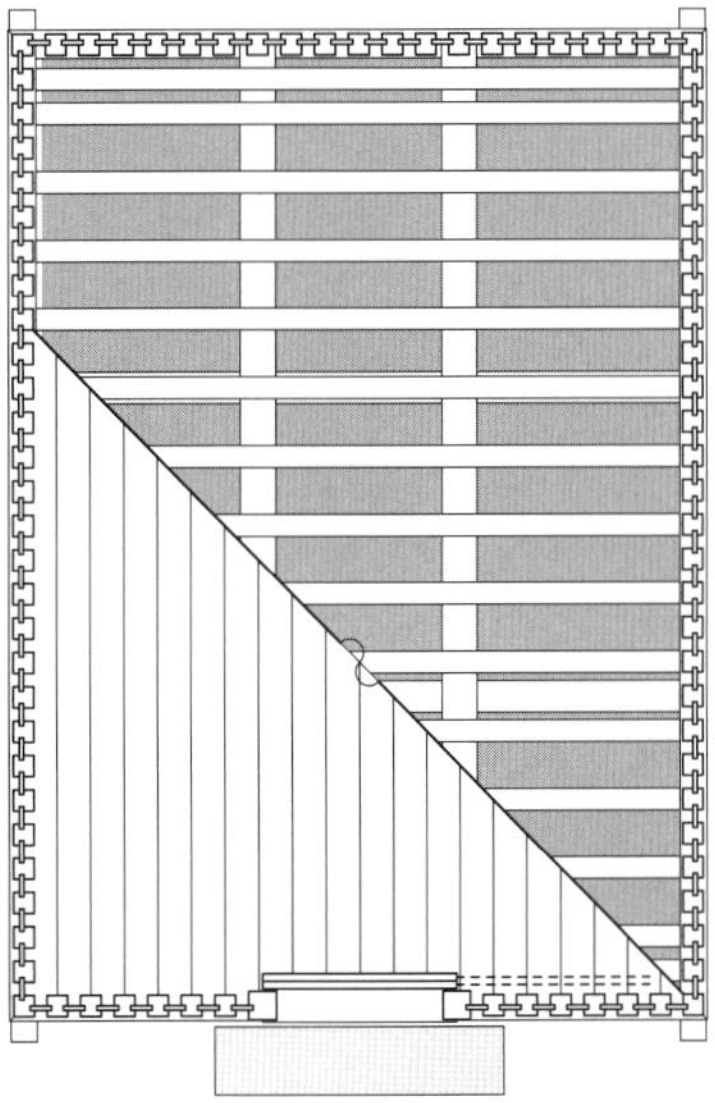

平面図（右／赤の倉）

この2棟の繋柱の板倉は建築年代が異なり、外観及び構造にも違いがある。左側の倉の方が古く明治17年築、間口二間、奥行き三間半、青い塗装がされているがその顔料は不明であった。和小屋組で、屋根が二重であること、柱と柱の間は約三寸といった、これらの構造は右の倉と同じだが、2階があることと、足元に長押が用いられていない点が異なる。長押は柱の足元を固めるが、雨水が溜まるようで、右の倉の長押は腐りかけていた。右側の倉は明治19年築、間口二間半、奥行き三間半と、左より若干広くなっている。塗装は足元が黒く、上部は赤い。おそらく松煙と弁柄で塗装されたと思われる。また、柱と柱の間に落とす板はどちらも一枚板であった。

赤く塗装されていた右側の倉の背面。板はうっすらと赤みを帯びている。

赤の倉､斗組（とぐみ:柱上にあって軒を支える装置）で、支えられた入り口の軒部分。

八溝山地のせいろう倉

Storehouse in Yamizo mountain area

スギを生かした堅牢な木組み

茨城、栃木、福島の三県にまたがる八溝《やみぞ》山地の一帯は、森林資源に恵まれ、古くから木炭と木地、漆や和紙などを産する豊かな山村であった。明治時代以降になると政府の造林拡大事業によって、関東地方有数のスギの林業地帯が形成された。この八溝山地の山麓には豊富なスギを用いたせいろう倉が残されている。せいろう倉の材料としてはクリやマツが一般的で、スギは珍しい。

スギは長く真っ直ぐな材が得やすく、狂いが少ない。その特性を生かして三間から五間の長さを一本の材でまかなっている豪快なせいろう倉が特徴的である。せいろうの隅も部材端部を長く伸ばして堅牢に組んであり、この点でもせいろう組の手本といえる。また、八ヶ岳山麓や関東山地ではせいろうの板厚が二寸から二寸五分であるのに対して、八溝山地のそれは四寸以上もあり、板というよりは角材といった感である。さらに、せいろうの部材同士もやとい実《ざね》で接ぎ合わされ、中には部材断面を台形にして、水切れをよくしたものまで見られる。このように八溝山地のせいろう倉は、八ヶ岳山麓や関東山地のせいろう倉が土を塗って仕上げることを前提に部材の厚さや組み方を決めているのに対し、木組みだけで倉に求められる堅牢性、断熱・気密性、防火性、雨仕舞を達成した、日本民家のせいろう倉の中でも類まれなものといえる。

スギはクリやヒノキに比べると強度や耐久性で劣るとされるが、芯材（赤身）の使用と、接合部の工夫によって、倉として十分な強度と耐久力を持たせられることを、この八溝山地の端正なせいろう倉は表している。

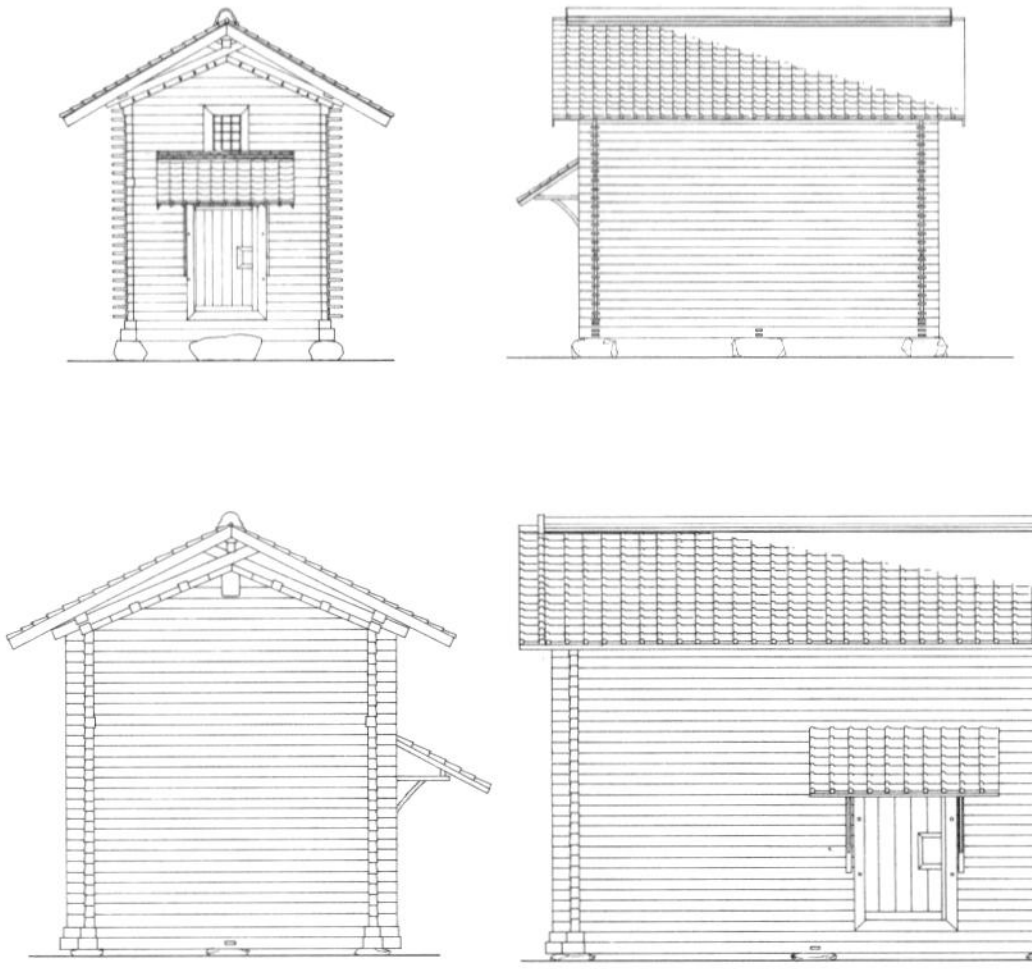

1/200

せいろう倉の立面図
スギの一木をせいろう組とした端正な壁面。

せいろう組の並び倉。手前が明治時代、奥が江戸時代末の建物と伝えられている。屋根は現在瓦葺きに葺き替えられているが、元はクリの木羽葺きであった。（茨城県大子町上野宮）

小倉外観。長枘鼻栓打ちのせいろう組。長い枘はせいろう組の強さと美しさの要。材料は土台にクリを用いる以外は、すべてスギの芯持ち材。

スギの産地のスギの倉

八溝山地の南西麓は那珂《なか》川、南東麓は久慈《くじ》川によって下流域の水戸や常陸《ひたち》太田と結ばれ、木材、木炭の他に果樹や茶の栽培、和紙、漆の生産等が盛んに行われ、豊かな生活が営まれてきた。せいろう倉や落とし板倉はその一帯、茨城県の大子町、北茨城市、高萩市、栃木県の大田原市、那珂川町、那須烏山市にわたって分布し、平野部の茨城県笠間市や筑波山麓の石岡市まで広がりを持っている。せいろうの部材にスギを用いることが、この地域に共通する特徴であるが、古いものにはクリが用いられているものもある。これらの地域のスギの人工林は明治以降に拡大されたもので、従ってスギを用いたせいろう倉はほとんどが明治以降のものと推定される。この地域のクリ等を用いたせいろう倉の伝統に基づき、明治以降の木材産業の隆盛によって、その経済的基盤となったスギを用いたせいろう倉や落とし板倉がつくられたのであろう。

せいろう倉や落とし板倉に用いるスギは、樹齢が数十年の芯持ち材で、特別なスギではない。穏やかな気候で育った八溝スギは成長が早く、素直でねじれのない性質が特徴で、縁側の丸桁などによく用いられる。この豊富にあるスギを用いて、壁だけでなく屋根や床も角材を寄せてつくることで、倉

上／小倉の台形の断面のせいろう組。芯持ちのスギ角材を台形状に加工して、外壁の水を切り、雨水の侵入を防ぐとともに、外壁を鎧のような意匠として、堅牢さを表現している。
左／せいろう組の壁だけでなく、屋根にも同様の角材を積み上げている。スギの角材だけで組んだ簡潔な倉のデザインである。屋根は、その上に小屋を組んだ置屋根として風雨や日射から倉を守る。現在は瓦葺きであるが、以前はクリの木羽葺きであった。

平面図

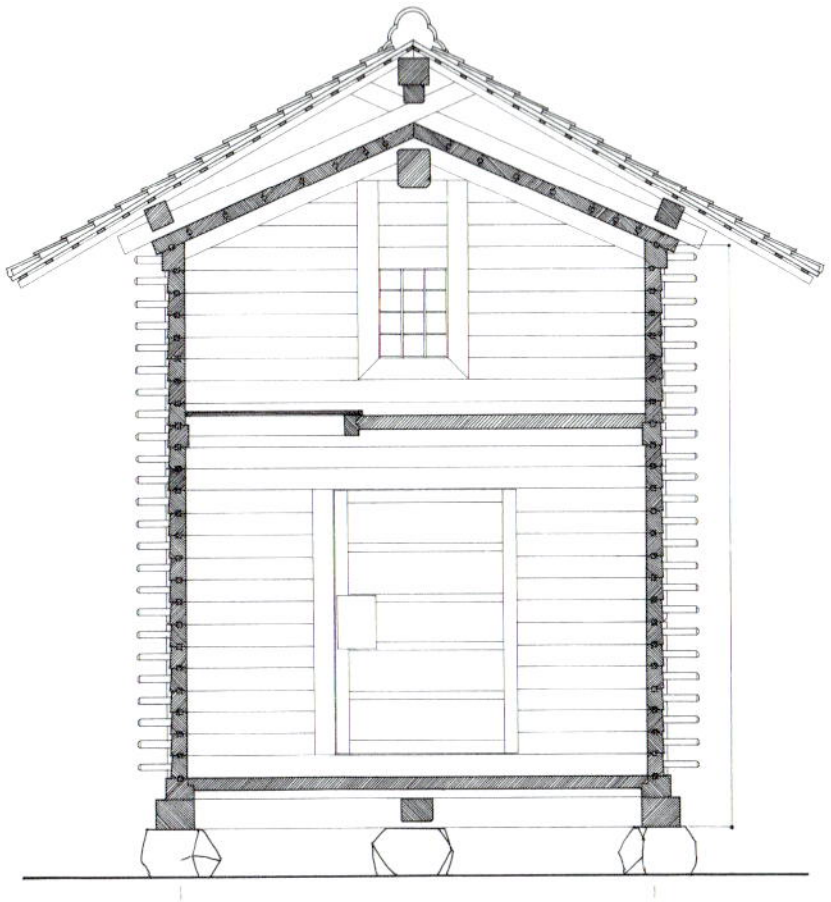

断面図

小倉
梁間十尺（3m）、桁行三間（5.4m）の規模。せいろうの部材断面は五寸×六寸で台形に加工してある。せいろうの部材はやとい実で接ぎ合わされ、ダボで接合されている。妻側の壁の三角形の部分も同材を積み上げた完全なせいろう倉。

大倉背面。長さが五間（9ｍ）の倉で、五間をスギの一木でせいろう組としている。せいろう組としては日本最大の規模。真っ直ぐでねじれの少ないスギならではの構造と意匠。

に求められる堅牢で高断熱、防火性と雨仕舞に優れた性能を獲得している。せいろうの部材は、最長のものは五間（9ｍ）で、その壁と屋根の部材がすべてその長さで揃えて組まれており、通直な材の得やすいスギならではのせいろう倉と言える。

せいろうの堅牢な組み方

せいろう組の要は、隅の交差部の組み方で、相欠きまたは蟻掛けが一般的である。せいろうの部材が板状でさほど厚さのない八ヶ岳山麓や関東山地のものは、土塗りで仕上げられ、隅の交差部も土で塗り込めるために、その端部は短く切られている。強度からいえば、せいろう組の端部はある程度長くすることが必要だ。しかし、強度を犠牲にしても短く切りつめているため、古くなって端部が欠けているものも少なくない。その点、八溝山地のせいろう倉は、スギを角材として太く使い、土を塗ることはないので、せいろう組の端部を十分に伸ばしてその強度を確保している。また、部材同士の接ぎ合わせも、クリやマツに比べて素直なスギは、ねじれて隙間を生じる割合も少ないので、木組みだけで倉をつくることが可能になっているのである。

このようなスギのせいろう倉の特徴をよく表しているのが、大子町上野宮の2棟のせいろう倉である。山里の旧

右／大倉正面。山間の旧家の倉で、手前にはこんにゃく畑が広がる。間口の広い倉なので出入り口を平側中央に取っている。
左／大倉の小屋組。小倉と同様に角材を積み上げて屋根をつくる。長い倉なので太い角材を間に配置して屋根荷重を支えている。隅部は相欠きの互組でしっかり組んでいる。

大倉
梁間二間、桁行五間の規模を誇る。せいろうの組み方は相欠きの互組。長い壁面が面外にはらむのを防ぐために2階床梁を三尺間隔に配置している。床梁はせいろうに蟻落としで接合される。その部分の部材はひとまわり太い。小屋組は地棟を牛梁で支え、登り梁を架ける。その上へ二尺間隔に母屋をわたし、間に厚板を張ってある。

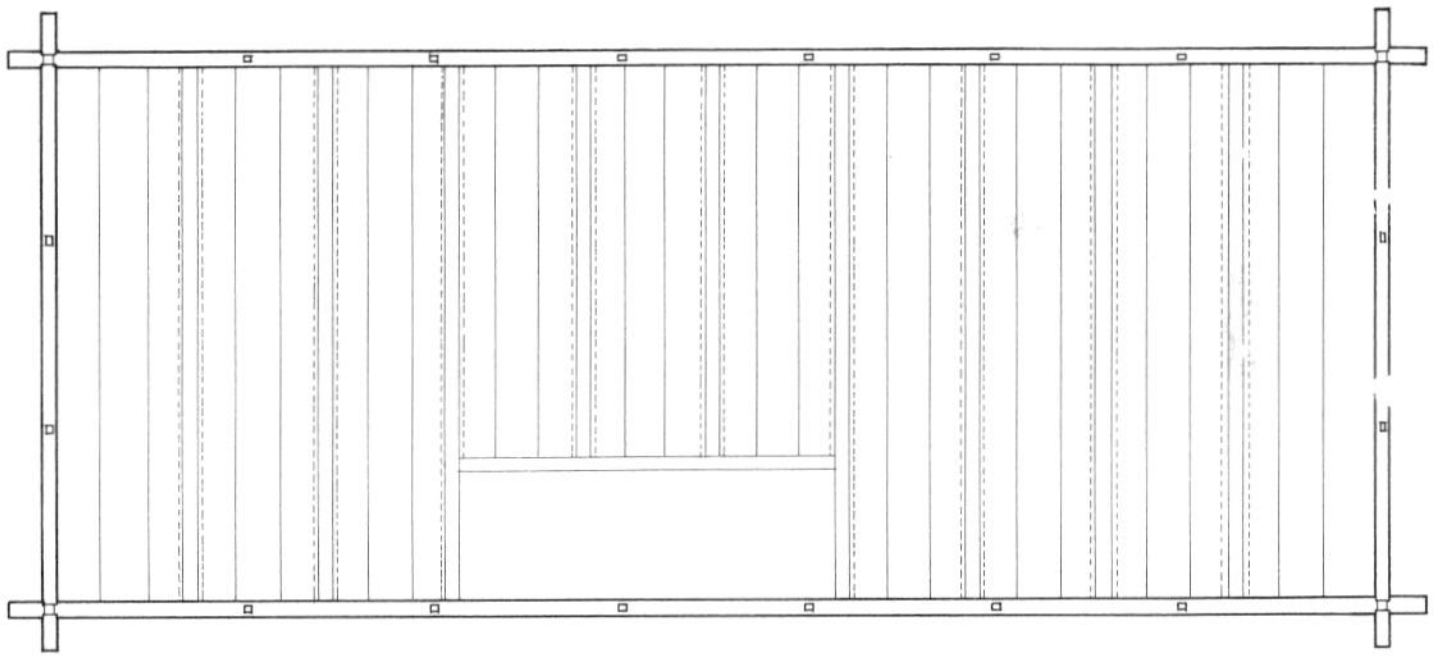

2階 平面図

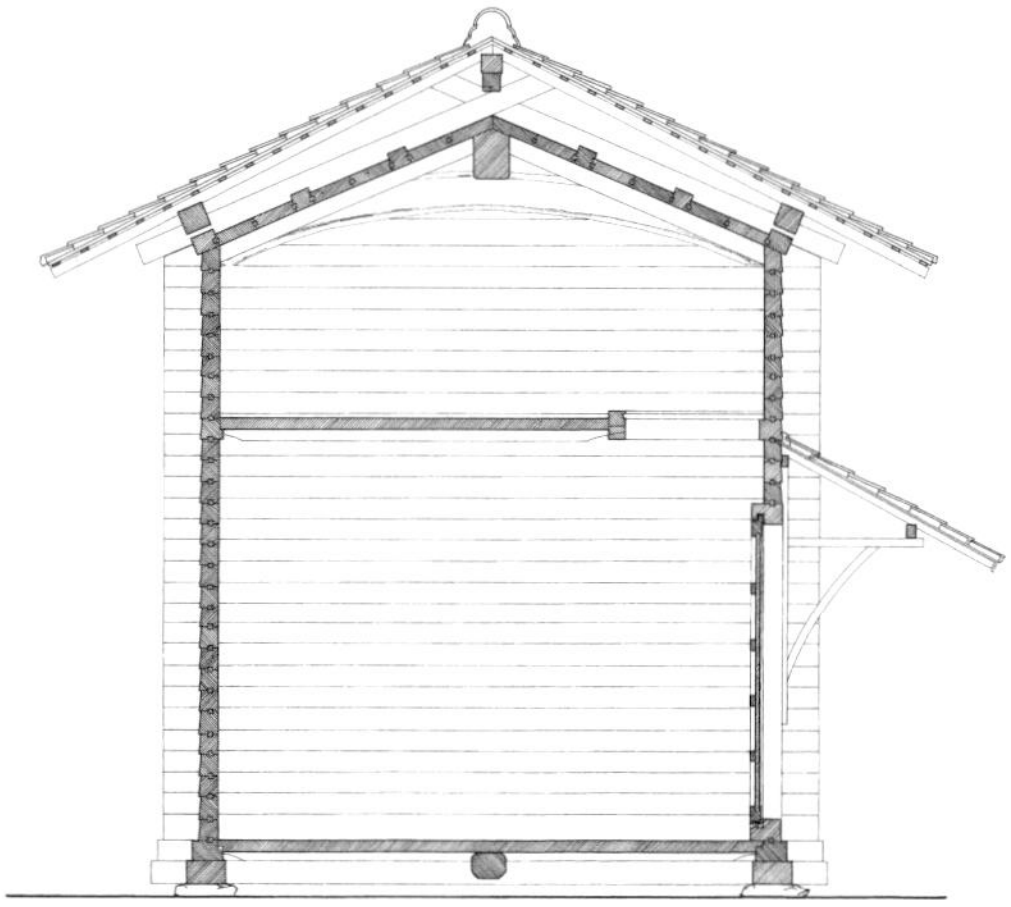

梁間断面図

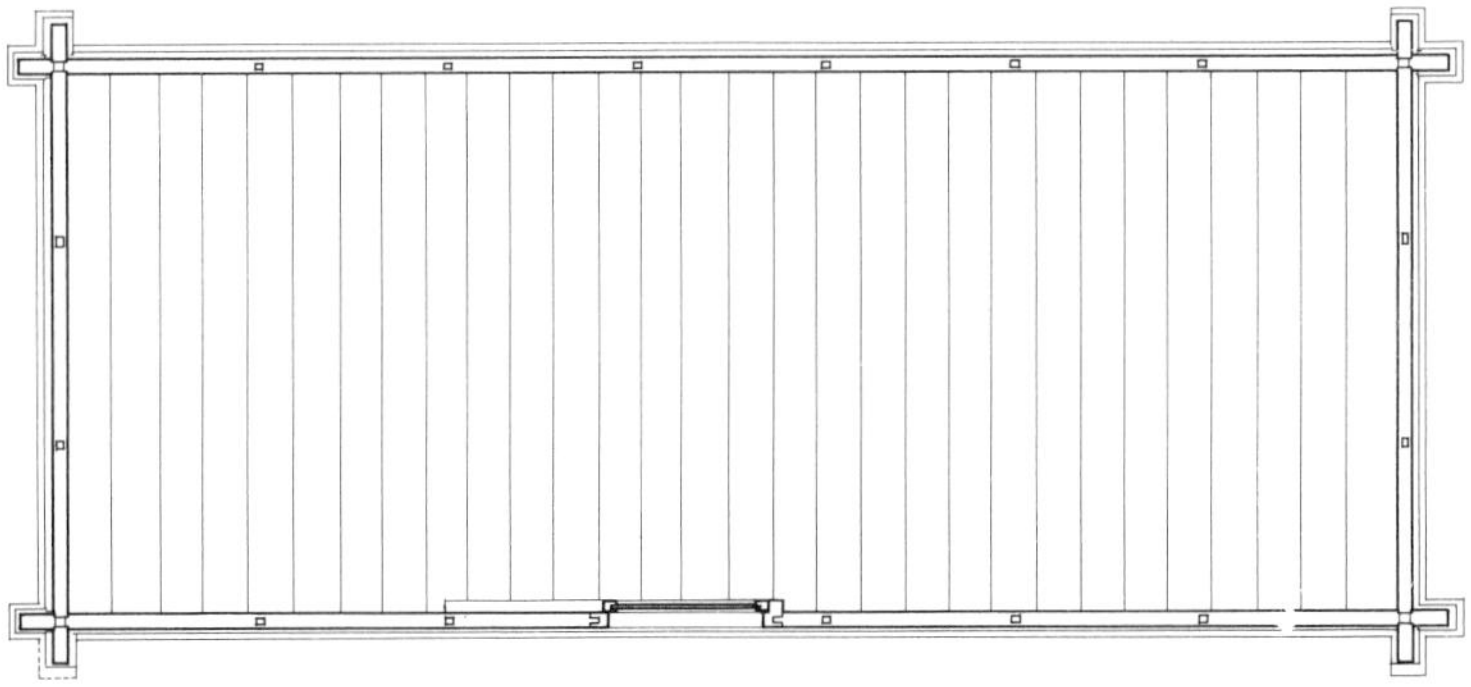

1階 平面図

大子町上野宮の奥の倉、正面。山林地主の屋敷入り口に象徴的に立つ。その端正な姿はお宮のようである。

家の佇まいを伝える屋敷の入り口に、2棟のせいろう倉が並び立っている。そのうち、小倉（二×三間）は江戸末期、もうひとつの大倉（二×五間）は明治期のものと伝えられている。小倉のせいろう組は長枘《ほぞ》鼻栓打ちで、枘の長さは七寸も突き抜けており、栓も一寸角で、上下に長く差し通してある。せいろう組の強度として、また意匠としての洗練の極みといえる。せいろうの部材断面は台形で、これは壁にあたった雨がせいろうの隙間から漏れ入らないように、水切れをよくする工夫であり、壁の意匠としても鎧のような堅牢さを表現している。いずれも土塗り仕上げに頼らない木組みの潔いかたちといえる。もう一方の大きな倉は、おそらく一木のせいろう倉としては日本で最大規模のものである。その部材断面は小倉と同様に台形であるが、交差部の組み方は相欠きで、梁間、桁行方向で部材の高さが食い違う互組（138ページ参照）となっており、長い壁面にかかる荷重と部材のねじれに耐える、丈夫な接合部となっている。スギの産地のスギのせいろう倉は、スギの豊かさを表している。

右／奥の倉。せいろう組詳細。規模は二間×三間、せいろうの部材断面は四寸×五寸、相欠きの平組で端部を斜めに切ってあり、木口の水切りをよくしている。
左／奥の倉壁と屋根周り。屋根も壁と同様の部材を積み上げ、屋根はさらに小屋を組んで置屋根としている。屋根は、以前はクリの木羽葺きであった。

栗山の角寄せ倉

山の匠の技

Storehouse in Kuriyama

木で倉をつくる方法として、木材を横にして積み上げるせいろう倉が一般的である。これは高度な専門技能がなくとも、堅牢な壁を素人でも簡単につくることができるからであり、多くの板倉や校倉《あぜくら》はこれを原型としている。それに対して柱と梁を組んで板をはめ込む倉は、高度な製材技術と大工技能を必要とする。日本の板倉もせいろう倉から軸組の板倉へと変遷をたどるが、その過程で柱を繁《しげ》く立てて堅牢な壁をつくる繁柱の板倉が、木材資源の豊かな東北地方に誕生する。木は横に使うよりも竪に使う方が狂いも少なく耐久性が高い。このような考えを徹底して追求した構法が角《かく》寄《よ》せである。これは柱を繁く立てて貫《ぬき》で相互に固めて骨組をつくり、柱の間に半柱を隙間なくはめ込んだもので、まさに丈夫で長持ち、非の打ち所のない構造といえる。外から見ると柱が隙間なく寄せられたように見えることから角寄せと呼ばれる。

この角寄せは日光の奥地、鬼怒川の上流に位置する山里で誕生した。栗山は標高２０００ｍを越す日光山地の北側、標高８００～１０００ｍに位置する山深い里で、生業は豊かな森林資源を生かした木材産業で、とくに日光東照宮に近いことから、参拝客の需要に向けた曲げものや刳りもの、膳などの木地の産地として栄えた。木材は、ブナやクリ等の広葉樹は刳りものに、クロベやシラビソ、トウヒなどの針葉樹は曲げものに使い分けられ、落葉広葉樹林帯から亜高山針葉樹林帯にまたがる山村の森林資源をくまなく活用している。それが倉にも反映され、クリやシラビソ、スギ等を活用した山の匠の技の結晶が、角寄せ倉である。

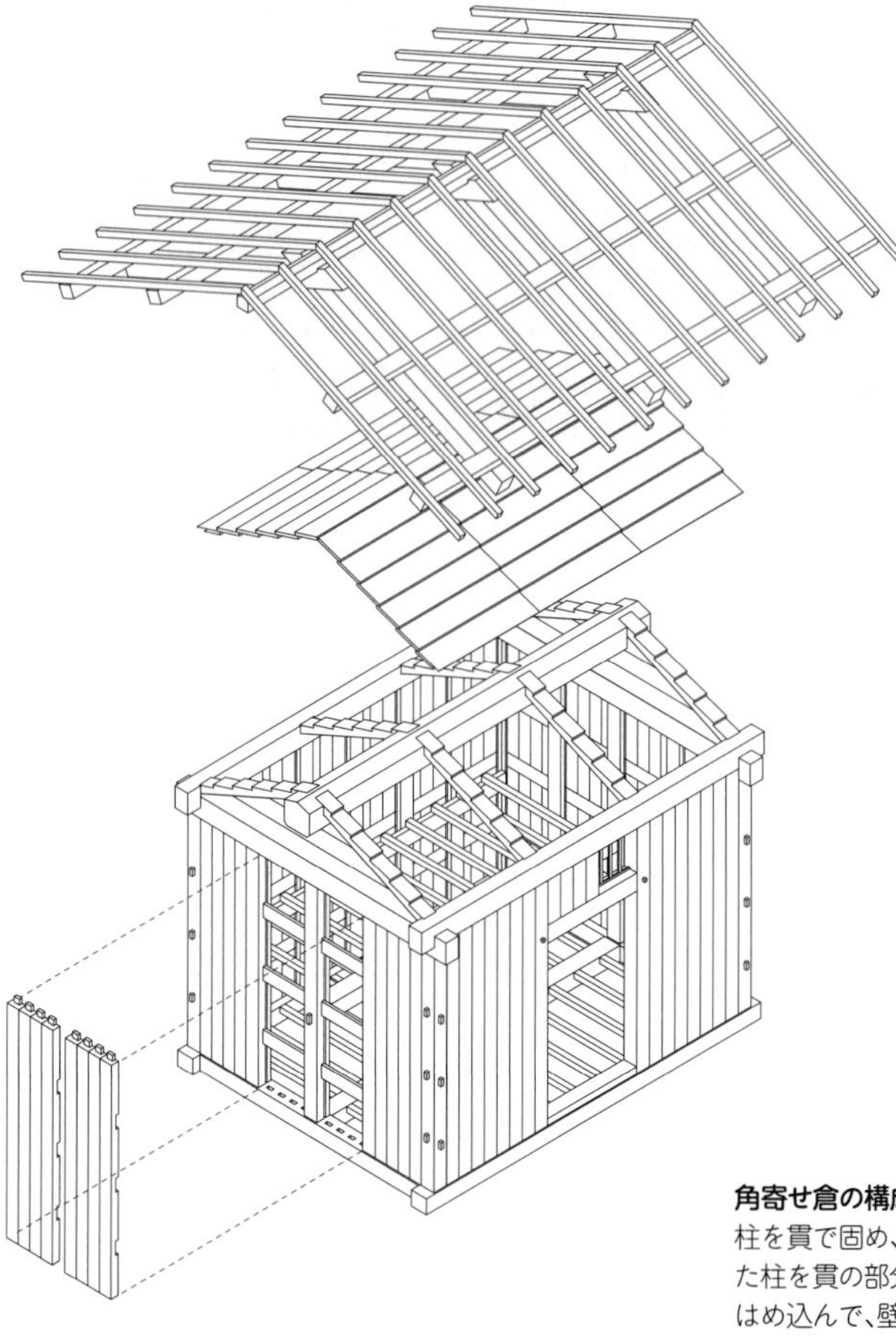

角寄せ倉の構成
柱を貫で固め、柱間に半割した柱を貫の部分を切り欠いてはめ込んで、壁面を構成する。

角寄せ倉。下屋が付いた大型の倉で、作業場や納屋の機能も併せ持つ。（日光市日陰／旧栗山村）

山裾に立つ角寄せ倉。主屋の裏は畑で、トウモロコシや蕎麦等の穀物、大根等の野菜が作付けられ、その収納のための倉が畑と山裾の際に立つ。

山の暮らしの板倉

日光市栗山地区は栃木県の北西部の急峻な山間地で、鬼怒川水系の源流部に当たる。この寒冷な山里に木材をふんだんに使った板倉が多く建てられている。板倉の配置は道路際にも見られるが、多くは山裾、耕作地付近で、主屋から離れた場所に建てられているものが多い。これは火災よけのためとされる。平地の少ない山岳地の栗山では敷地は狭く密集していて、主屋が火災にあったとしてもクラだけは残るよう工夫が見られる。栗山の板倉は、家財道具や農機具、山仕事の道具などの納屋としての機能を持ちつつも、大切な穀物を収納する穀物倉でもある。寒冷な気候と急峻な地形から米はほとんどつくられず、稗《ひえ》や麦、粟、蕎麦等の雑穀づくりが中心であった。特に稗は収穫量も多く、脱穀しなければ米よりも長期保管が可能であるため盛んにつくられた。稗は5月に種を蒔き10月半ばに収穫、乾燥する。乾燥した稗は穂先だけをとり、茅を円筒状に編んだスゴと呼ばれる筒にいれて納屋や板倉の板敷部分に置いて貯蔵した。米のとれない中で、少ない収穫物を大切に板倉の中に蓄えたのである。

また農業と並んで生業の中心となったのは、豊富な森林資源を背景とした山仕事である。木挽き、曲げもの木地や杓子つくり、炭焼きなどの山に関わ

下屋の屋根。屋根は金属板に葺き替えられているが、かつてはクリの木羽葺きであった。

配置図（日光市〈旧栗山村〉日陰）
角寄せ倉は日陰地区に５棟現存している。以前は多くの角寄せ倉があったが、その多くがダムの底に沈んでしまったという。倉は主屋のすぐ近くではなく、耕地の近くに配置しているものが多い。火よけと農耕に便利な配置である。

角寄せ倉の妻側。柱の太さは約五寸、隙間なく立つ柱の４本に１本が正角柱で、間のものは厚さが半分の平角材。

スギの角寄せ倉、正面。中央に出入り口、2階にも窓がある。

スギの角寄せ倉、側面。昭和2年につくられた比較的新しい倉。柱は五寸角、4本に1本が柱で間は半柱。妻の破風も柱と同じ角材を積み上げてつくる。(栗山日向)

る様々なものづくりを行っている。こうした手仕事が木材の性能を生かす技術となり、栗山の板倉を技術的にも視覚的にも高度なものに昇華させていった。

山の恵みを生かした生活が板倉をつくり、現在も生活の中で大切に使われているのである。

角寄せの構法と石張り倉

栗山の板倉は、柱に貫を通して板を張った軸組の板倉を標準として、時代にあわせた様々な形式の板倉がみられる。最も特徴的なものが「角寄せ倉」と呼ばれる板倉で、隙間なく柱を並べたような外観の板倉である。角材を寄せたという意味からの名であるが、実際には構造材として貫を通している柱は3、4本に1本で、他は貫部分を欠き込んだ半柱を外装としてはめ込んでいることがわかる。板倉は大切な穀物や家財道具が収納されることから、防犯、防火の機能が最も重視される。角寄せ倉はこの機能を木材で応じた形といえる。柱と貫でつくる格子状の枠組みは、小さければ小さいほど防犯性能

上／倉の前には椎茸のホダギが並べてある。
下／角寄せ倉内部。内部も柱間に竪板が張ってあり、柱が隙間なく並んでいるようにみえる。野地板は羽重ねに張って雨仕舞を良くしている。内部の木材は真新しく、100年近く経った倉とは思えない。

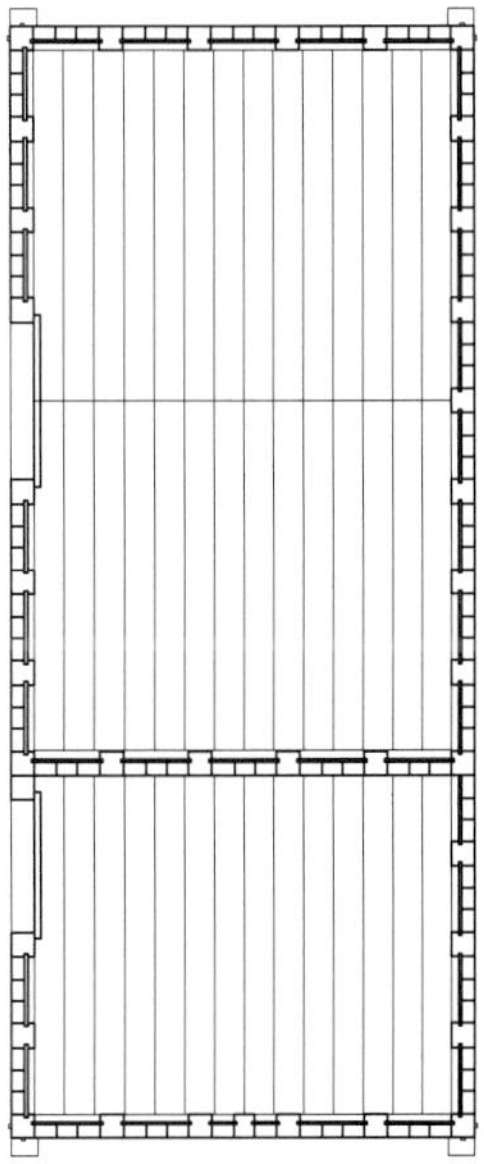

1階 平面図

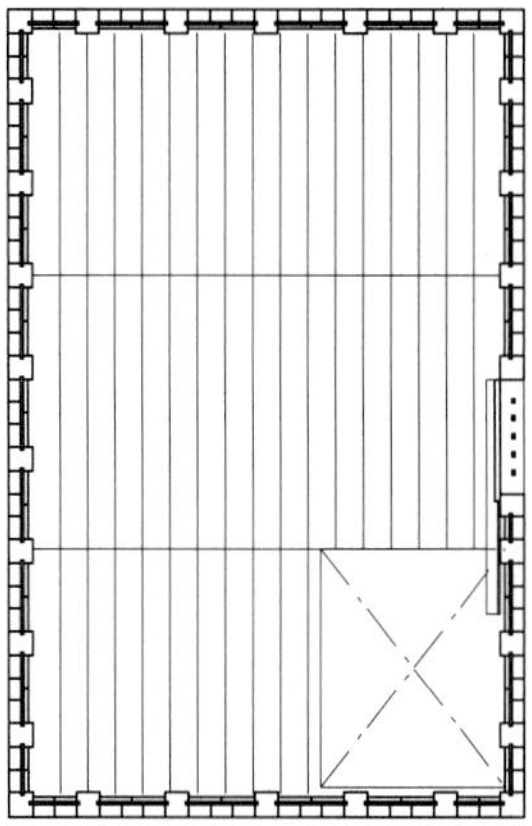

2階 平面図

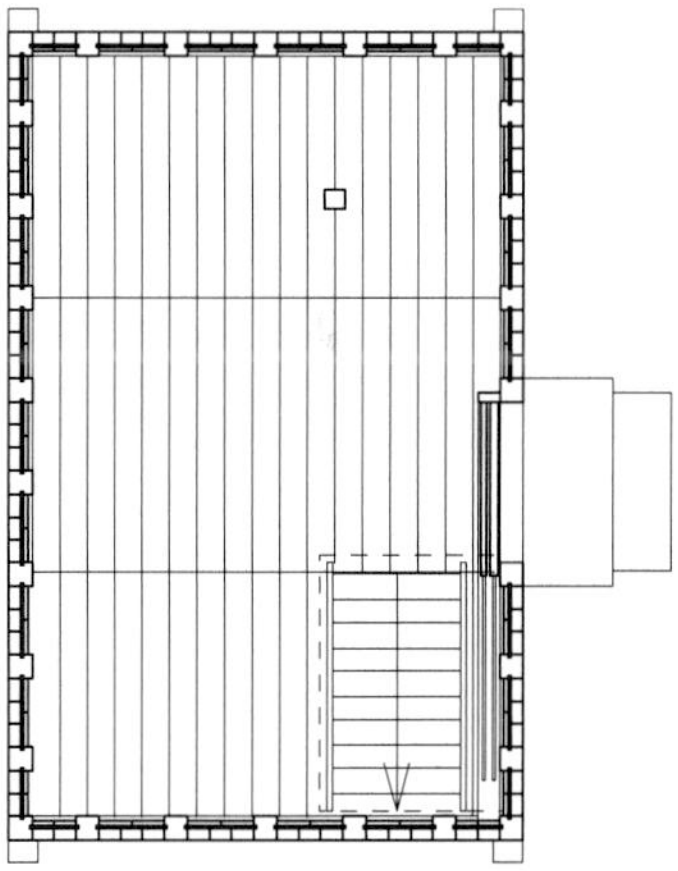

1階 平面図

妻側立面図

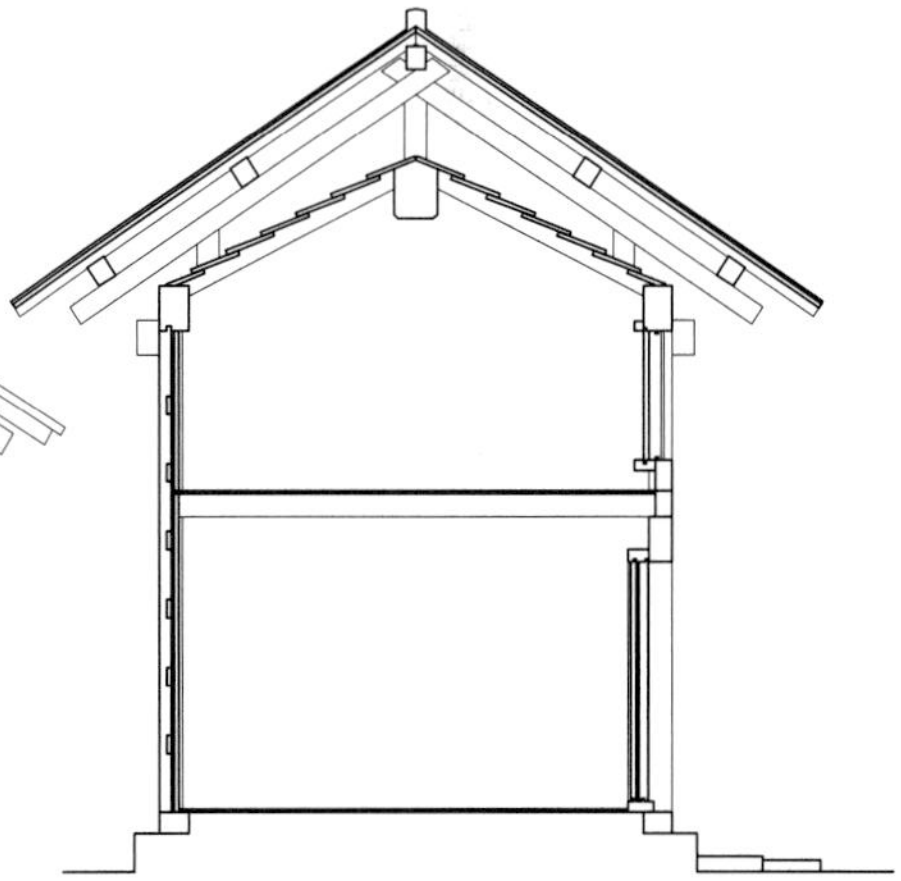

梁間断面図

クリとシラビソの角寄せ倉
梁間九尺、桁行二十二尺の細長い倉。もとは桁行十五尺で、後に七尺増築している。2階梁は柱に枘（ほぞ）差しで接合され、それが外壁に表れている。妻の破風は平角材を積み上げてつくる。

スギの角寄せ倉
梁間十尺、桁行十五尺の標準的な規模。壁の外側は角寄せで、内側は五分厚のはめ板張りとなる。屋根は八分厚の板を羽重ねに張り、雨仕舞と通気性を確保している。その上に置き屋根を載せて、倉を二重に守っている。

縞模様の角寄せ倉、正面。山裾の木立の中に立つ。(日光市<旧栗山村>日陰)

は高まる。この柱間をなくしてしまったものが角寄せであり、凹凸のない壁面は火災にも強いとされる。

また栗山では、板倉の壁体を石で覆う倉が多く見られる。この倉は、ダム建設で得た石材加工の技術をもとに、大正以降急速に普及したものである。地元の鬼怒川で採れた河原石を利用したものは比較的古い。宇都宮の大谷石によるものは新しく、自動車による運搬が一般化し、石材加工技術を持つ地元職人が減少した昭和30年代以降のものである。組積造にした石倉も少数あるが、ほとんどは木造である板倉の壁面に石板を張ったものである。壁面に石を張るには石材を釘で留める必要があるが、柱間の狭い栗山の板倉は都合がよく、防火防犯の性能向上のために多くの板倉が石を纏った。山の資源と技で生まれた角寄せ倉は、時代の変化で川下の石造技術を取り入れて、石倉へと姿を変えていくのである。

右／繁柱の倉。柱を貫で固めて、間に半柱を２本位置したもの。柱間は約二尺。柱間に半柱が３本はまると角寄せになる。栗山村にも繁柱の倉と角寄せ倉が入り交じっている。角寄せの方が堅牢であるが、木材を多く必要とする。（栗山日陰、明治期）
左／石張りの倉。昭和の初めに栗山ではダム工事が始まり、その際に川原で採れた石を繁柱に張り付けた、石張り倉がつくられた。（栗山日陰）

角寄せ詳細。角寄せの材料としてはクリ、シラビソ、スギ等が使われ、大量の角材を要するので、いくつかの種類を混ぜて使う場合も多い。この倉は土台と柱に耐久性のあるクリ材を使い、間柱に木肌のきれいなシラビソをクリと交互に配した縞模様が美しい。床梁の枘（ほぞ）穴が見えるのが柱で、クリ材。赤みがかって、肌理の細かいのがシラビソの間柱。北側に面して軒に守られた角材は１００年以上経ても色艶を失わない。

繁柱、繁貫の板倉

三尺の柱間に2本の間柱を配している。貫の間隔も一尺と狭い。さながら牢屋のようである。間柱をさらにその間に入れると角寄せ倉になる。

八ヶ岳山麓のドゾウ

土にくるまれた板倉

Storehouse in Yatsugatake mountain area

丸太や角材を組んだ構造は、その木材の隙間を埋めることに工夫がいる。木材の乾燥収縮やねじれで、その重ね目に隙間が生じる。木材を接ぎ合わせる加工技術がない場合、その隙間に樹皮や草等の繊維をつめて目止めをしてはじめて必要な気密性と断熱性を確保できる。土で目止めをする方法も広く見られ、全面を土塗り仕上げとしたものもある。東欧のログハウスでは、丸太の隙間に漆喰を塗り込めた、きれいな縞模様の洗練された意匠例も見ることができる。

日本で板倉がもっとも密度高く残っている地域である八ヶ岳山麓では、その板倉はことごとく土塗りが施され、漆喰で仕上げられたものは外観上土蔵と見分けがつかない。しかし内に入ると厚い板倉で構成されていることがわかる。板倉としては比較的薄い板の厚さを補うために全面に土を塗ったと考えられ、地元では土塗り仕上げは防火のためと説明されている。しかし山間部の集落に点在する板倉の防火の必要性は特に高くない。むしろ冬の寒さから食糧の凍結を防ぐため、あるいは寒冷な環境に対する、北方文化に由来する家のつくり方と考えるべきであろう。それが今日、クラとして八ヶ岳山麓に伝えられているのである。

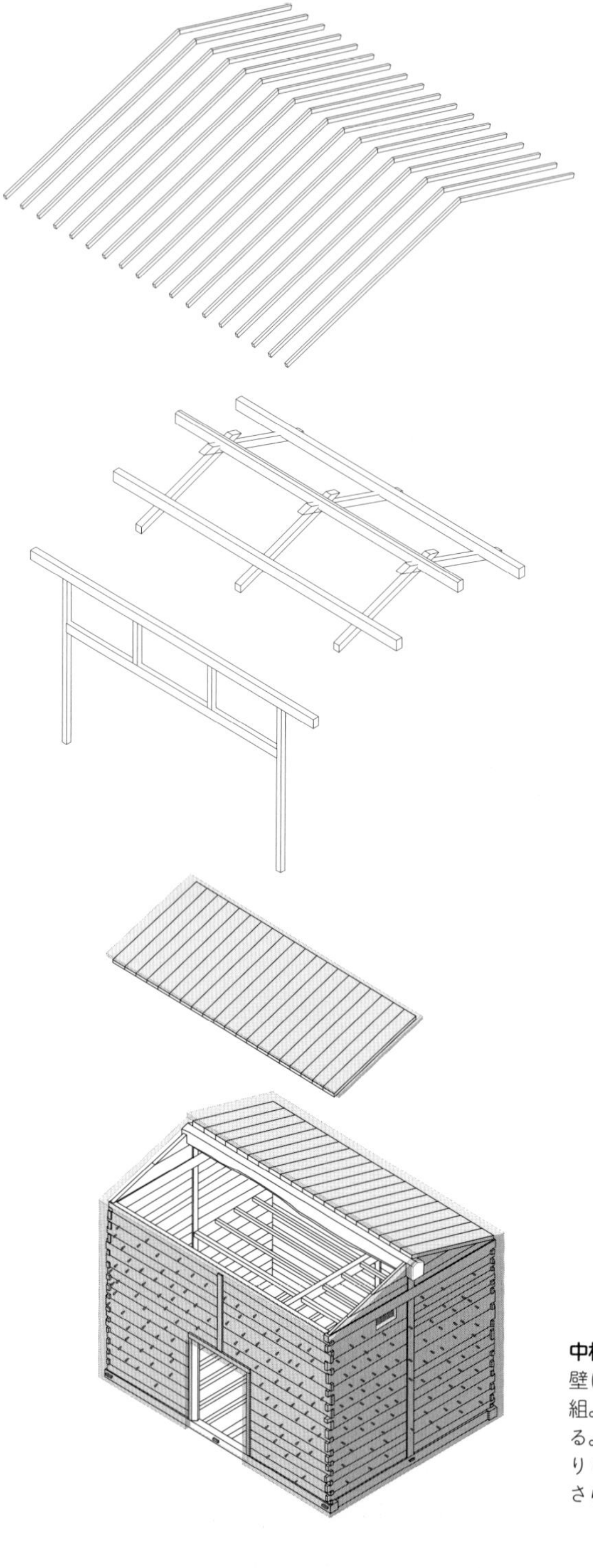

中柱のあるせいろう倉の構成
壁は中柱で継いだせいろう組。その上に土塗りで仕上げる。屋根は地棟に厚板を直張りして、その上に土を載せ、さらに置き屋根をかぶせる。

壁土が剥落した中柱のあるせいろう組の板倉。隅はせいろう組で部材を継ぐために中央に柱を立てる。(茅野市柏原)

右／せいろう組、互組。左／せいろう組、平組。互組のせいろう倉の板はハツリ仕上げで、製材法の点からも古いものといえる。

せいろう組の板倉

互組と平組　せいろう組には互組と平組の２通りの組み方があり、互組はせいの異なる板を組む方法で、せいろうの隅で平側と妻側の板が互い違いに組まれる。それに対して平組は板のせいをそろえて組むもので、平側と妻側の板の重ね目が揃う。互組は幅の不揃いな板を無駄なく組むことができる。平組は製材技術の発達で板幅をそろえることが容易になってから登場したもので、互組に比べると組みやすい。互組に使われる板ははつり仕上げで、この点からも古いと考えられる。

胴締め板倉（下は詳細）

落とし板倉の柱を相互に繋ぐために、２階床の際根太を兼ねて、太めの貫を差し通して胴締めとする。隅柱では割り楔（くさび）でしっかり締め固める。（茅野市糸萱）

上2点／貫板倉（南相木村）。柱間を貫く貫が壁の外側に回り、柱が開くのを防ぐ。板倉の規模の拡大に伴い、柱を相互に繋ぐ必要性は高まる。

下2点／胴差板倉（茅野市糸萱）。1階と2階の間に胴差が回り、板倉の腰をしっかり固める柱は上下に継がれている。

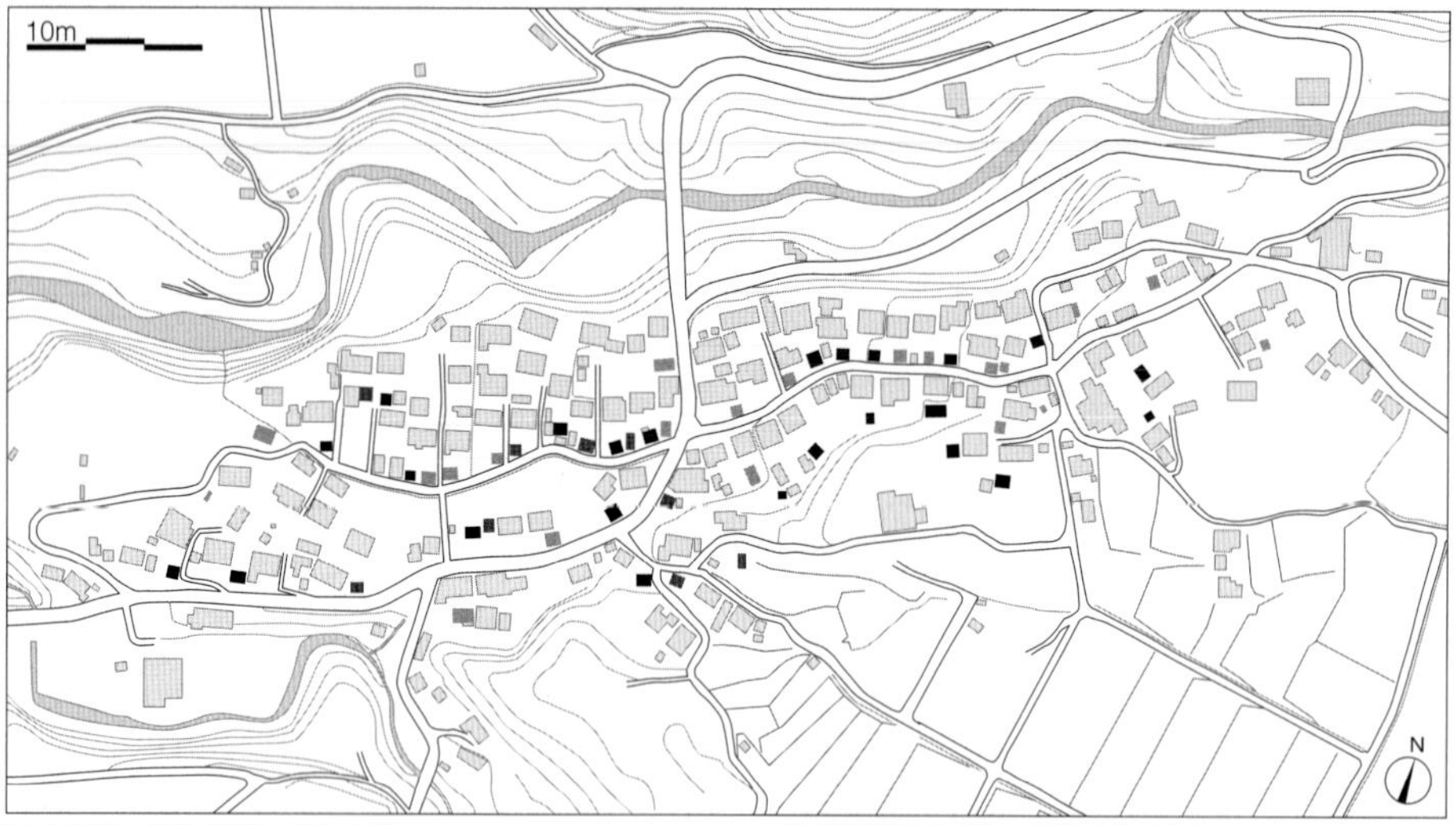

■白壁　■粗壁　■木壁

集落配置図（茅野市糸萱 2004年）
八ヶ岳西麓の傾斜に合わせて西向きに下る村中の通りに沿って家々のクラが立ち並ぶ。主屋はすでに新築されている場合が多く、クラの屋根も鉄平石から金属板や瓦に替わっている家が多い。

倉の現状
上／土蔵化していないもの。壁に土が塗られない場合でも天井板と置屋根の間には必ず土が塗られる。中／荒壁によって覆われた中塗り状態のもの。下／漆喰仕上げを施したものの中にも、土が剥落し壁板が露出しているものも少なくない。

板倉：土無し（茅野市糸萱）

ドゾウ：中塗り・荒壁（茅野市柏原）

ドゾウ：漆喰仕上げ（茅野市糸萱）

板倉の組み方と土の塗り方

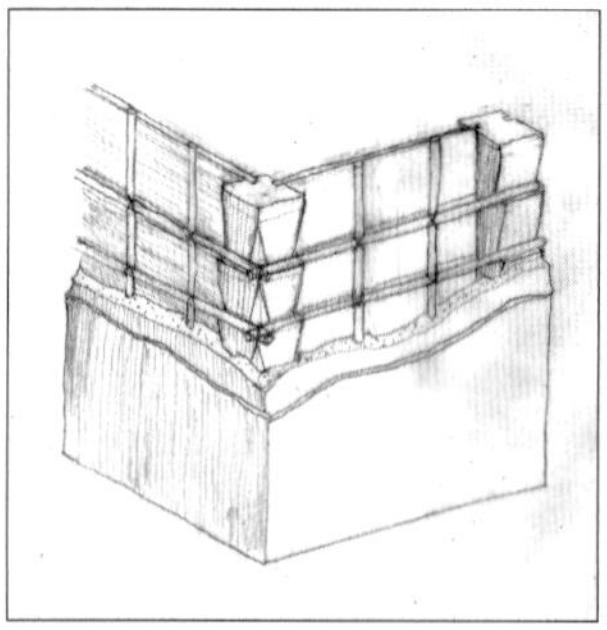
❸一般的な貫構造の土蔵

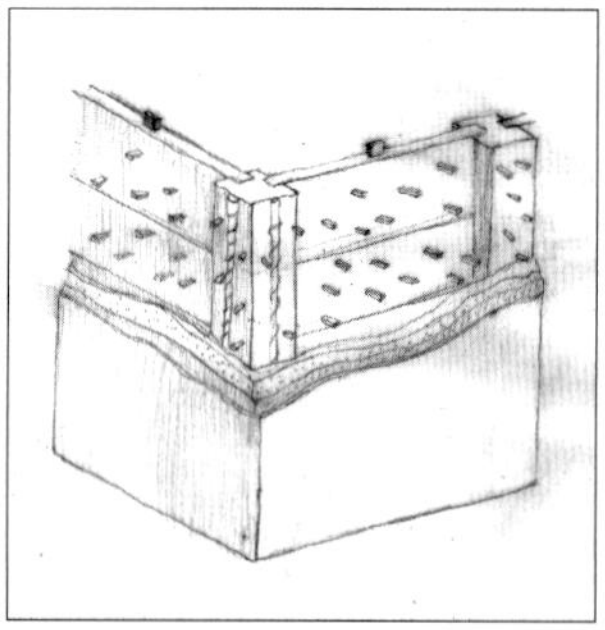
❷オトシ

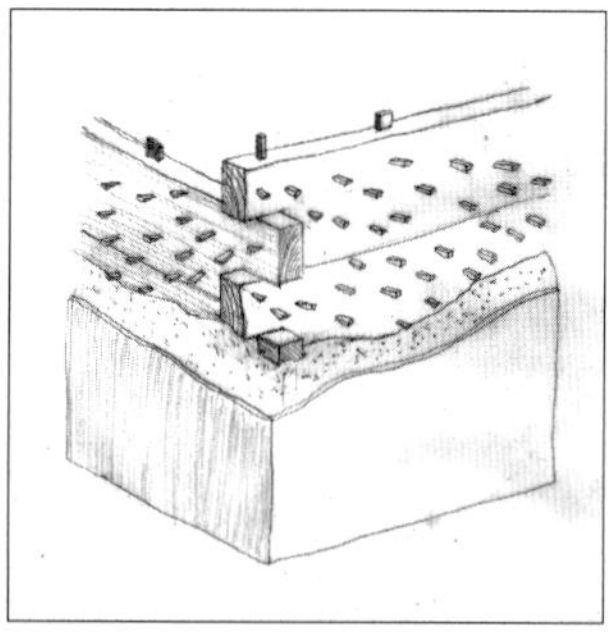
❶セイロ

「セイロ」から「オトシ」へ

標高1000〜1500mに広がる八ケ岳山麓はアカマツやカラマツが自生し、江戸時代からカラマツが植林されてきた場所である。地元の人々が「ドゾウ」と呼ぶ山麓の倉は外観こそ土蔵であるが、その造りは「カサネ」と呼ばれ、マツ材を厚板に加工し、それを積み上げた板倉である。そのかたちには幾つかの形式があり、部材の加工法にも相違が見られる。それを加工技術の時代的変化としてとらえれば、数世代にわたって倉が建て続けられ、倉のかたちもそれによって変遷してきたと言える。

厚板の表面の加工跡に着目すると手斧《ちょうな》で削られたもの、大鋸《おが》で挽かれたもの、機械によって製材されたものの3つがあり、そのうち手斧で加工された板が最も厚く三寸程度ある。この厚板が建物の隅で井桁《いげた》に組まれるものが「セイロ」（図❶）である。この形式では壁材として加工できるマツ材の長さには限度があるため、規模の小さな倉しか建てられないが、壁の中程に柱を立てその溝に厚板の一端をはめて部材を継ぎ足す「中柱」の形式では建物の一辺を伸ばすことも短い部材を使うことも可能になっている。

部材の短小化という傾向は、大鋸で厚板を加工するようになるとより強まり、二寸から一寸程度の厚板を柱間に

下屋のついたせいろう組の倉。(南相木村)

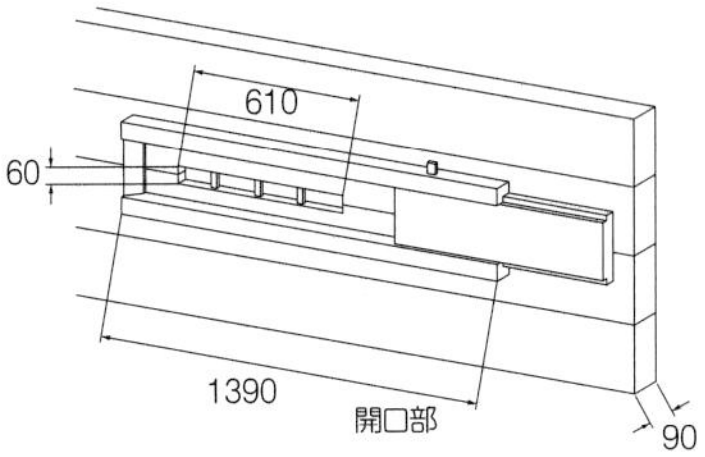

倉の窓(南相木村)
2階の一面に設けられる。積まれた壁板の一部を切り欠くことでつくられている。八ヶ岳東麓は長方形、西麓では正方形の開口部が開けられる傾向がある。

落とし込んだ「オトシ」(図❷)の形式では、壁の一部材が一間以上に渡ることはない。隅部分の仕口が省略されることで厚板の役割は純粋な面材となり、柱間が揃えられることで厚板は規格化される。貫《ぬき》(図❸)や胴差《どうさし》といった水平方向力に対する部材が加わった「オトシ」の形式では壁材は厚板とは呼べなくなる。このような木材の利用の効率化と作業性の向上は、一方で新田村の設立や人口増加等による木材利用の制約の中で、また一方で厚板の加工技術の変化によってもたらされたと考えられる。

土に包まれる板倉

八ヶ岳山麓では、セイロやオトシの板倉そのままのもの、板倉の表面に土塗りとしたもの、その上を漆喰で仕上げたものの3種類の倉が見られる。土塗りされていない板倉でも、屋根には厚く土が載せてあり、そこから壁に縄が下げられていること、壁板を突きつけで重ねてあることからも、これらの板倉は、土塗りをして目止めすることを前提としていることがわかる。このような土塗りをした倉は、この地域ではドゾウと呼ばれ、土を塗っていない板倉は、「土を塗っていないドゾウ」と呼ばれる。人々の意識としては、いつか白壁の土蔵として仕上げたいが、費用がかかるので、とりあえず板倉のまま、あるいは荒壁のままおいてあるのだという。

市街地の倉はほぼすべてが土で塗られ、周辺部には土壁が剥落した倉が多いという状況は、住居密集地での防火上の必然性を物語っている。

倉の屋根には例外なく断熱層となる土が塗られている。これは屋根が置かれた後ではこの部分に土を塗ることができないからで、土蔵化への必須の準備であった。

また八ヶ岳山麓の板倉の場合は、小舞のかわりに板倉の躯体に「トンボ」又は「ウグイス」と呼ばれるクリを削った木杭が打たれ、それを支持体に屋根下から垂らされる縄と絡ませながら土が塗られるという特徴がある。前述のセイロやオトシといった板倉の形式に共通して見られる手法であるが、木杭を打つ条件として厚い板材が下地として不可欠であり、板倉とともに培われてきた技法だと考えられる。そして組み立て分解が可能な板倉は、かつて売買の対象であったので、周辺の集落から移築されたものも少なくない。その際、再び土を塗られなかった板倉の壁面には、打ち込まれていた木杭を想像させる無数の傷跡だけが残されている。

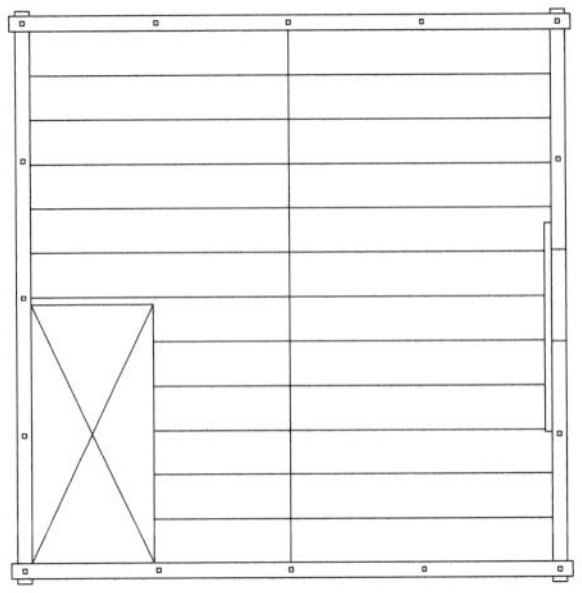

2階平面図

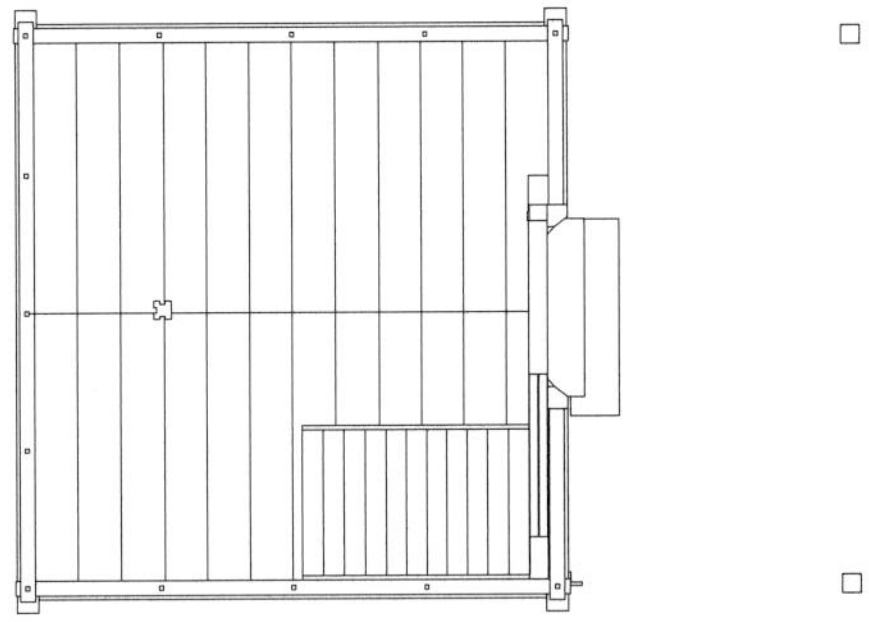

1階平面図

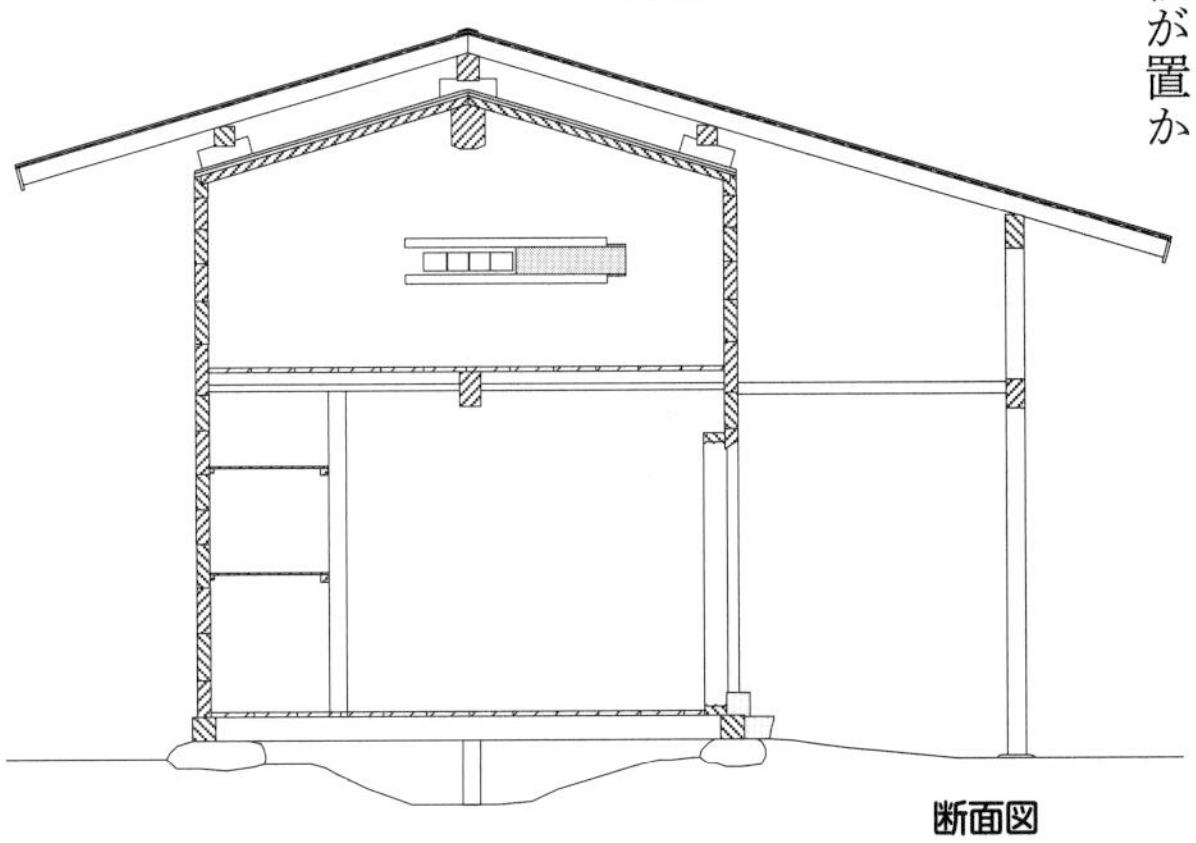

断面図

板倉の特徴
一般的にはクラの1階にはツブシやブンコと呼ばれる櫃(ひつ)があり、穀物や漬物が貯蔵されていた。2階は衣類や寝具、書物等を保管する場所として使われ、多くの場合小さな開口部が設けられている。

板倉が立ち並ぶ集落景観。屋根は地場産の鉄平石葺き。（茅野市糸萱）

中塗り仕上げの板倉。置き屋根を大きく差しかけて下屋をつくり、霧や霜の多い山麓の気候に対応している。（茅野市）

板倉の土塗りは、板に木杭を無数に打ち、そこから縄を垂らして荒壁を塗り込む。小舞下地に比べるとはがれやすい。特に隅部は剥落が目立つ。土塗りの壁の表面に木杭の跡が分かる。

すべての板倉屋根には土が載せられ、そこから縄が垂らされて、壁にもいずれ土塗りすることを前提としてつくられたことがわかる。倉の役割を終えて、あるいは経済的な理由により、土を塗らずに終わっている倉も多い。

土がはがれ落ちた板倉。木杭だけが残されている。(茅野市柏原)

新島の石倉

Stone storehouse in Niijima

浮石で囲われた小屋と屋敷

伊豆諸島の新島では、火山の噴火がつくった軽くて柔らかい石が、民家の材料として古くから利用されてきた。この石は火山の噴火によって生成された黒雲母流紋岩で、江戸時代にはカブイシと呼ばれていた。これは噴火が火の神の発現であるという意味から神石（カミイシ）、比重が1以下と非常に軽いので軽石（カルイシ）、またはウカブイシがなまって浮石（カブイシ）という意味とされている。多孔質で柔らかく、耐火性、耐酸性、耐熱性、吸湿性に優れ、しかもノコギリで容易に切ることができる程に加工しやすいという、まさにこの離島の万能の資源であった。江戸時代には竈《かまど》や囲炉裏《い　ろ　り》や鍋等の火回りの、また井戸や流し等の水回りの設備や容器として活用されてきた。明治以降になると民家建築への利用に広がり、屋根や外壁等に張られて、防火、防風、断熱の役割を果たす。

この地域の資源が島外に流通するようになるのは、大正時代になってからである。その優れた耐火性や耐酸性、断熱性が、工場の竈や煙突あるいは冷蔵庫や地下室の内装材として重宝されて、採掘、運搬される。大型汽船の就航もこの石材の流通に大きな役割を果たした。この時代にカブイシは商品名として抗火石と命名されて本土に流通する。さらに昭和に入ると、化学肥料、火薬製造の過程で使用される硝酸や硫酸の容器や製造機として大量に生産されるに至る。

戦後になって、新建材の開発で抗火石がその役割を終えると、それが島の様々な施設づくりに振り向けられて集落の石造化が促進され、日本でも稀有な石の町並みが形成される。それは石材産業のもたらした、経済的繁栄の証でもあった。カブイシはまさに火山の島にもたらされた神の石になったのである。

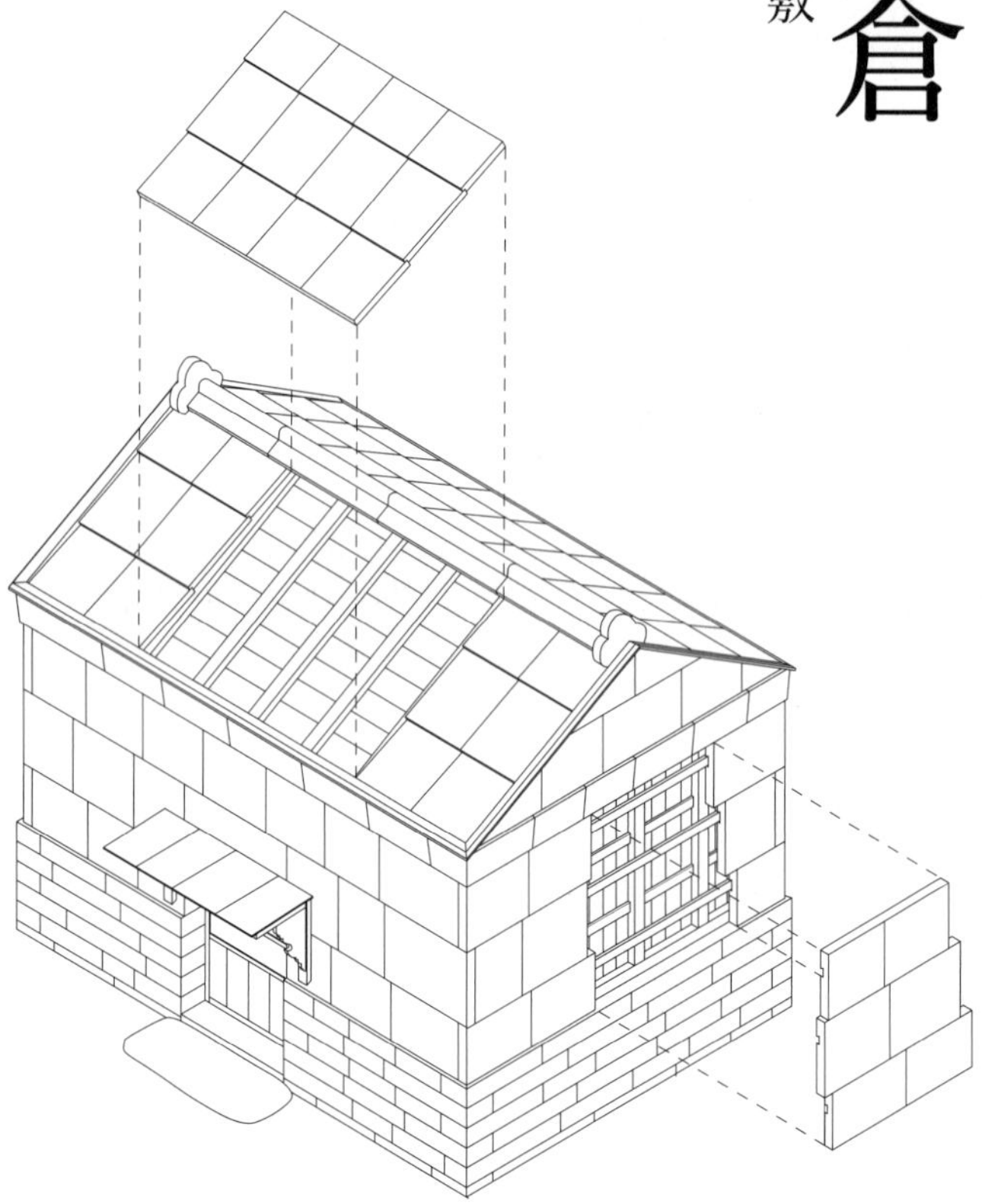

張り石壁の石倉の構成
石造化された当初の構法は、それ以前に使用されていた貫構造縦板張りの木造軸組の周囲を三寸程度の浮石で囲ったものだった。

張り石壁の石倉（本村4丁目）
石倉の多くは開口部に石戸を備えており、木部を完全に覆うようになっている。食料の貯蔵や収納の他、2階は隠居や若夫婦の住まいとしても利用された。

離れ、厩、便所、物置等の小屋がすべて浮石葺きの屋根、浮石造りの壁となっている。

島の暮らしを支えた小屋

新島本村では、今日でも、倉、カマヤカタ（釜屋形）、豚小屋、便所、堆肥小屋、薪小屋、塩倉、作業小屋、くさや小屋、物置等、様々な付属小屋が200棟以上見られ、そのほとんどが浮石でつくられている。これらは、主に明治中期から戦後にかけて、離島の自立的な暮らしを背景に盛んに建てられたものである。

これらの付属小屋は、西側の敷地境界に隙間なく建てられているものが多い。それは、畑やネイバ（苗場）があり、干物を乾燥させる場でもあるニャー（前庭）を、風速7〜10mといわれる冬期の西や北からのテッパツ（強風）から守るためであり、同時に防火、防砂壁の役割も果たしてきた。

浮石の構法

明治44（1911）年から昭和30年まで、浮石の採石は山代さえ払えば、自家用山と呼ばれる村の共同採石場で誰でも行う事ができた。村の中心部から採石場の入口までは、険しい山道で約2・5km。漁のない冬期に、朝集まってきた1〜6区の区の仲間ごとに共同採石を行い、その日の参加者に平等に配分した。石を村に運ぶには山道を背負って降りるしかない。基準寸法

風除けのために、屋敷の周りを篠垣または浮石壁の小屋でしっかり囲う。

屋根全体を浮石葺きとした主屋。浮石葺きはモルタルで接着されて気密性が高いので、棟に換気口が必要となる。

奥が石倉、手前がカマヤカタ（釜屋形）。庇や窓枠の造作もすべて突き付けで接着されている。石の方杖はホオイタと呼ばれる。ホオイタの曲線も弧線状に歯をつけたガリ（鉋）で削れば自在につくることができる。

の幅六寸高さ一尺、長さは一間に満たない程度の石で、一度にひとつしか運べなかったという。力のある者で長さ一間の80kg近くある石を運んだ。このようにして、各家で少しずつ敷地に石を貯めていった。

浮石は、軽量で、各家のノコギリで容易に切断できる重宝な材料で、小規模な小屋であれば1人で建てることもできる。2階建ての石倉などは、親戚や近所のモヤイ（新島の相互扶助の総称）でつくった。こうした完全なセルフビルドがある一方で、技巧的な石屋と呼ばれる職人も併存していた。浮石は、解体後も、目地の漆喰やモルタルの部分を削って、「はずし石」として何度も再利用される。また、小さい石を繋ぎ合わせて壁をつくっている事例もよく見られる。苦労して手に入れた石であるから、無駄なく大切に使われた。

明治期は目地に漆喰を使うことが多かったが、大正に入って本格的にモルタルが使用されるようになった。浮石は多孔質であるためモルタルの接着力は極めて強い。そのため継ぎ手の形状は、屋根に用いる場合は相じゃくりが見られるが、壁や造作ではほぼすべて突き付けで十分な強度を保てる。突き付けのものには自由自在の多様な造作が見られる。

明治中期に建てられたと言われてい

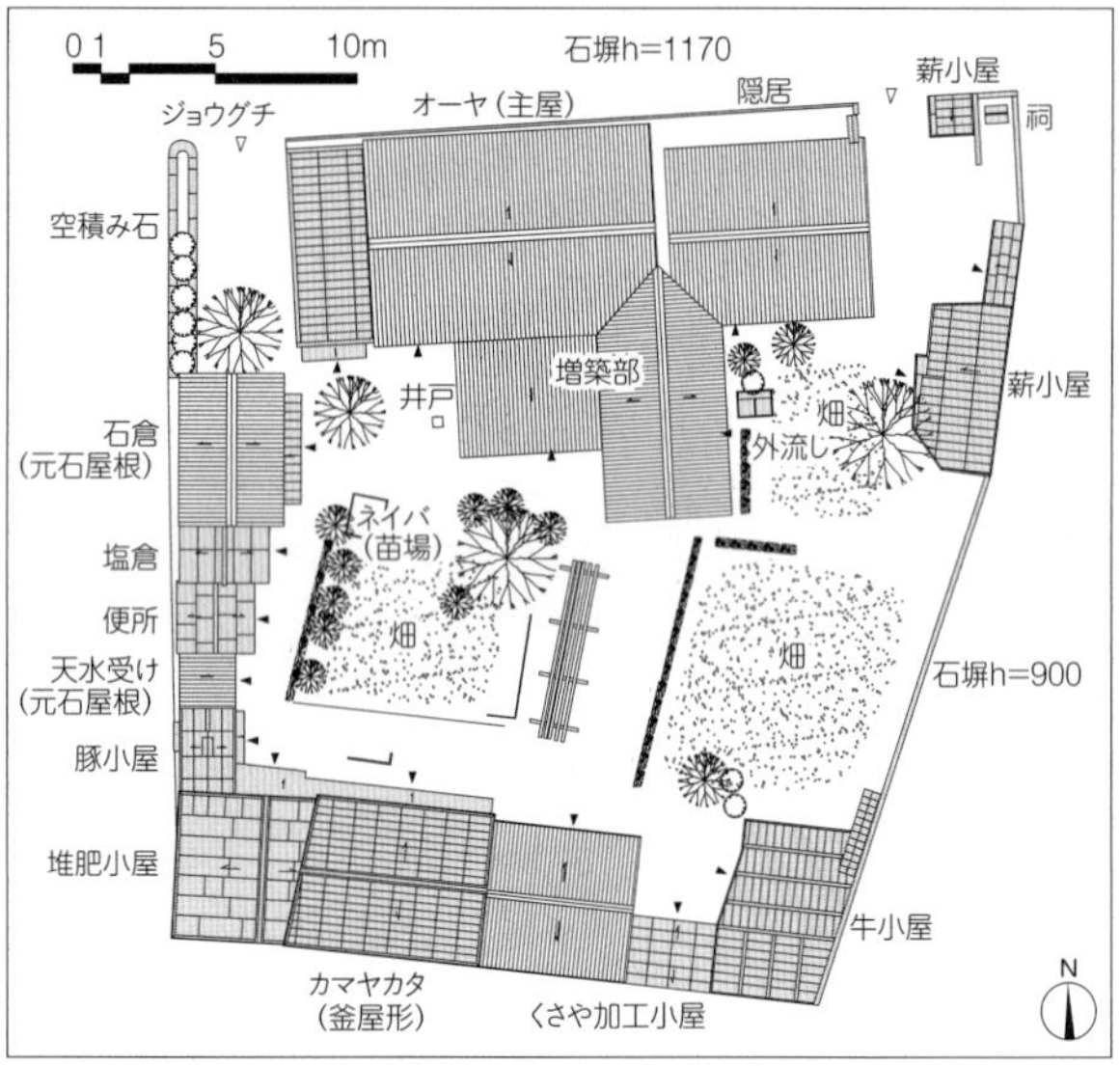

M邸 敷地配置図（本村1丁目）

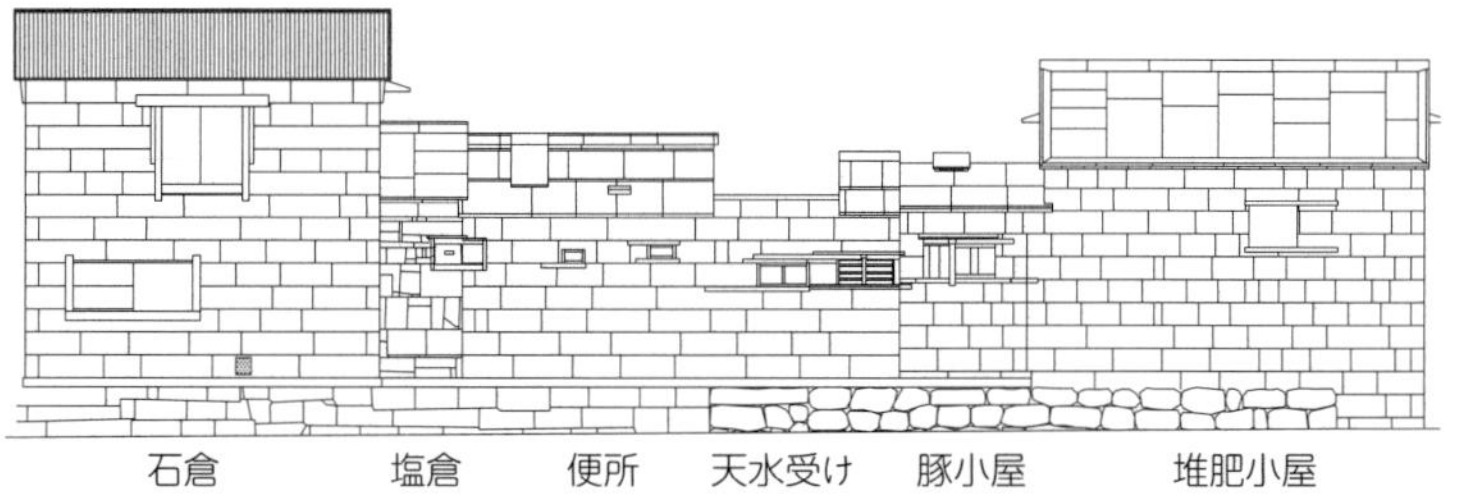

M邸 西側連続立面図（本村1丁目）

石加工の道具類

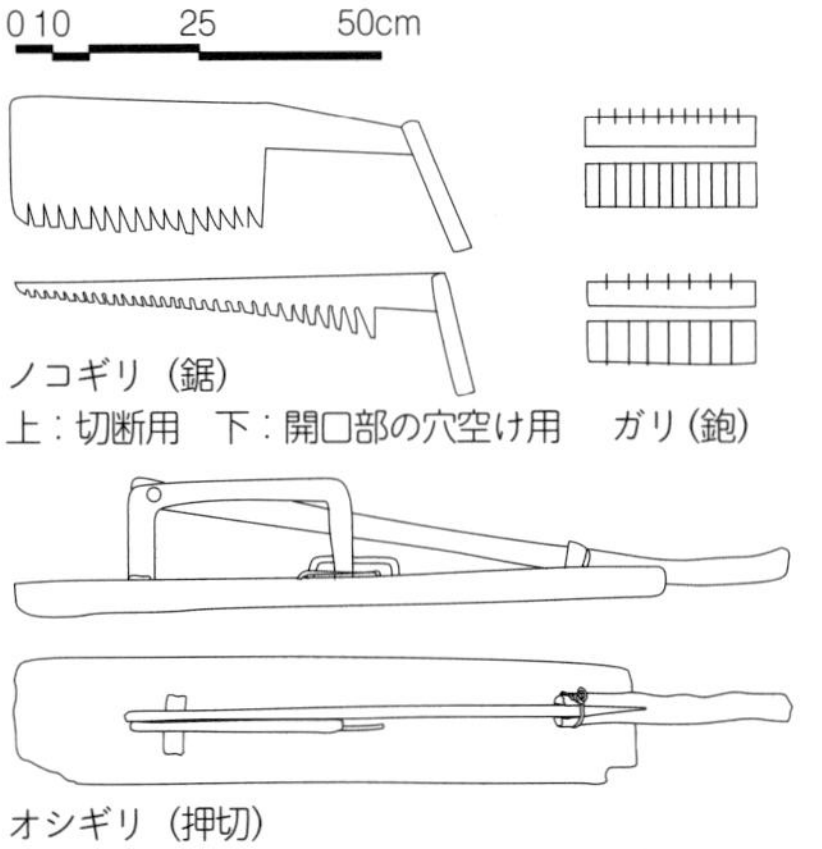

石は、各家の手製の道具で加工された。切断するのはノコギリで、木を切るものを転用したところから始まった。オシギリで歯をつくって目立てをしたものである。石の表面を平に仕上げる道具は、ガリと呼ばれ、木の端材に厚さ1mm程度の鉄板を適当な間隔ではめ込んだものである。モヤイで普請をする際にも、この手製の道具を持参して駆けつけた。

浮石を使用した壁構法の３類型

	張り石	積み石	組積造
類型	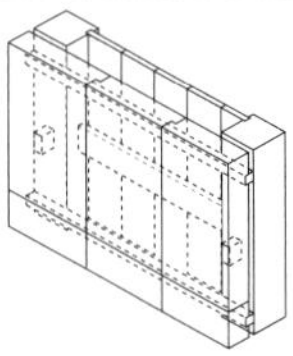	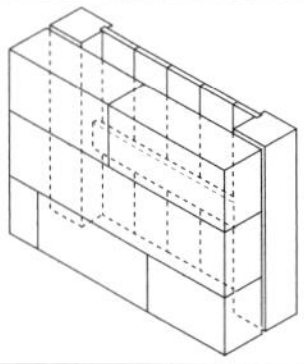	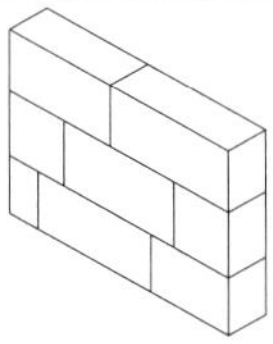
木造軸組の有無	有		無
石の使い方	張る	積む	

積石は木造軸組の桁の高さまで外周を石で囲ったもの。張り石・積み石は屋根加重を木造軸組で支持するが、組積造は組積壁で支持する点が大きく異なる。

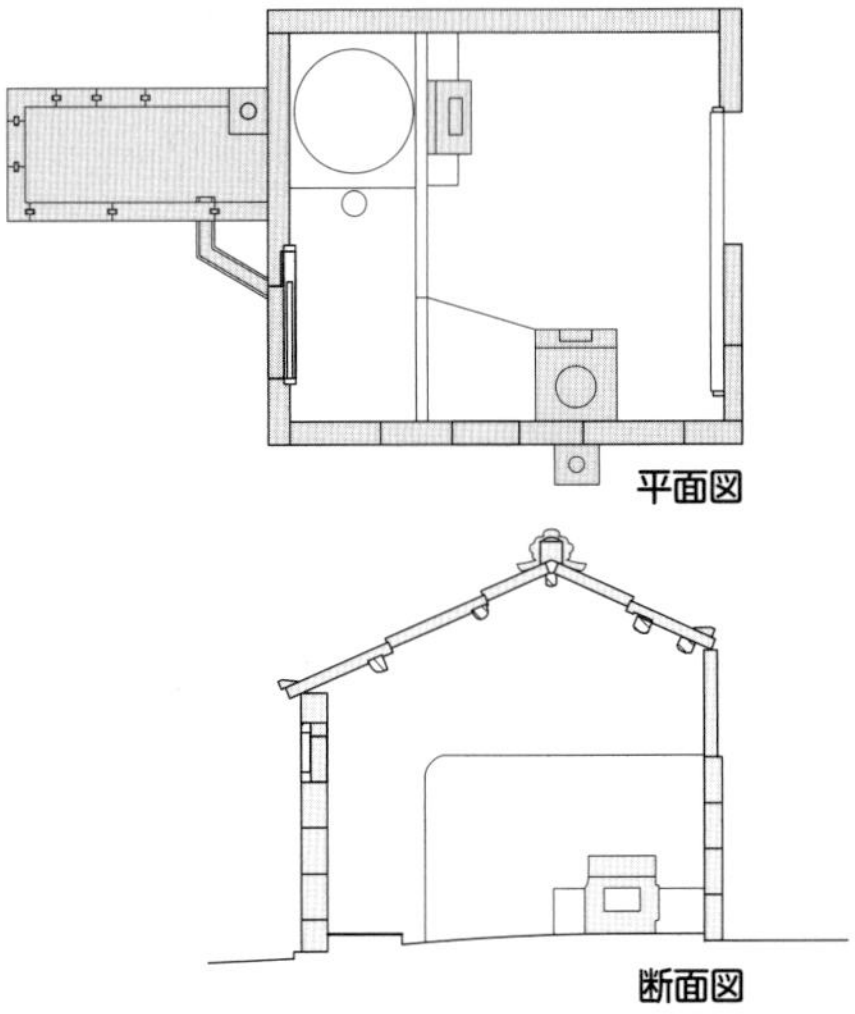

釜屋形
積石の壁に、屋根は木造の母屋を架けて石葺きしている。

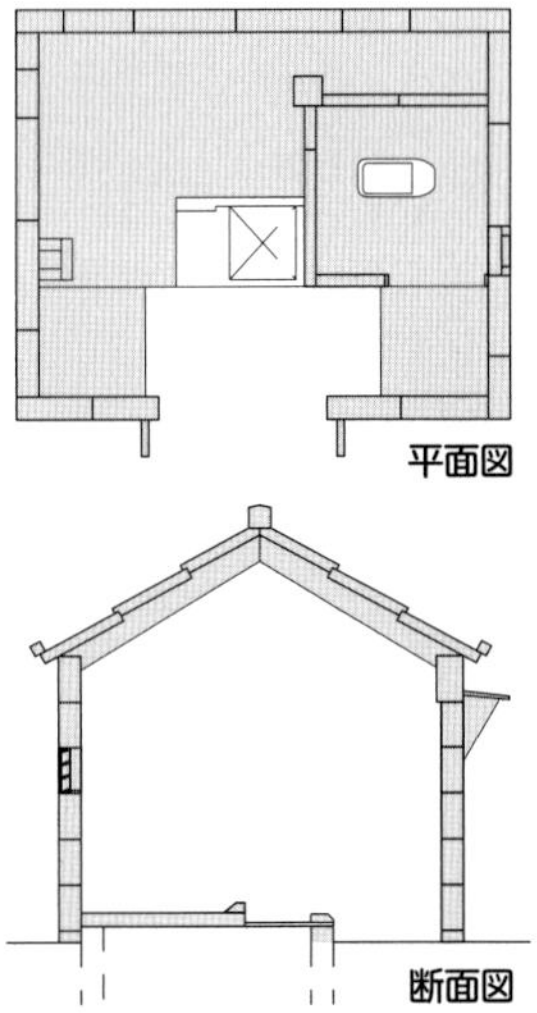

便所
壁と屋根のすべてが石造となっている。登り梁はU字型に加工した石梁に鉄筋を入れてモルタルを充填している。

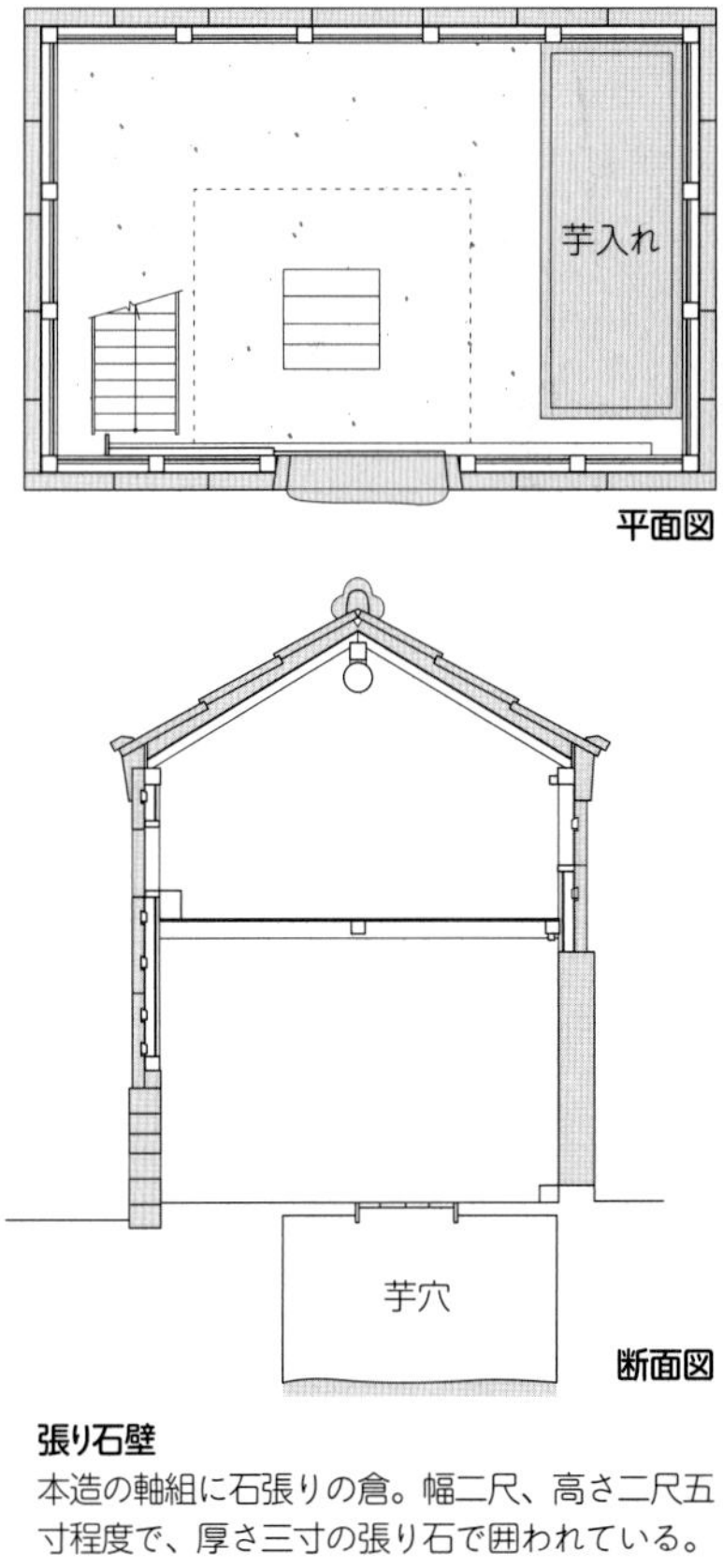

張り石壁
本造の軸組に石張りの倉。幅二尺、高さ二尺五寸程度で、厚さ三寸の張り石で囲われている。

上／カマヤカタ（釜屋形）。防火の目的から炊事の場がユリ（囲炉裏）から竈に移行し、オーヤ（主屋）から分棟化されるようになったもの。
右／浮石の町並み。新島の本村の路地は浮石の展示場。浮石を自在に用いた様々な形や張り方が面白い。奥に見える丸屋根は便所。

る石倉の内部は、壁は貫《ぬき》構造縦板張り、小屋組は牛梁を持つ和小屋であるが、それをさらに石で包み込むような構造になっている。石造部分の壁は、柱に横桟を打ち、三寸厚の石が蟻組に加工されて引っ掛けられている。屋根は、断面が55×15㎝の石の登り梁に、二寸五分厚の石屋根葺き。石の登り梁は垂木に荷重がかかっておらず、木造軸組とは独立しており、入れ子のような構造になっている。

明治3（1870）年の祝部《ほおり》火事で農家105軒が類焼した事から、富裕層を中心に倉を浮石で覆うようになったのが、新島の浮石の民家の始まりと言われている。明治〜大正期の石倉は、屋根は石屋根か瓦で不燃化されていた。そこに、昭和11（1936）年、新島地震が起き、全壊民家18棟、半壊430棟という大きな被害が出た。当時、最も被害の大きかったのが瓦屋根であり、石を引っ掛けた張り石の壁だったと記録されている。逆に、組積造の壁、石登り梁、石屋根の小屋は、被害が少なかったと言われている。今日見られる浮石の小屋の多くが、組積造、石登り梁、石屋根であることは、こうした震災の教訓によるところも大きいと思われる。張り石壁の石倉は、現在数棟しか見られない。火災と地震という、厳しい新島の災害の歴史に耐えて構法の変遷を今日に伝える貴重な遺産と言える。

登り梁も浮石でつくった小屋組。中に鉄筋が入ってモルタルが充填される。石積みの小屋でも小屋組は木造が多いが、これは木材がまったく使われていない完全な石造小屋。

庇を、壁に突き付けで接着してある。これで二尺以上持ち出す軽業。浮石とモルタルの接着力の強さを物語る。

各論4

「守る」石の覆い方

……釜床美也子

各地の石の使い方

木、草、土。これらが、日本の民家の主要構造をつくってきた材料である。海外に見られるような石を主体とした組積造の民家は日本ではほとんど見られず、石は、基礎や敷石、屋根の葺き板を押さえる石など、補助的な役割を果たしてきた。ただ、石には、燃えにくい、腐りにくい、壊れにくい、重い、という、木や草には見られない特性があり、石の産地周辺では、それを活かして、民家の壁や屋根に、石を利用している事例が見られる。全国では5地域あり、離島の対馬（イタイシ）、新島（浮石《かぶいし》）、岩手から宮城にかけての北上川流域（玄昌石）、宇都宮市周辺（大谷石）、長野県諏訪地方（鉄平石）である。いずれも、地域の石の特性を活かして建物や敷地を覆った、それぞれの「守りのかたち」が見られる。命を脅かすものは、地域によって様々であり、その石を用いた「守り」の対応も異なっている。その「守り」の知恵の特徴を、以下にまとめた。

玄昌石葺きの納屋
（岩手県陸前高田市）
宮城県と岩手県の三陸沿岸は玄昌石の産地。それを古くは硯や石板に用いたが、明治以降は洋風建築のスレート葺きに大量に使われ、その技術が洋風の民家の納屋にも適用された。

対馬は、利用されている石の種類は様々で、泥岩、砂岩、デイサイト、黒雲母ホルンフェルスなど、集落ごとに異なる。江戸時代後期頃からこれらの石を民家の屋根に葺くようになったと言われている。急峻な地形で山林の多い対馬では、孤立した100戸程度の密集した集落が点在しており、木庭作や稲作が行われていた。大変な強風地域でもある。屋根石は、岩盤を剥がす、はつる、などして、不整形のまま5～15㎝程度の厚みで使用するが、その1枚の大きさは、大きいもので畳一畳ほどもある。石屋根が葺かれるのは「コヤ」と呼ばれる倉の屋根で、屋根石を約3㎝の厚い野地板に載せ、段状に葺き重ねながら載せるという、豪快なものである。木造部分は、貫《ぬき》で柱同士を固め、落とし板とした板倉で、柱には見付18㎝ほどの平柱が用いられている。封建的な本戸制度の意識は戦後まで根強く残っており、石の採取や運搬、屋根葺きまで、そのほとんどが相互扶助で行われた。

新島で利用された「浮石」は、その呼び名のとおり、火山によってできた比重0・8～1・3の軽石である。木製用の鋸で切断できるほど加工性に優れていることから、江戸時代から竈《かまど》や囲炉裏《いろり》に使用されてきた。それが、明治に入って、石倉がつくられるようになり、本格的に民家への利用が始まったとされている。当初、漆喰を目地としていたときには、壁は木造軸組に張り石、屋根は和小屋の野地板に直接石梁を載せて屋根石を並べる、という、木造と石造の入れ子のような構造だったが、まもなくモルタルが普及して浮石が強固に接着できるようになると木造軸組が不要となり、組積造の壁と石梁・石屋根という完全な石造建築としてつくられるようになった。新島の浮石の石造物の多様さと民家への利用の多さは日本では他に類例がなく、屋敷が石塀で囲まれているのはもちろん、石倉の他にも、主屋の壁、豚小屋や釜屋、便所などの付属小屋もすべて石でつくられ、西、北の敷地境界に並べられた。新島もまた大変な強風地域であり、火災による延焼の被害が相次ぐ地域であった。新島は半農半漁を生業としてきたが、特に大正期に好漁や畜産で富を得、また、浮石自体が「抗火石」という商品名で島外に移出されるようになり、採石に従事する者も増えて島は潤った。新島では、施工を専門とする「石屋」という職人も現れたが、採石から施工まで、多くは住民の手仕事や、相互扶助でつくられた。

　北上川流域では、「玄昌石」と呼ばれる粘板岩が使用された。600年以上前から硯《すずり》石として利用されてきたとされる石で、数mm程度まで薄く剥離することができ、オシギリで形を整えてスレートとして使用している。明治期に石板として大量生産され始めていたが、篠崎源次郎という鳶職が欧化政策の一環としてドイツに留学してスレート屋根の技術を持ち帰り、明治21年に国会仮議事堂の屋根をスレート屋根で葺いたのを契機に全国の公共施設の屋根に多用されるようになった。石の産地である北上川流域の各集落はスレートが地場産業となって潤い、地域の民家の屋根自体も木羽《こば》葺きや茅葺きに代わってスレートが一気に普及し、一部、壁にも利用が広がった。建物の種類は、主に倉だが、主屋や長屋門などにも利用されている。スレートの上部に穴を開けて野地板に釘止めしている。また、湾近くの漁家の集落から平野部の農家、密集した市街地の商家まで、その利用される地域も多岐にわたっている。

　宇都宮市周辺で採掘された「大谷石」は、凝灰岩の一種で、目が粗く、加工性に優れている。利用の歴史は古墳時代に遡り、大量に産したことから石垣や基礎石として使用され、

条件	前提条件	適した石が採れる・重量のある石を移動できる手段や組織がある				
	集落の特徴	気候風土：強風地域・離島の限られた資源 集落立地：狭小地の密集集落で延焼の可能性が高い 社会組織：緊密な相互扶助が見られる		屋根葺き職人の存在		
		[要求] 防風・防火		[影響] 西洋建築		
利用地域の概要	利用地域	対馬	新島、式根島	宮城北東部〜岩手南東部	宇都宮市周辺広域	諏訪地方
	産地	長崎県対馬市	東京都新島村	岩手県陸前高田市 宮城県登米町・雄勝町	栃木県宇都宮市	長野県諏訪地方
	利用年代	江戸後期〜	江戸末期〜	明治初期〜	明治初期〜	明治初期〜
	石の呼称	イタイシ、島山石、他	浮石	玄昌石、雄勝石、登米石	大谷石、徳次郎石、他	鉄平石
	石質	粘板岩類、流紋岩、 黒雲母ホルンフェルス	雲母石英粗面岩	粘板岩類	凝灰岩類	粗粒安山岩類
	立地	海沿い 農漁村部	海沿い 農漁村部	海沿い・内陸 都市・農漁村部	内陸 都市・農漁村部	内陸 農漁村部
対応		民俗技術		近代技術		
	組織 生産主体	住民	住民・職人	職人		
	組織 地域外移出		一部	○	○	○
	建築	屋根 石を載せる	屋根・壁 石で覆う	屋根・壁 石で覆う	屋根・壁 石で覆う	屋根 石を載せる
	構法 利用箇所 屋根	○自然石	○石瓦	○スレート	○石瓦	○スレート
	構法 利用箇所 壁		○張り石・組積造	○張り石	○張り石・組積造	
	構法 利用箇所 架構		○			
	構法 主屋に使用		○	○	○	
	構法 固定方法	なし	ダボと漆喰・モルタル	釘（銅線・竹）	ダボ	釘・銅線
	構法 模式図	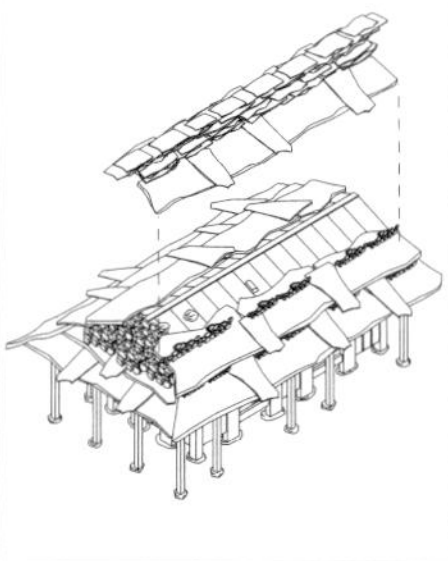	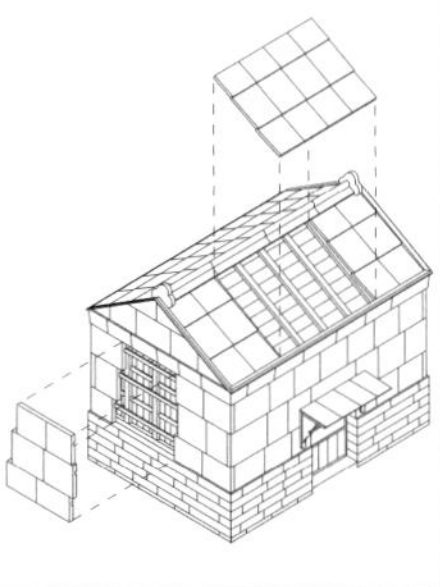	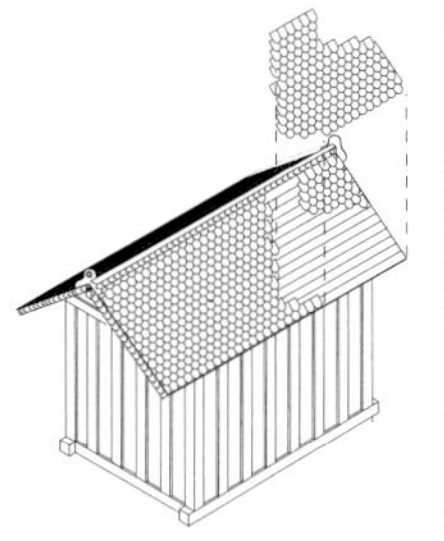	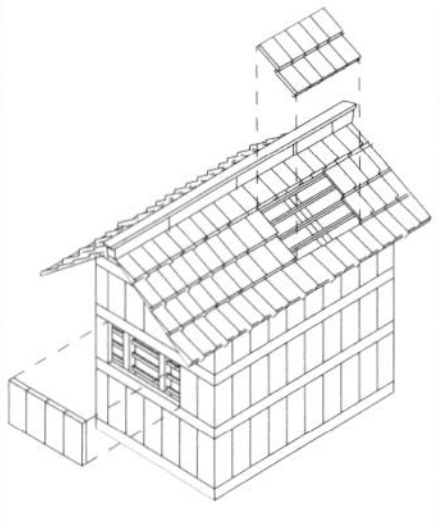	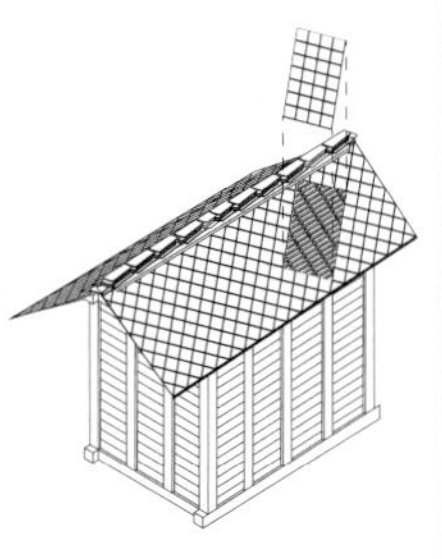
	配置	主屋から離して コヤを守る	並べて配置して 敷地を守る			

石が利用されるに至った地域の条件と、各地の民家に求められた機能に対する対応の差異を示した。構法の模式図は、初期の石の利用を示した。防風・防火機能を強く必要とする対島・新島という離島では、建築的な解決だけでなく、配置も含めた守りの対応が見られる。

江戸期の鬼怒川の水運の発達や明治の鉄道の整備でその販路は飛躍的に拡大した。F・L・ライトが1920年に帝国ホテルに使用したことでも一躍有名になった。石瓦自体は社寺建築において300年ほど前からつくられてきたとされるが、それが明治期には民家へも利用されるようになった。屋根を石瓦、壁を板倉に石張りか組積造としているが、そこまでの普及は宇都宮周辺に限られている。主に倉に優先的に石が利用され、一部、主屋へと拡大している。屋根は母屋の上に野地板なしで直接石瓦を載せ、互いにすりあわせて目を塞いでいる。石瓦はその都度寸法を割り出すという、職人による注文生産である。

　諏訪地方では、鉄平石という輝石安山岩の石屋根が普及した。この石は、板状節理が発達し、薄板状に採石しやすい。地元では「平石」と呼んでいる。採石が始まった年代は不明であるが、敷石や湿地の置き石に使用したのが始まりであるといわれている。明治16〜26年に上諏訪町の小林亀吉が石屋根の葺き方を発明したとされる。明治38年に中央東線が開通してより、販路が拡大し、敷石や壁の仕上げ材などとして、地域外にも大量に出荷され、地場産業となったが、屋根石として普及したのは諏訪地方にとどまった。36cm角の平石を用い、職人によって1枚ずつ

石造の小屋の町並み（宇都宮市西根集落）
宇都宮の大谷の近くの農村では特産の大谷石を用いて小屋がつくられる。木造の納屋や板倉を石張りとしたものが多いが、昭和になると石積の倉もつくられるようになる。ライトが帝国ホテルに大谷石を採用したことが契機となって地域の小屋にも洋風の意匠が取り入れられた。

銅線で野地板に固定される。明治後期には、養蚕の興隆により農家は現金収入を得るようになり、平石を使うことができるようになった。

石で守る

　石を利用し始めた理由は、適当な石が多く産したというだけではないことは、すべての地域において最初に石倉がつくられた事実が物語っている。守りの要、という倉の機能に対して、石が、風・火災・盗難・腐食等から、民家の中にある財産、ひいては命を守るための材料として適当だったことが推察される。もともと「守り」の手法として、近世以降、普及してきた構法は土蔵であった。今日みられるような庶民の土蔵は、近世の都市化によって集住が進み、過密な都市の防災を目的として普及したものと考えられている。土蔵の構法は、貫《ぬき》構造の柱間に小舞《こまい》をかき、土を塗り付けて、木造の軸組全体を完全に覆うものである。屋根は、その上に瓦を葺くことで、不燃化が図られてきた。石を倉に使用する場合、いずれも発生初期は木軸との併用がなされていることから、ちょうど土壁や瓦屋根で果たされていた、木造部分を覆って守りを強化する、という機能を、これらの5地域では石が代替したと言える。その覆い方も、屋根だけを石で覆う（対島・諏訪地

方）場合と、屋根・壁全体を石で覆う（新島・宇都宮・北上川流域）場合の2通りの手法が見られた。当該地域で用意できる生産技術と、建物に求められた要求の差異によって、各地で適切な守りのかたちが選択されてきたのだろう。興味深いのは、民家そのものの守りだけではなく、配置と複合的に対処されている事例である。対島では、コヤを石屋根にしただけではなく、コヤヤシキ（小屋屋敷）という場所に20棟、30棟とまとめて石屋根のコヤを建てて、火元の主屋から集団で隔離している。新島では、石造の付属小屋や石壁を敷地境界に連続して配置することで、敷地内部の畑の防風壁の役割も果たしており、2地域では、建築と配置の両面で防火・防風の要求に応える守りのかたちとなっていた。一方、玄昌石、大谷石、鉄平石を産する3地域は、既存の建物の配置は踏襲したまま、屋根葺き材や壁の材料を石に変える、という対応に留まっている。対島・新島は、離島の強風地域の上、狭小な密集集落であることから、より強固な守りの手法が選択されたと考えられる。

ただ、守りに有効とはいえ、広範な主屋にまで石の利用がおよんだのは、新島や北上川流域だけであった。それは、石を使って守りを重視するということは、即ち外に対して閉鎖的であるということで、高温多湿の

鉄平石葺きの屋根（長野県茅野市）
長野県茅野市は鉄平石の産地。諏訪地方は明治大正期に養蚕業の隆盛で大型の繭倉庫がつくられ、その屋根が防火のために、鉄平石で葺かれた。その技術が民家の倉にも応用された。

大谷石張りの倉（栃木県宇都宮市徳次郎）
大谷石の産地に近い民家では小屋矢倉に大谷石を多用する。なかでも倉は防火の必要性から、板倉の屋根や腰壁を石張りとしてあり、最終的には積み石で倉がつくられるようになる。

日本の開放性が求められる居住空間としては不適当だった。そのため、守りの要である倉に対して集中的に石を利用したとも言える。

また、土蔵の土に代わる材料として採用された石だが、その普及がごく一部に限られたのは、石は、採石、運搬、施工が困難である点が大きいと思われる。北上川流域、宇都宮、諏訪地方の3地域において、石材の販路は拡大したにも関わらず、石を民家に利用するのは地元にとどまったのも、運搬や施工が困難だったからであろう。

5つの地域で石が用いられた理由は、直接的には、防風・防火・耐久性の向上や永久性への志向、材料の豊富さなどであったと思われるが、その背景には、強固な守りを築くことができるだけの経済的な豊かさや、石を広範に利用できるだけの陸海の運搬技術や採石技術の進歩があった。石を利用した民家は、各土地の風土を反映した「守り」のかたちであると同時に、集落の経済的な豊かさや、技術的向上、利用困難な石を扱うことのできる集落の結束を象徴するものであると言えるだろう。

主要参考文献

三沢勝衛「八ヶ岳山麓（裾野）地理研究　人文地理 第1 巻第2 号」人文地理学会　1927
水府煙草生産同業組合「水府煙草耕作法」東亜堂　1927
前田長八「新島大観」 1932
藤島亥治郎「壱岐・対馬の建築，建築雑誌，Vol48，No.591」〔p.1257 ～1281〕 1934
青柳克巳『山形県における郷蔵制度』山形活版社　1935
萩原尊禮「昭和11 年12 月27 日伊豆新島地震余震観測並びに踏査報告，東京大学地震研究所彙報，Vol.15」〔p.559～568〕 1937
今和次郎『草屋根』相模書房　1941
大熊規矩男『煙草の栽培』朝倉書店　1950
仁尾正義『煙草工業』産業評論社　1950
石井邦信「八丈島のタカクラに就いて，日本建築学会論文報告集，第63号」〔p.341～344〕日本建築学会　1951
鎌形勲『山形県稲作史』農林省農業総合研究所　1953
石原憲治『対馬の民家，対馬の自然と文化』古今書院　1954
九學會連合對馬共同調査委員會『對馬の自然と文化』古今書院　1954
小倉強『東北の民家』相模書房　1955
石原憲治・中村雄三・秋元邦介「新島の民家建築　民俗建築　19号20号合併号」日本民俗建築学会　1957
新対馬島誌編集委員会『新対馬島誌』厳原町　1964
横田忠夫「たばこ栽培地域論」東洋経済新報社　1967
小野芳次郎『東北地方の民家』明玄書房　1968
長崎県教育委員会分化課「長崎県の民家（前編）」「長崎県緊急民家調査（前編）」長崎県教育委員会　1972
川島宙次『滅びゆく民家　屋根・外観』主婦と生活社　1973
長崎県教育委員会文化課「対馬西岸阿連・志多留の民俗，長崎県文化財調査報告第13集」長崎県教育委員会　1973
「世界の村と町No.9イベリア半島の村と町Ⅱ」A.D.A.EDITA Tokyo　1973
石原憲治『日本農民建築第一～八』南洋堂書店　1973
茨城県たばこ史編さん会『茨城県　たばこ史』茨城県たばこ耕作組合連合会　1974
石原憲治『日本農民建築の研究』南洋堂書店　1976
『日本民俗学大系第5巻　生業と民俗』平凡社　1976
川島宙次『滅びゆく民家―屋敷まわり・形式』主婦と生活社　1976
バーナード・ルドフスキー『建築家なしの建築』鹿島出版会　1976
豊玉の民俗編集委員会『豊玉の民俗』豊玉町教育委員会　1977
小野芳次郎『山形県の民家―その風土と暮し―』高陽堂書店　1977
村松貞次郎『大工道具の歴史』岩波新書出版　1978
平山憲治『気仙大工』ＮＳＫ地方出版社　1978
間宮林蔵『北蝦夷図説』名著刊行会　1979
東京都新島本村役場企画課「抗火石沿革史」新島村　1979
「我妻家住宅（主屋・板蔵）修理報告書」重要文化財我妻家住宅修理委員会　1981
稲野藤一郎『ハサとニホ　我が国における稲慣行乾燥方式の実態調査』丸善大阪出版サービスセンター　1981
小西敏正・吉岡丹「大谷石を利用した蔵の構法と歴史に関する調査研究，日本建築学会学術講演会梗概集」日本建築学会　1983
光岡賢一・ほか7名「新島抗火石造民家の温熱環境実測調査（その１）夏季の室内温熱環境実測結果，日本建築学会大会学術講演梗概集」〔p.761～762〕日本建築学会　1985
横山大毅・ほか7名「新島抗火石造民家の温熱環境実測調査（その２）抗火石屋根の蒸発冷却効果の実測と実験の結果，日本建築学会大会学術講演梗概集」〔p.763～764〕日本建築学会　1985
若林弘子『高床式建物の源流』弘文堂　1986

「山形市生活文化財調査報告書」山形県教育委員会　1987
古川修文・ほか３名「対馬の石屋根小屋の構法と温熱特性，民俗建築，96 号」日本民俗建築学会　1989
岡光夫『日本農業技術史―近世から近代へ』ミネルヴァ書房　1988
『日本歴史地名大系―山形県の地名―』平凡社　1990
山田直利・ほか３名「対馬地質図（全島）」　1990
『岩手県の地名　日本歴史地名大系第３巻』平凡社　1990
高橋恒夫『気仙大工／東北の大工集団　INAX ALBUM6』INAX　1992
平山憲治『気仙大工雑纂』耕風社　1993
美津島の自然と文化を守る会『（続）ふる里民俗拾記』美津島の自然と文化を守る会発行　1993
『築造人間史』ミサワホーム総合研究所　1994
石井克己・梅沢重昭『黒井峯遺跡』読売新聞社　1994
安藤邦廣・乾尚彦・山下浩一『住まいの伝統技術』建築資料研究社　1995
矢野道子『対馬の生活文化史』源流社　1995
宮本長二郎『日本原始古代の住居建築』中央公論美術出版　1996
文化庁文化財保護部建造物課『日本の民家調査報告集成　第４巻』　1997
網野善彦『日本中世の百姓と職能民』平凡社　1998
『北海道・東北地方の民家（３）山形・福島』東洋書林　1998
武者英二・吉田尚英『屋根のデザイン百科　歴史・かたち・素材・構法・納まり・実例』彰国社　1999
浅川滋男『離島の建築，日本の美術 406』至文堂　2000
柏原遺跡保存会『柏原の暮らし』　2001
肥田登『湧水とくらし』無明社出版　2001
北田健二「新島におけるコーガ石建造物について　その歴史の一断面，新島村博物館年報」〔p.38 ～ 43〕新島村博物館　2003
富山博『古代正倉建築の研究』法政大学出版局　2004
萱野茂『アイヌ・暮らしの民具』クレオ　2005
石井榮一・ほか３名「伊豆諸島新島村におけるコーガ石建造物の研究(1) 本村における石造建築の残存状況と種類，日本建築学会大会学術講演梗概集 E-2,」〔p.519 ～ 520〕日本建築学会　2006
山内孝浩・ほか３名「伊豆諸島新島村におけるコーガ石建造物の研究(2) コーガ石主屋の平面構成について，日本建築学会大会学術講演梗概集 E-2」〔p.521 ～ 522〕日本建築学会　2006
対馬市教育委員会「対馬市文化財共同調査報告書，vol.2」対馬市教育委員会　2006

調査年一覧

常陸のたばこ乾燥小屋 .... 1999、2000
白川郷のハサ小屋 1999
山形のモミド .... 2004、2005、2006、2008
奄美の高倉 2007
八丈島のオクラ 2009
常陸のマデヤ .... 1999、2003
日向の馬屋 .... 2006、2007
気仙のナガヤ 2009
富士山麓の板倉 2008
飛騨の板倉 .... 2009、2010
仙北の水板倉 .... 2004、2006
対馬のコヤ .... 1989、2004、2005、2006、2007
北上の板倉 .... 1999、2000
八溝山地のせいろう倉 .... 1985、1990、1991、1999、2002
栗山の角寄せ倉 .... 2002、2003、2004
八ヶ岳山麓のドゾウ .... 1980、1981、2002、2003、2004、2006、2007
新島の石倉 .... 2005、2008

あとがき

小屋と倉に興味を抱いたのは、１９８３年に筑波に移り住んだのがきっかけである。まだ開発の途上にあった筑波研究学園都市は、伝統的な農村集落や民家が入り交じり、大学の勤務の合間に、カメラを肩に気楽に散歩を兼ねた調査を楽しむことができた。茅葺き民家もまだ残されていて、その記録を取ろうとレンズを向けたその隣の、主屋とは違った造りの小屋に目を奪われた。マデヤやクラと呼ばれるその小屋は、納屋であり倉であった。それは真壁造りの端正な造りで、柱や梁は太く立派で、妻側に開いた窓には家紋や装飾が施されている。そこが表に面して配置され、見栄えを意識しているのは明らかである。クラといえば土蔵と思っていた私にとってそれは新鮮な驚きであった。さっそく民家研究の先達である川島宙次の『滅びゆく民家』をめくると、茨城県の北部には土蔵よりも板倉が多いことが分かり、せいろう倉も残されていると紹介されているではないか。

ちょうど、それまでの茅葺き屋根の研究をまとめて本として出版できた時であったので、次の研究課題は板倉と定めたのである。翌年の茨城県大子町のせいろう倉の調査を皮切りに、板倉の全国調査を開始した。筑波大学に赴任して大学院生の研究指導も担当するようになると、それを研究室の共同研究の課題として、私の研究室の門をたたく学生といっしょに板倉を探し求める旅が毎年夏の恒例行事となった。それは、南は奄美大島から北は北海道のアイヌのコタンまで、そして対馬や八丈島等の辺境の地まで及ぶものとなった。

板倉の研究を民家研究の一環として取り組む一方で、これからの木造建築の構法として板倉構法の復活は大いに可能性があるという思いが強まってきた。それは日本の木材資源の回復で、その資源を活用する新たな木の建築が求められているからであった。そのひとつのモデルとして、日本の古代中世に発展して、木材資源の豊かな山間部に受け継がれてきた板倉を復活させたいという希望が生まれた。そして現代に板倉を復活させた先達である大工棟梁田中文男さんの教えを受けて、一軒の住宅を板倉構法で設計した。そこで現代木造住宅としての可能性と手応えを確信して、その後、板倉構法の開発研究にも並行して取り組むこととなった。こうして、これからの木造住宅構法としての板倉構法の開発という具体的な目標を見据えて、板倉の調査研究に拍車がかけられた。

板倉研究の枠組みに新たな視点を与えてくれたのは、当時雑誌コンフォルトの副編集長だった内田みえさんである。その雑誌に「働く小屋」という連載を企画して、それまでの板倉研究に発表の機会を与えてくれた。それによって、板倉に焦点を当てていた研究を、民家の生業と暮らしを営む上でつくられた小屋全般にひろげ、倉を小屋のひとつとして捉える視点が明確になったのである。板倉の研究は小屋の研究へと展開したのであり、それが本書の基本的な構成となっている。

民家の小屋の研究について、建築学の分野では土蔵以外は関心が払われていなかったが、民俗学の分野では柳田国男や今和次郎が信仰とむすびついた建築として注目し、あるいは民家の成立過程を探る上で重要な資料を提供するものとして重視してきたが、その研究は断片的な報告に留まっていた。こうして伝統的な民家集落が消え行く中で、とにかく記録に留めるために、私の研究室による実測調査と写真撮影と聞き取り調査はひたすら続けられた。小屋は民家の脇役であるが、主役には見えにくいその地域の生業や暮らしの特徴を鮮明に映しだしているという仮説は、調査研究を続ける中で次第に確信に変わっていった。

小屋と倉という地味ではあるが、ユニークなテーマの研究を一冊の本にまとめることは、コンフォルトに連載を始めた時からの内田みえさんと私の最終目標であった。小屋と倉の研究に私と共同で取り組んできた大学院の学生諸君も、その一連の研究で学位を取得し、研究者として歩み始めた。海外からの留学生も同じような視点で母国の民家の研究を始めている。また研究と並行して取り組んで来た板倉構法の開発研究も、性能試験を実施して実用化され、普及に向けて展開を始めた。板倉はもとより、本書で示した小屋と倉の建築は、これからの森林資源を活かした地域の家づくりに多様なモデルを提供するであろう。

研究に終わりはないが、この機会に一冊の本にまとめたいという私の希望を受けとめて、本書の出版の企画から構成、デザインまで一貫した方針で進めていただいたのも、内田みえさんである。コンフォルトに連載してからおよそ10年の間、内田さんの「うーん、小屋っておもしろいですよね」という変わらぬ応援は、調査に疲れた我々を励まし、その面白さを読者に伝えたいという強い信念で企画を通し、筆の遅い我々を叱咤して本にまとめていただいた。内田みえさん、ほんとうにありがとうございます。おかげさまで思い描いた以上の本が出来ました。また、建築資料研究社の出版部の北原孝一さんにはこの出版の意義をご理解いただき、希望通りの本として世に出していただきました。研究室の上野弥智代さんには、膨大な写真の整理と原稿の校正を献身的に行っていただきました。執筆者を代表して、ここに記して御礼申し上げます。

本書は筑波大学大学院安藤研究室の25年に及ぶ共同研究の成果をまとめたものである。これはこの間、卒業論文、修士論文、博士論文のテーマとして安藤研究室で学んだ多くの学生諸君の真摯な努力の賜物である。その中心となった学生達と本書を共同で執筆できたことは、大学の教員としてこれほどの喜びはない。本書に執筆できなかった卒業生と調査協力者を巻末に記してともにその成果を分かち合いたいと思う。

２０１０年3月
春まだ浅い筑波山麓にて

安藤邦廣

【初出】　インテリアマガジンCONFORT［コンフォルト］

01……常陸のたばこ乾燥小屋……1999年8月号（No.37）
1999年10月号（No.38）
02……白川郷のハサ小屋……2000年6月号（No.42）
03……山形のモミド……2006年12月号（No.93）
04……奄美の高倉……2008年12月号（No.105）
06……常陸のマデヤ……2000年4月号（No.41）
07……日向の馬屋……2007年6月号（No.96）
09……富士山麓の板倉……2008年12月号（No.105）
11……仙北の水板倉……2007年2月号（No.94）
12……対馬のコヤ……2006年8月号（No.91）
2006年10月号（No.92）
13……北上の板倉……1999年12月号（No.39）
2000年2月号（No.40）
16……八ヶ岳山麓のドゾウ……2007年4月号（No.95）
17……新島の石倉……2008年12月号（No.105）

著者プロフィール

安藤 邦廣（あんどう・くにひろ）
筑波大学大学院人間総合科学研究科教授　工学博士　建築家
1948年宮城県生まれ　九州芸術工科大学工学部環境設計学科卒業
東京大学助手を経て1998年より現職
専門分野：日本及びアジアの伝統的住宅の研究、木造建築のデザインと技術開発の研究
○著書：「民家造」2009.2・学芸出版社／「日本の民家屋根の記憶」2008.5・彰国社（共著）／「住まいを四寸角で考える」2005.8 学芸出版社／「職人が語る　木の技」2002.12　建築資料研究社／「住まいの伝統技術」1995.3　建築資料研究社（共著）／「茅葺きの民俗学」1983.12　はる書房　など
○設計作品：「四寸角、里山にかえる」一迫の家、八郷の家、梅島の家、白河の商家、六所の家、上桜田の家、うぶすなの家（「住宅建築」2008年3月号）／「広宣寺庫裏」2006／「遊学舎」2002／「横手市立栄小学校」1995／板倉の家シリーズの住宅作品など　＊いずれも共同設計

黒坂 貴裕（くろさか・たかひろ）
奈良文化財研究所　研究員　博士（デザイン学）
1973年青森県生まれ
1998年　筑波大学社会工学類都市計画専攻卒業
2004年　筑波大学大学院芸術学研究科博士課程修了
博士論文名「板倉（木造倉庫建築）の構法類型と地域特性」

沖元 太一（おきもと・たいち）
有限会社　熊谷産業　修士（デザイン学）
1975年広島県生まれ
1998年　広島工業大学環境学部環境デザイン学科卒業
2001年　筑波大学大学院芸術研究科修了
修士論文名　「宮城県北地域における板倉構法の成立と変遷」

樋口 貴彦（ひぐち・たかひこ）
東洋大学　木と建築で創造する共生社会研究センター助手
博士（デザイン学）
1976年長野県生まれ
2000年　東京学芸大学芸術課程芸術学演劇専攻卒業
2008年　筑波大学大学院人間総合科学研究科博士後期課程修了
学位論文名「八ヶ岳山麓における板倉構法に関する研究」

小林 久高（こばやし・ひさたか）
森林総合研究所 構造利用研究領域 研究員
博士（デザイン学）
1972年三重県生まれ
1998年　早稲田大学理工学部建築学科卒業
2008年　筑波大学大学院人間総合科学研究科博士後期課程修了
博士論文名　「長崎県対馬市における伝統木造構法の特性ー平柱を用いた架構法を中心としてー」

柳 和先（ユ・ファソン　Hwasun YOU）
株式会社文化財保存計画協会　博士（デザイン学）
1975年韓国ソウル市生まれ
1998年　関東大学理工学部建築工学科卒業（韓国）
2008年　筑波大学大学院人間総合科学研究科博士後期課程修了
博士論文名「韓半島における草葺き屋根の構法の地域特性と維持管理」

濱 定史（はま・さだし）
東京理科大学 工学部建築学科 補手　博士（デザイン学）
1978年茨城県生まれ
2002年　武蔵野美術大学造形学部建築学科卒業
2009年　筑波大学大学院人間総合科学研究科博士後期課程修了
博士論文名「山形盆地におけるモミドの構法と機能に関する研究」

釜床 美也子（かまとこ・みやこ）
博士（デザイン学）
1980年徳島県生まれ
2004年　神戸大学発達科学部人間行動表現学科卒業
2009年　筑波大学大学院人間総合科学研究科博士後期課程修了
博士論文名　「住民の地域内生産による民家の石造構法とその成立要因ー対馬の石屋根・新島の浮石づくりを事例としてー」

執筆分担一覧

[1]	常陸のたばこ乾燥小屋	序文、本文／安藤邦廣　図版、キャプション／黒坂貴裕・沖元太一
[2]	白川郷のハサ小屋	序文、本文／安藤邦廣　図版、キャプション／黒坂貴裕・沖元太一
[3]	山形のモミド	序文／安藤邦廣　本文、図版、キャプション／濱定史
[4]	奄美の高倉	序文／安藤邦廣　本文、図版、キャプション／小林久高
[5]	八丈島のオクラ	序文／安藤邦廣　本文、図版、キャプション／柳和先
[6]	常陸のマデヤ	序文、本文／安藤邦廣　図版、キャプション 黒坂貴裕・沖元太一
[7]	日向の馬屋	序文／安藤邦廣　本文、図版、キャプション／小林久高
[8]	気仙のナガヤ	序文／安藤邦廣　本文、図版、キャプション／濱定史
[9]	富士山麓の板倉	序文／安藤邦廣　本文、図版、キャプション／樋口貴彦
[10]	飛騨の板倉	序文／安藤邦廣　本文、図版、キャプション／小林久高
[11]	仙北の水板倉	序文／安藤邦廣　本文、図版、キャプション／濱定史
[12]	対馬のコヤ	序文／安藤邦廣　本文、図版、キャプション／小林久高・釜床美也子
[13]	北上の板倉	序文、本文／安藤邦廣　図版、キャプション／黒坂貴裕・沖元太一
[14]	八溝山地のせいろう倉	序文、本文、図版、キャプション／安藤邦廣
[15]	栗山の角寄せ倉	序文／安藤邦廣　本文、図版、キャプション／濱定史
[16]	八ヶ岳山麓のドゾウ	序文／安藤邦廣　本文、図版、キャプション／樋口貴彦
[17]	新島の石倉	序文／安藤邦廣　本文、図版、キャプション／釜床美也子

調査協力者

橋本剛、熊谷秋雄、居島真紀、榎大樹、張亮、加藤英司、高橋信裕、金東煜、上野弥智代、酒井さつき、花田裕士、刈内一博、栗原真、三輪滋、阿部有希、唯島友亮、福田彩子、呉天虹、青柳由佳、豊川尚、小柳萌衣、李黎、北野祐子、三宅正人、盧美珠、高松花、出川錬、高橋淳、上田直哉、片桐春菜、伴京子、張健、張嘉

調査にあたっては、小屋や倉の所有者をはじめ、ここに名前をあげることができない多くの方々の協力をいただきました。
著者一同、この場を借りて心より感謝申し上げます。
この調査研究の一部は、日本学術振興会科学研究費補助金と住宅総合研究財団研究助成を受けて行われたものです。

小屋と倉　干す・仕舞う・守る　木組みのかたち

平成22年5月20日　初版第1刷発行
平成29年1月20日　　　第3刷

著者　安藤邦廣＋筑波大学安藤研究室

発行人　馬場栄一
発行所　株式会社建築資料研究社
〒171-0014
東京都豊島区池袋2-38-2
COSMY-I 4F
http://www2.ksknet.co.jp/book/
Tel.03-3986-3239　Fax.03-3987-3256

編集　内田みえ（サイレントオフィス）
デザイン　齋藤知恵子
印刷所　大日本印刷株式会社

ISBN 978-4-86358-063-3